本书获西南财经大学
"中央高校基本科研业务费专项资金"资助

The Neighborhood Effect on Children's Academic Achievement in URBAN CHINA

|光|华|社|会|学|文|库|

主 编 边慧敏　　执行主编 彭华民　　副主编 邓湘树

孟母"择邻"

中国城市儿童学业成就的邻里效应

蒋和超 / 著

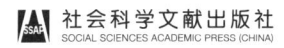

社会科学文献出版社
SOCIAL SCIENCES ACADEMIC PRESS (CHINA)

总　序

为了更好地推动西南财经大学社会学学科建设，我们编撰了"光华社会学文库"。回顾从光华大学（Kwang Hua University）到西南财经大学的近百年历史，经世济民、孜孜以求是西南财经大学一贯传承的理念。秉持这两条交相辉映的大学学术精神，我们将本丛书取名为"光华社会学文库"，以守百年之光荣传统。同时，我们力求社会学研究的创新，这个努力包含了文库专著在中与西、理论与实证、学术与应用等方面的贡献。

一　西南地区的社会学研究：历史的馈赠

中国社会学起源于中国近代资产阶级启蒙思想家、中国社会学的先驱者严复于1897年翻译的斯宾塞的《社会学研究》（取名《群学肄言》）。1903年上海文明编译局出版《群学肄言》足本，1908年上海商务印书馆出版《订正群学肄言》。同时，中国古代学者思想中包含的丰富的社会思想，为中国社会学的发展做出了宝贵的贡献。①在社会学界，一般称20世纪40年代（指1937~1949年）为社会学的建设时期。社会学传入中国后的30多年仍

---

① 景天魁：《中国社会学话语体系建设的历史路径》，《北京工业大学学报》（社会科学版）2019年第5期。

是舶来品。所以，如何使社会学的理论结合中国的社会实际、使社会学中国化，成为20世纪三四十年代社会学的中心任务①。而赋予这一时期中国社会学以学术灵魂的，当属以孙本文为代表的文化学派或综合学派②和在社会主义思潮基础上生发而来的唯物史观社会学③，以及吴文藻等人创建中国学派的努力。从某种意义上说，孙本文及其代表的综合学派是在那个时期的学院社会学中居于正宗地位的主流形态④。

中国社会学的历史本是在学术传统和学术领域中展开和书写的，但一个历史性事件改写了中国社会学发展的轨迹。1937年七七事变爆发后，日军大举进攻中国，内地多个城市沦陷，平、津、宁、沪、杭等省市70多所高校为了保存我民族教育之国脉，迁徙到西南大后方⑤。各大院校、研究机构及社会学者云集西南边陲，云南、四川等成为社会学研究的重镇。被战争改写的中国社会学史中有一支兼有学术传统和地域特征的研究团队，他们在战争炮火中迁徙到西南，就地搞乡村建设实验；办教育培养社会学人才；结合战时情况，与实际部门开展社会服务工作，进行人口普查和社会实验，对不同类型社区和少数民族地区进行深入调查研究，对一些重要的社会问题进行系统研究⑥。与孙本文及其代表的综合学派相比，他们的研究更具中国特色，其研究成果成为中国社会学史上具有独创性的华彩之章。

在西迁社会学团队的社会学中国化研究中，社区研究独树一

---

① 杨雅彬：《四十年代中国社会学的建设》，《社会学研究》1988年第1期。
② 郑杭生、李迎生：《中国早期社会学综合学派的集大成者——孙本文的社会学探索》，《江苏社会科学》1999年第6期。
③ 李培林：《20世纪上半叶的唯物史观社会学》，《东岳论丛》2009年第1期。
④ 周晓虹：《孙本文与20世纪上半叶的中国社会学》，《社会学研究》2012年第3期。
⑤ 西南地区文史资料协助会议编《抗战时期内迁西南的高等院校》，贵州民族出版社，1988。
⑥ 杨雅彬：《四十年代中国社会学的建设》，《社会学研究》1988年第1期。

帜，形成20世纪40年代具有特色的中国学派。抗日战争时期，西迁内地进行实地社区研究的有三个重要机构：李景汉、陈达、史国衡等学者汇集的清华大学国情普查研究所，费孝通、许烺光、陶云逵等工作的云南大学和燕京大学合作的社会学研究室，李安宅等组织的华西协和大学边疆研究所。李安宅教授组织和领导了华西协和大学边疆研究所的工作。他从西北抵成都后，除了整理西北藏族宗教、政治、文化、民俗民风的调查材料，还组织了社区实证研究。该所社区研究与云南大学-燕京大学社会学研究室工作相似，也是在一定的小社区内长期进行多方面的实地观察，用当地的事实来检验人类学的各种理论并加以引申或修正。费孝通、李安宅、林耀华的成就引起国际社会科学界的注意。他们的社区研究向着方法的科学化、问题的具体化、内容的中国化方向发展，改变了以往只注重西方理论的系统介绍，或者罗列中国社会事实的某种学院派研究状态①。孙本文在《当代中国社会学》一书中总结了社会学传入中国半个世纪的历史，提出社会学中国化的几项工作：一是中国理论社会学的建立；二是中国应用社会学的建立；三是社会学人才的训练②。按照这个划分，抗日战争时期西南地区特别是成都社会学研究的贡献主要是在应用社会学领域。

二　从光华大学到西南财经大学：光华日月　经世济民

西南财经大学的校史渊源上溯到上海的光华大学。光华大学是民国时期著名的综合性私立大学。光华大学的"光华"取自《卿云歌》"日月光华，旦复旦兮"。1937年八一三事变爆发后，因地处战区，光华大学校舍全部被日军炸毁，但学校仍坚持租房

---

① 杨雅彬：《四十年代中国社会学的建设》，《社会学研究》1988年第1期；周晓虹：《孙本文与20世纪上半叶的中国社会学》，《社会学研究》2012年第3期。
② 孙本文：《当代中国社会学》，商务印书馆，2011（1948）。

上课，未曾间断。同时校长张寿镛和校董事会商议决定将学校一部分内迁入四川，于1938年成立"私立光华大学成都分部"，上海本部不再公开招生。光华大学成都分部成立后，不仅接受上海光华避难入川的学生，而且接受流亡到成都的其他大学肄业生。学生的年幼弟妹还可以被安排到大学附属小学和附属中学学习。1938年，由妇女界进步人士倡议发起，以救济教养战时难童为宗旨的抗战爱国团体——中国战时儿童保育会（以下简称"保育会"）在汉口正式成立。保育会自成立起，工作人员就不顾炮火危险，到战区搜救失去亲人、流浪街头的孤儿和贫苦之家无力抚养的儿童，将其运送到后方安全区。1938年春，保育会到学校洽谈，成都光华大学谢霖副校长答应接受男女难童入学校初中部学习，副校长夫人张慧卿担任保育生管理员。保育生毕业后有的考取空军院校、有的考入军事院校和其他大专院校、有的参军奔赴前线抗日[①]。光华大学成都分部的师生胸怀救国治国之宏伟之志，秉持科学救国和民主救国精神，教学因陋就简，学校弦歌不缀。可歌可泣，可书可记。

特别需要指出的是，光华大学内迁成都后，设文学院、理学院和商学院，其中文学院六系中就包括社会学系。著名的社会学家潘光旦先生曾任社会学系主任、文学院院长。现在虽然缺乏更多的历史档案资料，但西南财经大学社会学学科是与中华民族抗日战争的伟大历史联在一起的，其社会学研究和社会服务在中国社会学史上具有重要的意义。

抗战胜利后，光华大学上海本部恢复，成都分部交四川省地方接办，1946年更名为私立成华大学，与上海光华大学成为一脉相承的兄弟学校。在1952年至1953年院系调整中，以私立成华大学为基础先后并入西南地区财经院校或综合大学的财经系科，

---

① 西南地区文史资料协助会议编《抗战时期内迁西南的高等院校》，贵州民族出版社，1988。

光华大学院系设置沿革表

时间	院系名称																								
一九二六年	文科	国学系	教育学系	历史学系	政治学系	社会学系	哲学心理学系	英文学系	法文学系	德文学系	理科	物理学系	化学系	生物学系	数学系		商科	银行学系	会计学系	商业管理学系	经济学系	工科	测量系	绘图系	建筑系
一九三六年	文学院	国文系	教育系	历史系	政治系	社会系		英文系			理学院	数理系	化学系			土木工程系	商学院	银行系	会计系		经济系				

图 1　光华大学创始期和 1936 年发展时期院系设置

光华大学成都分部院系设置表

时间	院系名称										
	文学院					理学院		商学院			
一九三八年至一九四六年	中国文学系	教育学系	历史学系	政治经济学系	社会学系	化学系	土木工程系	银行学系	会计学系	工商管理学系	会计专修科

光华大学成都分部沿用光华大学设立的文学院、理学院和商学院，下设10个系及一个专修科

图 2　光华大学成都分部时期院系设置

组建西南财经大学的前身——四川财经学院。西南财经大学的光华校区即光华大学成都分部旧址，学校秉持经世济民、孜孜以求的大学精神。

三　光华社会学文库：回到初心再出发

1949 年之后，地处西南地区的成都社会学陷入低潮。首先是华西协和大学社会学系合并到四川大学等高校，相关的具有特色

的社区社会学研究黯然退场。其次是大学社会福利服务随着新中国的建立，通过政府新福利政策和福利提供形式而改换门庭。1979年中国社会学重建后，四川成都的多个高校重建了社会学专业。西南财经大学于1984年获批人口学硕士点，1987年获批人口学二级学科博士学位授权点，1999年人口学获批四川省重点学科，是国内最早建立人口学学科、获得人口学硕士和博士授权资格的高校之一，涌现出了吴忠观、刘洪康等一批全国知名的人口学学者，成为全国人口研究的学术重镇。2008年在应用经济学下自主设置社会经济学，2008年获批社会工作本科专业，2010年获批社会工作硕士专业学位授权点，2011年获批社会学一级学科硕士学位授权点，2012年自主设置应用社会学硕士点，2014年自主设置民俗学硕士点，2018年获批社会学一级学科博士学位授权点。学校先后成立人口研究所、西部经济研究中心、人文学院、社会工作发展研究中心和社会发展研究院等社会学相关机构。其中，人口研究所成立于1979年，1985年开始招收人口学硕士研究生，1987年开始招收人口学本科生，1988年开始招收人口学博士研究生，2000年被调整至法学院，2006年被调整至西部经济研究中心，并于2012年开始招收社会学硕士研究生。人文学院于2008年开始招收社会工作本科生，2013年开始招收应用社会学硕士研究生，2015年招收民俗学硕士研究生。社会工作发展研究中心成立于2007年10月，2009年开始招收社会经济学硕士研究生，2010年开始招收社会工作硕士专业学位研究生，2013年开始在经济保障与社会保险博士点下招收灾害风险管理和灾害社会工作方向博士研究生，2018年1月改为社会发展研究院，2018年开始招收社会学博士研究生。为进一步促进社会学学科发展，2020年7月学校将社会学相关专业整合到社会发展研究院。研究院秉持整合优势资源、立足西部建设更为完整的社会学学科的思路，新设社会学研究所、人口学研究所、社会政策与社会工作研究所、经济社会学研究所、民俗学研究所，共同研究中国经济社会尤其是社会发展面临的重大理论和实践问题，为中国社会建设和社会治理贡献力量。

西南财经大学有经济学学科优势，金融学人才培养具有明显特色。社会学在这样的大学中发展的确需要探索自己的学术成长道路。经济学和社会学学科实际上有多种学术联系与渊源。从1969年开始颁发的经济学诺贝尔奖获得者中，有数位的研究成果跨界整合了经济学和社会学，如阿马蒂亚·森的贫困研究和可行能力研究，加里·贝克对人类相互行为的分析，安格斯·迪顿对消费、贫困和福利的研究，阿比吉特·班纳吉、艾丝特·杜芙若及迈克尔·克雷默在全球反贫困研究中使用的实验型方法等。当经济学遇到做非经济因素影响分析时，社会学无疑是最好的研究合作伙伴。中国社会学也出现跨学科的分支领域，如经济社会学等。1983年南开大学社会学系与中国社会科学院社会学研究所联合在天津召开第一届经济社会学研讨会。2019年和2020年西南财经大学社会发展研究院与清华大学社会与金融研究中心、中央财经大学社会与心理学院、中国社会科学院社会学研究所联合举办了两届中国社会学会年会金融与民生福祉论坛等。西南财经大学的社会学学科与综合大学的社会学学科不同，在坚守社会学初心的同时，不断寻找和突出自己的内联外合的优势。

西南财经大学社会学学科多年来还形成了基层社会治理研究的特色。社会发展研究院现拥有多个研究中心和基地，包括民政部"中国基层治理研究中心"、四川省人文社会科学重点研究基地"西部城乡统筹与社会建设研究中心"、民政部"国家社会工作专业人才培训基地"、中国社会工作教育协会社会治理与社会工作专委会"高质量社会发展科学研究基地"等。社会发展研究院与中国家庭金融中心联合开展全国抽样调查，通过规范的问卷调查以及数据分析，建立了首个中国基层治理数据库。获得多项基层社会治理研究课题，包括国家社会科学基金"社会工作与灾后社区重建"、联合国儿基会"汶川地震社会工作发展对策研究"、教育部人文社科研究项目"大型自然灾害中政府与非营利组织合作关系研究——以汶川特大地震为例"、民政部招标课题"社会工作在汶川地震中的功能和作用研究"、国家外专局项目"农民集中居住区社区管理模式创新研究"等；成果出版注重灾害社会工作研究、城乡统筹中的社会建设研究、西部少数民族地区人口发展与反贫困战略研究、基层社会组织研究，为西部地区经济社会跨越式发展提供了高层次的战略规划及决策咨询服务，相关成果水平和团队研究能力在中国西部地区高校中名列前茅。

出版"光华社会学文库"的设想始于 2019 年初。初心是想聚集西南财经大学社会学的优势资源，建立一个社会学优秀学术成果发表平台，做成一个具有特色的学术品牌。学院年轻教师部分毕业于国内 985 高校或 211 高校，部分毕业于海外境外高校，他们国际视野开阔，理论与方法训练扎实，多篇论文发表在国内一流期刊和 SSCI 期刊。他们倾尽全力完成的独立专著创新性强，值得一读。本套丛书第一批包括以下专著：

邓湘树《大型自然灾害中的政府与非盈利组织合作研究》
胡 俞《人际信任论》
潘彦谷《亲子、同伴依恋和中学生心理素质》
张琼文《城乡社区公共服务供给效率》
蒋和超《孟母"择邻"：中国城市儿童学业成就的邻里效应》
魏真瑜《从众心理与亲社会行为》
陆毅茜 *Postgraduate Transitions of University Students in Transforming China*

我们计划不断地邀请年轻学者将他们的成果纳入"光华社会学文库"出版，在 2021 年或 2022 年推出"光华社会学文库"第二批。感谢西南财经大学双一流学科建设办公室的大力支持,感谢社会科学文献出版社谢蕊芬等编辑的辛勤工作。

文库主编　边慧敏教授
西华大学党委书记
文库执行主编　彭华民教授
西南财经大学社会发展研究院特聘院长
文库副主编　邓湘树
西南财经大学社会发展研究院副院长
2020年10月15日

昔孟母，择邻处，子不学，断机杼。
——《三字经》（中华书局，2009，第4页）

此非吾所以居处子……此非吾所以居处子也……真可以居吾子矣。
——（汉）刘向，《列女传》（山东大学出版社，1990，第38页）

目录

第一章　绪论 ………………………………………………… 1
　第一节　问题的提出 ……………………………………… 1
　第二节　学业成就的邻里效应研究：学术渊源与反思 …… 3
　第三节　研究假设 ………………………………………… 51
　第四节　研究意义 ………………………………………… 54
　第五节　篇章结构 ………………………………………… 59

第二章　研究设计 …………………………………………… 64
　第一节　关键概念 ………………………………………… 64
　第二节　数据来源与变量设置 …………………………… 68
　第三节　模型与研究策略 ………………………………… 75

第三章　社区环境与学业成就：空间维度的邻里效应 …… 79
　第一节　社区环境与学业成就的基本特征 ……………… 79
　第二节　社区环境对城市儿童字词成绩的影响 ………… 84
　第三节　社区环境对城市儿童数学成绩的影响 ………… 91

第四节　社区类型对城市儿童字词成绩和
　　　　　　数学成绩的影响 …………………………………… 98
　　第五节　本章小结 ……………………………………………… 107

第四章　社区环境与学业成就：邻里效应的群体异质性 ……… 110
　　第一节　字词成绩的性别差异 ………………………………… 111
　　第二节　数学成绩的性别差异 ………………………………… 119
　　第三节　本章小结 ……………………………………………… 127

第五章　社区环境与学业成就：时间维度的邻里效应 ………… 129
　　第一节　生命历程与成绩提升 ………………………………… 130
　　第二节　字词成绩的集聚效应 ………………………………… 134
　　第三节　数学成绩的集聚效应 ………………………………… 138
　　第四节　本章小结 ……………………………………………… 142

第六章　学校效应：邻里效应的替代物？ ……………………… 145
　　第一节　学校环境及其测量指标 ……………………………… 145
　　第二节　学校环境对城市儿童字词成绩和数学
　　　　　　成绩的影响 …………………………………………… 149
　　第三节　学校环境与社区环境的叠加效应和交互效应 ……… 157
　　第四节　本章小结 ……………………………………………… 175

第七章　邻里选择对城市儿童学业成就的影响 ………………… 178
　　第一节　邻里选择对城市儿童字词成绩的影响 ……………… 178
　　第二节　邻里选择对城市儿童数学成绩的影响 ……………… 185
　　第三节　邻里选择对城市儿童学业成就的中介效应 ………… 192
　　第四节　本章小结 ……………………………………………… 197

第八章　结论与讨论 …………………………………… 199
　第一节　基本结论 ………………………………… 199
　第二节　进一步的讨论 …………………………… 209
　第三节　本研究的不足与展望 …………………… 215

参考文献 ……………………………………………… 218

第一章　绪论

第一节　问题的提出

孟母三迁大概是每一个中国人皆耳熟能详的故事，它讲述的是孟子的母亲为了让幼年孟子拥有一个良好的教育环境而煞费苦心，不惜三迁居所。该故事不仅言简意赅地表明了中国家庭重视子女教育的现象有着悠久的历史传统，还简明扼要地揭示了西方社会科学家的一个重要经验发现——社区环境会显著影响儿童的教育机会与结果（South, Baumer, and Lutz, 2003; Owens, 2010; Wodtke, Harding, and Elwert, 2011; Sharkey and Faber, 2014; Chetty, Hendren, and Katz, 2016; Goldsmith et al., 2016; Feliciano and Lanuza, 2017; Owens, 2018）。的确，社区是儿童早期社会化的重要场所，社区环境对儿童发展的影响不言而喻。

但社区环境与学业成就的关系尚未引起国内学者的足够关注，尽管当前中国已经出现了促使我们去探讨该议题的两个重要社会事实：一是城市空间的日益分化；二是效仿"孟母择邻"的现象陡然增多。纵观中国社会，像孟母一样为了子女教育而迁移的现象在以往任何时代都少之又少，空间位置的重要性从未像今天这样得到人们如此广泛的关注。与孟子的母亲相比，当今中国家长普遍具有"望子成龙，望女成凤"的心理，效仿"孟母择邻"的人数与日俱增自然也是合情合理的。但是如果我们将这一变化趋势绘制成一个时间序列图，从孟子生活的战国时期至当代的2300多年里效仿"孟母择邻"的人数应该是一条平稳上升的曲线，而不应该在最近十余年间出现陡然上升的情况。

我们应该如何解释效仿"孟母择邻"的现象在近十余年间突然增多呢？笔者认为，导致这一现象的原因主要有四个：第一，中国家庭越来越真实地感受到社区环境对儿童学业成就的重要影响，选择在学区购置房产是在为子女求学做准备；第二，来自学区优越的教育资源的反向吸引，学区具有获取教育资源的便利性，选择在学区购置房产是为了让子女优先入学或者获取就读名校的资格；第三，学区高房价导致的投资性购房和居住流动，投资而非子女教育是部分家庭选择在学区购置房产的主要动力；第四，在当前这个以流动为主旋律的社会，居住流动是社会的一种常态，效仿"孟母择邻"现象的增多可能只是一种耦合。

在上述四种原因中，笔者虽然无法评估到底哪一种发生的可能性最大，但是至少可以断定在当今中国效仿"孟母择邻"现象的增多不能单纯归因于"良好的社区环境会带来好的学业成就"这一因素，它还可能由于截然相反的原因——丰富的教育资源反向拉动了中国家庭的居住流动。在这种情况下，我们有必要重新检验西方社会科学家揭示的教育领域的邻里效应在中国社会的普适性。也就是说，我们必须在中国的情境下去重新验证社区环境与学业成就之间的因果关系。

要回答这个问题并不容易。首先，我们必须明白社区环境与学业成就之间的因果关系研究绝对不等同于社区环境与学业成就的相关性检验，要弄清楚社区环境与学业成就两者"谁是因，谁是果"。其次，如果社区环境会显著影响儿童的学业成就，那么它对儿童学业成就的影响程度又有多大；同样的，如果社区环境会显著影响儿童的学业成就，那么它对儿童学业成就的影响是否会因不同的社区类型、不同的生命时期、不同的社会群体而异。再次，如果社区环境对儿童的学业成就没有显著影响，那么这有没有可能是因为其他因素发挥了中介作用或者替代效应。最后，社区环境与学业成就之间因果关系的研究对于增进中国教育机会公平有何种价值和意义。只有将这些问题一一回答了，我们才算真正厘清了社区环境与学业成就之间的因果关系。因此，笔者在开展研究时着重回答以下几个问题。

第一，在中国，社区环境是否同样是影响儿童学业成就的重要因素？如果是，它的作用程度有多大？

第二，如果社区环境会显著影响儿童的学业成就，那么它的影响是否会因不同的社区类型、不同的生命时期，以及不同的社会群体而存在差异？

第三，社区环境通过什么途径影响儿童的学业成就，是直接的还是间接的？是否存在竞争性的影响因素？

第四，社区环境与学业成就之间的因果关系对于增进中国教育机会公平有什么价值和意义？

第二节 学业成就的邻里效应研究：学术渊源与反思

教育公平是国内外学者普遍关注的一个研究议题，已经积累了非常丰硕的理论和经验成果。教育领域的邻里效应研究只是其中侧重于探讨和检验环境效应的一个理论分支，它强调社区环境对教育机会与结果的重要影响。事实上，除了邻里效应的理论视角，教育分层研究领域还形成了工业化理论（Lenski，1966；Blau and Duncan，1967；Treiman，1970）、再生产理论（Bourdieu，

3

1977; Bowles and Gintis, 1976; Carnoy, 1974; Collins, 1971)、资源稀释理论（Blake, 1981）、教育决策的理性行动理论（Breen and Goldthorpe, 1997）、最大化维持不平等假设（Raftery and Hout, 1993），以及有效维持不平等假设（Lucas, 2001）等视角。它们与邻里效应理论视角相似，都是强调先天禀赋、家庭背景和与结构性因素是教育机会与结果不平等的产生机制和历史演变动因。这些理论视角搭建了一个从微观到中观，乃至宏观层面解释教育机会与结果不平等的知识谱系。

国内学者历来重视检验和发展西方学者提出的理论假设，在教育分层领域也不例外，学者们运用中国的经验调查数据对城乡居民的教育机会不平等进行了大量的实证研究（李春玲，2014）。但现有研究还存在两个明显的不足：一是只关注到了教育分层的微观层面和宏观层面的影响因素，比如性别、民族、兄弟姐妹数量、父母的社会经济地位、父母的受教育程度、高校扩招等先赋因素和制度变迁对中国教育机会公平的影响及历史演变，而缺少对教育分层中观层面的影响因素，比如社区环境的探讨；二是只关注了调查对象的教育机会不平等问题，而忽视了调查对象可能存在的学业成就的差距。因此，本书将在系统总结国内学者从微观和宏观层面探讨教育机会不平等研究文献的基础上，详细梳理国外学者从中观层面讨论学业成就差距的研究文献，以期把国内外学者的研究成果和经验相结合，将社区环境这一中观层面的影响因素引入中国城市儿童教育分层的研究之中。

一 教育分层的影响因素：微观与宏观的视角

（一）先天禀赋

在微观层面，先天禀赋是学者们普遍关注的影响教育分层的因素，包括调查对象的性别、民族和出生队列等基本属性。根据工业化理论，随着工业化水平的提高，教育机会趋于平等，并且越来越取决于个体的勤奋和努力等后致因素，而不是性别、民族和出生队列等先赋因素（Lenski，1966；Blau and Duncan，1967；Treiman，1970）。从中我们可以看到，工业化理论强调后致因素对教育分层的影响，但是由于个人的勤奋和努力程度在经验调查中难以被观察、测量和比较；同时，出于理论对话的需要，性别、民族和出生队列等个体特征又是以往研究和其他理论的关注焦点，所以在实证研究中学者们仍然侧重于检验性别、民族和出生队列等先赋因素对教育机会的影响。这一做法也具有一定程度的合理性，这是因为如果调查对象教育机会的性别差异、民族差异和队列差异在工业化的背景下消失了，恰恰从反面说明在工业化时代教育机会不平等的影响因素发生了变化，性别、民族和出生队列等先天禀赋不再那么重要了。

1. 性别

有关性别与教育获得的研究普遍发现，当前中国城乡居民获得教育的机会出现了性别平等化趋势，但是性别间的教育机会不平等仍然存在，这突出地表现在由家庭背景和户籍身份等群体差异所带来的教育机会不平等上（李春玲，2009；吴愈晓，2012）。

李春玲（2009）和吴愈晓（2012）的研究均发现，家庭背景会导致教育获得的性别不平等。李春玲（2009）基于"当代中国社会结构变迁调查"数据，发现家庭经济条件会显著影响女性的受教育年限，而对男性的受教育年限没有显著影响，家庭的经济条件越好，女性的受教育年限越长。吴愈晓（2012）运用2008年"中国综合社会调查"数据发现，父亲职业地位指数越高，子代教育获得的性别不平等越小，甚至出现女性的教育获得反超男性的趋势；同时，父母受教育程度越高，子代教育获得的性别不平等也越小，父母受教育程度对女性教育获得的帮助更大。此外，郑磊（2013）还从同胞性别结构的角度对该问题进行了研究。与李春玲（2009）、吴愈晓（2012）不同，郑磊（2013）侧重于考察家庭内部的资源分配，他在多子女家庭考察了教育获得的性别不平等，结果发现拥有兄弟不利于个人的教育获得，而同胞中女孩占比越高越有利于个人的教育获得，并且这种影响存在性别间的非对称性。也就是说，有利的同胞性别结构会同时影响男性和女性的教育获得，但不利的同胞性别结构只会影响女性的教育获得。

户籍身份也是造成教育获得性别不平等的重要原因。无论是李春玲（2009）基于"当代中国社会结构变迁调查"的研究，还是吴愈晓（2012）、郑磊（2013）基于"中国综合社会调查"的研究，抑或是罗凯和周黎安（2010）基于"中国健康与营养调查"的研究，都无一例外地发现农村居民比城市居民教育获得的性别不平等更为严重。比如，吴愈晓（2012）的研究发现，在控制其他变量的条件下，城市居民的教育获得并不存在显著的性别差异，而在农村居民当中，女性的平均受教育年限会比男性低 1.393 年。

2. 民族

这一主题的研究主要探讨的问题是：民族身份是否会影响调查对象的教育获得。相关研究比较详细地考察了少数民族学生与汉族学生在义务教育、高中教育和大学本科教育三个阶段的教育获得差异。

在关于义务教育阶段的研究中，韩怡梅（Hannum，2002）和洪岩壁（2010）的研究具有典型性。韩怡梅（2002）基于联合国儿童基金会和国家统计局在 1992 年合作收集的调查数据，发现当时中国少数民族儿童的教育获得显著低于汉族儿童，即便教育获得的民族差异有相当一部分能够被地区差异和家庭背景差异所解释，然而在控制地区变量和家庭背景变量之后，少数民族儿童的教育获得仍然显著更低。洪岩壁（2010）基于 2004 年的中国"西部省份社会与经济发展监测研究"调查数据，发现义务教育阶段教育获得的民族差异主要由城乡差别和阶层差异造成，民族差异已不显著。对比两者的研究可以发现，随着社会时代的变化，少数民族儿童的教育机会不平等也在逐步缩小，而在当代中国，地区差异和家庭背景造成的差异更值得关注。

在关于高中教育阶段的研究中，洪岩璧（2010）的研究发现，少数民族学生初中升高中的概率相对较低。当不控制地区变量和家庭背景变量时，少数民族学生初中升高中的发生比是汉族学生的53%；而在模型中加入地区变量和家庭背景变量之后，民族身份的负向效应有所减小，但变化不大，少数民族学生初中升高中的发生比分别变为汉族学生的60%和62%。进一步的研究还发现，少数民族学生教育获得的城乡差异大于汉族学生，并且少数民族内部教育获得的阶层差异更大。此外，陈建伟（2015）利用2011年"中国社会状况综合调查"数据，发现在控制其他变量的条件下，少数民族学生获得高中教育的机会是0.174，而汉族学生获得高中教育的机会是0.201，少数民族学生获得高中教育的机会少于汉族学生。

在关于大学本科阶段的研究中，谭敏和谢作栩（2011）基于中国大陆31个省（区、市）的177所高校大学本科一年级新生调查数据，发现大学本科的教育获得受民族和家庭背景的双重影响，在控制家庭背景变量之后，少数民族学生会比汉族学生更容易获得大学本科的教育机会，即少数民族学生更具优势。但是，在进一步将大学本科划分为一般本科院校和211院校之后，汉族学生进入211院校的机会比少数民族学生显著更高，汉族学生进入211院校的发生比是少数民族学生的1.173倍。

3. 出生队列

依据工业化理论，出生队列[①]越晚，工业化程度越高，教育机会公平的程度也就越高，人们的教育机会也会越多，所以该主题探讨的主要问题是：教育机会不平等是否会随着出生队列的推

---

① 出生队列和出生世代是同一个含义，不同学者的叫法不一样。

移而发生变动。相关学者从两个方面对出生队列与教育获得的关系进行研究：一是从总体上探讨中国教育获得随出生队列的变动趋势；二是从群体层面探讨不同性别和不同民族的教育获得随出生队列的变化趋势。

巫锡炜（2014）利用"第三期中国妇女社会地位调查"数据对中国教育机会不平等随出生队列变化的总体趋势和这种变化的性别差异进行了研究。首先，他描述了 1949～1992 年各出生队列受教育程度的分布状况，从分析结果来看，随着出生队列的年轻化，只具有小学教育程度的比例显著降低，具有高中或大学教育程度的比例显著提高。其次，他描述了男女两性平均受教育程度的变化趋势，结果发现，随着出生队列的推移，男性和女性平均受教育程度的差距也在不断地缩小乃至消失了。最后，他将出生队列以 1949 年为基础进行了对中处理，即（出生年份 - 1949）除以 10，并用出生队列与父亲受教育年限的交互项来反映教育机会不平等随出生队列的变化趋势。结果发现，男女两性教育获得的不平等程度均会随出生队列的推移而上升，但上升的幅度呈减弱的趋势；同时，在所有出生队列中，男性教育获得的不平等程度始终低于女性。

陈建伟（2015）利用 2011 年"中国社会状况综合调查"数据对少数民族群体教育获得随出生队列的变化趋势做了比较详细的研究。他将调查对象的出生世代划分为五类：1950 前世代、1950 后世代、1960 后世代、1970 后世代和 1980 后世代，然后建立序次 Probit 模型进行回归估计。结果发现，出生世代会显著影响少数民族群体的教育获得，从 1950 后世代到 1980 后世代，少数民族群体的教育获得机会正在不断增多。为了更好地比较少数民族不同出生世代的教育获得差异，他还对回归系数进行了边际效应转换，得到了不同世代少数民族群体接受小学教育、初中教育、高中教育和大学教育的概率。根据他的估计结果，1980 后世代的少数民族群体的教育获得机会要显著高于1950后世代，这表明少数民族群体的教育获得机会也在随着世代推进而不断增多。

(二) 家庭背景

家庭背景是微观层面最受学者关注的影响教育机会公平的因素，它强调家庭的社会经济地位、文化资本和社会资本对教育获得的影响。根据再生产理论，教育是一种社会再生产机制，它实际上再生产了原有的社会阶层，社会上层的子女通过教育获得了较高的社会地位，而社会中下层的子女会因为失去教育机会而处于较低的社会地位，通过教育系统，社会阶层在代际间进行传递（Bourdieu, 1977；Bowles and Gintis, 1976；Carnoy, 1974；Collins, 1971）。具体而言，社会上层拥有的较高社会经济地位有助于其子女获得更好的教育。相关实证研究还发现与社会地位相关联的文化资本和社会资本也会显著影响不同阶层子女的教育获得。

1. 社会经济地位

有关家庭社会经济地位与教育获得的研究，虽然存在到底应该使用父亲的职业地位（李春玲，2003；李煜，2006；郝大海，2007；吴晓刚，2009；吴愈晓，2013b）还是母亲的职业地位（蔡蔚萍，2016；蔡栋梁、孟晓雨、马双，2016），抑或父亲和母亲的职业地位（刘精明，2008），甚至使用家庭年收入（李忠路，2016）作为家庭社会经济地位测量指标的争论，但是研究发现却一致，无论选用哪种测量指标，家庭的社会经济地位越高，子女获较高层次教育的机会也会越多，受教育年限也会越长。

这些研究还历时性地探讨了家庭社会经济地位对教育获得的影响。李春玲（2003）的研究发现，父亲职业在不同时期的影响有升有降，在1940年代，农民家庭孩子的平均受教育年限会比工人家庭、办事人员家庭和管理人员家庭显著更低；随后父亲职业对子女教育获得的影响开始下降，到1970年代降至最低点；然后又开始拉大，到了1980年代，管理人员及专业人员家庭孩子的平均受教育年限比农民家庭的孩子高3.6年,办事人员家庭孩子的平均受教育年限比农民家庭的孩子高2.9年,工人家庭孩子的平均受教育年限比农民家庭的孩子高1.3年。李煜(2006)则以"文革"和改革开放为分割点,比较了"文革"前(1965年及以前)、"文革"时期(1966~1976年)、改革开放初期(1977~1991年)、改革开放深入期(1992年以后)四个历史时期调查对象的家庭社会经济地位对其初中升高中、高中升大学的影响。结果发现,专业技术人员孩子的教育机会在"文革"结束后得到了显著增多。在"文革"期间,专业技术人员孩子的升学概率还不如体力劳动人员的孩子,但是"文革"后情况完全逆转,专业技术人员孩子在两个阶段的升学概率分别是体力劳动人员孩子的1.567倍和1.857倍。并且专业技术人员孩子的教育机会在1992年以后继续得到维持,在两个阶段的升学概率分别是体力劳动人员孩子的1.294倍和1.721倍。这一时期,专业技术人员孩子的教育机会大于管理人员的孩子,管理人员孩子的教育机会大于一般非体力劳动人员的孩子,一般非体力劳动人员孩子的教育机会大于体力劳动人员的孩子。

吴愈晓(2013)使用2008年"中国综合社会调查"数据,借鉴梅尔(Mare,1980)的升学模型,检验了1978~2008年调查对象的家庭社会经济地位对子女初中升学机会、高中升学机会和大学升学机会的影响。结果发现,无论是初中升学机会还是高中升学机会,抑或是大学升学机会,父亲的职业地位均会对子女的入学机会有显著的正面效应,并且与1978~1988年这一历史时期相比,父亲职业对子女教育的作用在1989~1998年和1999~2008年两个历史时期没有发生显著变化。这一研究发现说明,1978~2008年教育获得的阶层不平等没有发生变化。吴晓刚(2009)基于1990年和2000年人口普查数据的研究结果也支持了这一发现,结果表明尽管1990~2000年中国人的教育机会增多了,但是家庭背景因素仍然在决定子女入学和升学方面发挥着重要作用,并且父亲的职业地位对子女入学机会的影响作用还增大了。

2. 文化资本

文化资本是另一个重要的家庭背景因素，虽然有学者将其操作化为高雅文化、文化氛围、客观文化、文化课程参与等资本类型（仇立平、肖日葵，2011；肖日葵，2016），但最常用的测量方式是父母的受教育程度（李煜，2006；郝大海，2007；刘精明，2008；吴愈晓，2013；李春玲，2014）。这是因为受教育程度高的父母往往拥有更多的文化资源，能为子女提供更好的文化环境和学习氛围，而这些有助于孩子的认知发展、能力发展。以父母受教育程度作为文化资本测量指标的研究发现，父母的受教育程度对子女的教育获得具有显著的正向作用（李煜，2006；郝大海，2007；刘精明，2008；吴愈晓，2013；李春玲，2014），但其作用程度在不同的历史时期、不同的教育阶段有所不同（李煜，2006；刘精明，2008；吴愈晓，2013）。

刘精明（2008）基于1982年、1990年和2000年三次人口普查数据，发现在这三个时间节点，无论是小学入学还是小学升初中，抑或初中升高中的教育机会，父母受教育程度对子女教育获得的影响都有上升的趋势；而在不同的教育阶段，父母受教育程度对子女教育机会的影响不同，这种影响在小学阶段最大，在小学升初中和初中升高中阶段呈依次降低的趋势。吴愈晓（2013）对1978~1988年、1989~1998年和1999~2008年三个时期父母受教育程度对子女教育获得的影响的研究也发现，父母受教育程度对子女小学升初中、初中升高中的教育机会的作用程度随着时间的推移变得越来越重要。以初中升高中为例，在这三个时期，父母受教育程度每增加1年，子女升入高中的概率分别增加6%、13%和19%。此外，吴愈晓（2013）还比较了三个时期父母受教育程度对子女高中升大学的机会的影响。结果表明，父母受教育程度会显著影响子女高中升大学的机会，但是在1978~2008年，父母受教育程度的影响没有发生变化。可见，家庭文化资本对教育获得的影响逐渐实现。

3. 社会资本

基于布迪厄的网络资源视角和科尔曼的社会闭合视角，赵延东和洪岩璧（2012）利用"全国青少年科技素养调查"数据比较深入地探讨了父母社会资本与子女就读学校等级和学习成绩的影响。研究发现，父母的社会网络资本对中小学生进入更好的学校具有显著的促进作用，但不能直接作用于孩子的学习成绩，它对孩子学习成绩的影响是通过闭合型的社会资本间接发挥作用的。

对于小学生而言，在反映网络资源的变量中，父母与子女讨论问题会对其学习成绩起到正向作用，直接参与子女的学习活动会对孩子学习成绩起到负面影响，直接参与的越多，孩子的学习成绩就越差；同时，父母与老师的联系对孩子的成绩没有显著影响，但父母与其他家长的熟识却具有显著的正向作用。也就是说，父母的社会资本能通过扩展父母与其他家长的联系对孩子的成绩起到间接的促进作用。对于中学生而言，父母与子女讨论问题、父母直接参与孩子的学习活动对孩子学习成绩的影响没有发生变化，但是父母与老师的联系却对孩子学习成绩产生显著的正向影响。这意味着中学生父母可以通过加强与老师的联系来间接提高孩子的学习成绩。

4. 同胞数量

同胞数量是与家庭背景密切相关的一个因素。依据资源稀释理论，兄弟姐妹数量的增多会导致分配到每个孩子身上的家庭资源份额减少，从而对每个孩子的教育成就产生负面影响（Blake，1981）。

陆瑶和特雷曼（Lu and Treiman，2008）基于"当代中国社会变迁与生活史"调查数据，详细比较了1950年以前、1950~1965年、1966~1976年、1977~1996年四个时期同胞数量与教育获得的关系。研究发现，1950~1965年，同胞数量主要是对农村户籍儿童的教育获得有较大的负面影响；而1977~1996年，同胞数量主要是对城市户籍儿童的教育获得有较大的负面影响。吴愈晓（2013）探讨了改革开放时期（1978~2008年）家庭兄弟姐妹数量与个体小学升初中、初中升高中、高中升大学的关系，发现无论在哪个求学阶段，兄弟姐妹数量越多，个体的升学机会就会越少；而且与1978~1988年这一时期相比，1998~2008年，兄弟姐妹数量对个体升学机会的负面作用还变大了。

此外，研究还发现同胞数量对教育获得的影响存在性别差异和城乡差异。在性别差异上，Lu和Treiman（2008）、叶华和吴晓刚（2011）的研究都证实在改革开放时期同胞数量对教育获得的这种负面影响对女性的作用程度大于男性，黎煦和刘华（2016）的研究进一步表明同胞弟弟的数量对女性的教育获得影响最大。叶华和吴晓刚（2011）的研究还发现，随着出生世代的推进，女性与男性在受教育年限上的差距逐渐缩小，在最年轻的世代里，女性与男性的受教育年限已经没有显著差异。在城乡差异上，黎煦和刘华（2016）的研究还发现，对于男性而言，无论他是城市户籍还是农村户籍，同胞数量对其教育获得均没有显著影响；但对于女性，城市户籍和农村户籍均会对其教育获得产生显著的负面影响，并且同胞数量对农村女性教育获得的负面影响大于城市女性。罗凯和周黎安（2010）利用"中国健康与营养调查"数据，揭示了教育中"重男轻女"思想对城镇地区父母的影响要比农村地区小得多，因"重男轻女"思想而稀释教育资源的现象主要发生在中国农村地区。

（三）制度与结构性因素

在宏观层面，高校扩招是最受学者关注的影响教育机会平等的因素（丁小浩，2006；刘精明，2006、2007；李春玲，2010；邵岑，2015；邢春冰，2013；吴晓刚，2009；吴愈晓，2013；张兆曙、陈奇，2013）。虽然高校扩招带来了教育机会的增多，但是根据最大化维持不平等假设（Raftery and Hout，1993）、有效维持不平等假设（Lucas，2001）和教育决策的理性行动理论（Breen and Goldthorpe，1997），高校扩招可能并未缩小不同家庭背景孩子的教育机会差异，也未缩小性别间、城乡间的教育机会不平等。

在家庭背景差异方面，丁小浩（2006）、吴晓刚（2009）和吴愈晓（2013）的研究发现，高校扩招以后，父亲职业地位对子女教育获得的影响并未发生改变，父亲职业地位越高，子女的教育获得机会仍越多。但刘精明（2006）指出使用社会经济地位指数来测量社会阶层缺乏对高校扩招与具体阶层教育获得不平等关系的解释能力，可以使用父亲的职业类别来探讨高校扩招以后，具体家庭背景对子女教育获得的影响。研究发现，在高等教育领域，高校扩招以后其他阶层子女与初等教育体力劳动者子女相比，其相对优势出现了明显下降，并且父亲的职业地位或受教育程度越高，其子女相对优势的下降幅度也越大（刘精明，2006）；郝大海（2007）的研究发现，就大学转换率而言，专业技术阶层子女的教育转换率仍然是最高的，然后是管理阶层，其次是一般非体力阶层，最后是体力阶层，但高社会阶层子女的大学教育转换率仍然高于低社会阶层子女。

在性别差异方面，吴愈晓（2013）和邵岑（2015）基于2008年"中国社会综合调查"数据，发现高校扩招后男性和女性的大学教育机会不存在显著的性别差异。张兆曙和陈奇（2013）利用同一份数据，发现高校扩招同时降低了经济条件较差家庭和经济条件较好家庭教育机会的性别不平等。邵岑（2015）的研究发现，高校扩招不仅促进了大学教育机会的性别平等化，还促进了小学升初中和初中升高中教育机会的性别平等化。

在城乡差异方面，高校扩招不仅没有出现平等化的趋势，反而导致了城乡教育机会不平等程度的上升。吴愈晓（2013）的研究发现，1978~1988年，农村居民上大学的机会比城镇居民多；1989~1998年，农村居民与城镇居民上大学的机会没有显著差异；但1999年大学扩招以后，农村居民上大学的机会比城镇居民显著更少。吴晓刚（2009）利用1990年和2000年的中国人口普查数据同样发现，无论是在学状况、小学升初中还是初中升高中，农村居民2000年的教育机会均会比1990年显著更少。邢春冰（2013）使用2000年人口普查数据和2005年1%的人口抽样调查数据也发现，高校扩招对于提高城镇居民和农村居民教育水平的作用是不对称的，高校扩招主要增加了农村地区具有高中学历人口的样本比例，在城镇地区则主要增加了具有高等教育学历人口的比例，但导致这一结果的重要原因是农村居民在获得高等教育机会后获得城市户籍并留在城镇地区。

除了高校扩招，学者们还讨论了人口流动（梁在、陈耀波、方铮，2006；杨菊华、段成荣，2008；杨菊华，2011；袁梦、郑筱婷，2016；赵颖、石智雷，2017）、政治变迁（李春玲，2003；马洪杰，2012）、计划生育（叶华、吴晓刚，2011）、市场化（都阳、Giles，2006）等制度变迁对教育机会不平等的影响。这些研究与围绕高校扩招展开的研究通过严格的实证分析不仅表明了最大化维持不平等假设、有效维持不平等假设和教育决策的理性行动理论在中国具有一定程度的普适性，还从侧面深化了再生产理论，并表明中国的教育机会不平等会持续受到性别、家庭背景和高校扩招等微观与宏观层面的多种因素的显著影响。

二 社区环境：中层视角下的新进展

从国内教育分层的研究文献来看，学者们的确更为关注性别、民族、出生队列、家庭背景、户籍制度和高校扩招等微观和宏观层面的影响因素，而对社区环境等中观层面的影响因素缺乏讨论。导致这一结果的原因可能有三个：第一，微观和宏观层面的这些因素都是与调查对象教育获得直接相关，因此更容易引起学者们的关注；第二，微观和宏观层面的这些因素涉及的研究议题是社会学研究绕不开的经典议题，因此更容易成为学者们探讨的热点；第三，有关社区环境与教育分层的研究即便在西方学术界也只不过是近30年间在社会转型的背景下兴起的一个研究主题。

实际上，这一议题源于美国社会学家威尔逊对20世纪70~80年代城区社会转型导致社会最弱势阶层——贫困者和女性单亲家庭集中这一现象的观察，威尔逊将其称为"集中效应"（concentration effects）。这进一步引发了学者们对这种与集中相伴随的不良的街区环境可能带来的社会后果（比如教育机会不平等）的关注，后来学者们将这种环境效应统称为邻里效应①（neighbourhood effects）。

在教育分层研究领域，国外学者关注的邻里效应是恶劣的社区环境是否会给青少年的教育发展带来更为负面的影响。相关研究包括两个方面的议题。一是恶劣的社区环境是否会给青少年的教育获得带来更为负面的影响（Wodtke, Harding, and Elwert, 2011; Ludwig et al., 2012; Dong, Gan, and Wang, 2015; Chetty, Hendren, and Katz, 2016）。这方面的研究又包含社区环境与青少年失学率、辍学率之间的关系，社区环境与高中学历获得之间的关系，社区环境与大学学历获得之间的关系等内容。二是恶劣的社区环境是否会给青少年的学业成就带来更为负面的影响（Carlson and Cowen, 2015; Hicks et al., 2018; Wodtke and Parbst, 2017;

---

① 邻里效应是指长期生活在较差的社区环境中将会对居住者的生活际遇产生超过个体特征作用的负面效应（Van Ham et al., 2010）。neighbourhood effects 有多种译法，邻里效应最常见的一种翻译（李涛、周开国，2006；罗力群，2007；盛明洁，2017；汪毅，2013；陈宏胜、刘晔、李志刚，2015；晏艳阳、邓佳宜、文丹燕，2017），但在国内文献中，它也被翻译为社区效应（唐翔，2008；史春玉、邹伟，2016；郑磊，2015）。

Owens，2018；Sanbonmatsu et al.，2006）。这方面的研究主要探讨的是社区环境与青少年学业成绩，尤其是与阅读成绩和数学成绩之间的关系。

（一）社区环境与教育获得的邻里效应

根据以往研究，教育获得的邻里效应实际上是以一定的城市空间为基础来研究教育获得，它强调区域属性对儿童教育获得的影响。在这里，社区只是对城市空间的一种限定，学者们在探讨邻里效应时选用的其他限定单位还包括选区（Casciano and Massey，2012；Kauppinen，2008；Sampson，2012）、人口普查区（census tract）（Chetty et al.，2016；Owens，2010；Aaronson，1998；Carlson and Cowen，2015）、邮政编码区域（zip code area）（South et al.，2003）以及市场（Bygen and Szulkin，2010）等。而社区环境也经历了一个从强调自然环境转变到强调社会环境的过程，在以往的研究文献中，学者们讨论的社区自然环境涉及气候、海拔、空气质量、噪声、自来水状况等，社区社会环境涉及贫困率、女性户主比率、居住流动比率、福利救济比率、犯罪率等。

1. 社区自然环境对教育获得的影响

Maccini 与 Yang（2008）使用印度尼西亚家庭生活调查数据研究了印度尼西亚1953~1974年农村居民出生时的气候条件对其成年后的健康状况、教育获得与工资收入的影响。结果显示，当地的降雨量会显著影响女性受访者成年后的社会经济地位，较高的降雨量意味着较好的健康状况、较高的受教育程度和较高的工资收入。就教育获得而言，如果女性受访者出生地的降雨量在其出生那年增加20%，那么其受教育程度则会延长0.22年。Currie 等（2011）运用三重差分方法分析了德州39个街区的空气质量与初、高中学生的辍学率之间的关系，控制父母的教育期望、孩子上学的机会成本、教育政策和健康等混淆因素，结果发现空气质量会显著影响青少年的辍学率，如果空气中一氧化碳的含量超过空气质量指标或者达到空气质量指标的 75% 以上，孩子的辍学率就会提高；空气中一氧化碳的含量每下降一个类别，当地青少年的辍学率就会比 2000~2001 学年的辍学率 (3.58%) 下降 0.8 个百分点。

气候条件、空气质量、自来水供应、噪声等自然环境不仅会影响青少年的教育获得，而且会影响青少年的学业成就和认知发展 (Evans and Kantrowitz, 2002; Evans, 2006; Entwisle, 2007; Currie et al., 2011)。比如，Bronzaft 与 McCarthy (1975) 的研究发现如果学生就读的学校位于铁路附近，那么其阅读能力会比在相对安静的学校就读的学生更差。这一结果也得到其他学者的验证，研究发现如果学生居住地、学校位于航空线路之下或者靠近机场、高速公路、铁路，那么其阅读能力会比在安静地方学习的学生更差 (Cohen et al., 1980; Hambrick-Dixon, 1986; Evans and Maxwell, 1997; Stansfeld et al., 2005; Evans, 2006)。

自然环境是社区环境的一个重要组成部分，上述研究也表明自然环境质量会在很大程度上影响青少年的教育获得和学业成就。但是由于这类研究带有浓厚的地理决定论色彩，因此遭受到许多学者的批判：其一，有学者指出自然环境对教育获得的相关研究均是在特定的地理区域内进行的，比如区县层次，如果社区边界变为乡镇或者地级市，研究结果就会不一样 (Pattillo, 1999、2003)；其二，许多基于定量的研究结果与人类学者的田野调查、民族志结论不一致 (Rosenblatt and DeLuca, 2012)；其三，自然环境对教育获得的作用内在地包含了社会、政治和经济力量对个体和家庭的作用，因为社会、政治和经济力量会影响个体和家庭的居住选择 (Downey, 2006; Crowder and Downey, 2010)。出于这样的原因，当前越来越多的学者强调社区社会环境对教育获得的影响。

2. 社区社会环境对教育获得的影响

在社会学研究中，学者们对社区社会环境与教育获得的因果关系尤为关注（Sharkey and Faber, 2014）。有关社会失范的研究发现，如果儿童长时间生活在充满压力的社区环境中，他们的教育获得和学业表现就会受到负面影响（Harding, 2009b; Sharkey et al., 2013）。有关教育获得的邻里效应研究发现，如果青少年长时间生活在不良的社区环境中，那么社区环境将会对其教育获得产生显著的负面作用（Wodtke, Harding, and Elwert, 2011; Ludwig et al., 2012; Dong, Gan, and Wang, 2015; Chetty, Hendren, and Katz, 2016）；如果青少年从环境状况恶劣的社区迁往环境状况较好的社区，那么其获得教育的机会将会得到显著的改善（Will et al., 2011; Johnston, 2017; Feliciano and Lanuza, 2017）。虽然学者们的研究结论较为一致，但是在具体的实证研究中，由于测量社区环境的指标、选用的调查数据和研究的社会背景不尽相同，社区环境对教育获得的影响程度存在一定的差异。

有关社区社会环境与教育获得因果关系的研究大致有两种：一是通过直接比较长期生活在不同社区环境中的青少年的教育获得来评估邻里效应的作用程度（South, Baumer, and Lutz, 2003; Brännström, 2004; Cardak and McDonald, 2004; Bygren and Szulkin, 2010）；二是通过居住流动来测量有居住流动和没有居住流动的青少年的教育获得差异，以准实验的方法来估计邻里效应的作用程度（Aaronson, 1998; Dong, Gan, and Wang, 2015; Goldsmith et al., 2016）。据此，我们可以将其看作教育获得邻里效应研究的两个阶段。

第一阶段的研究直接测量社区环境对教育获得的影响。这类研究通常借助调查数据中现成的社区环境与教育获得方面的数据，使用 Logit 回归模型、Probit 模型、事件史模型、多层线性模型等统计分析技术来直接估计，是教育获得邻里效应研究中较早且较为成熟的一类研究。

在这些研究中，South、Baumer 与 Lutz（2003）的研究较有

特色。与大多数研究不同，他们没有直接使用代表社区环境的特征变量，而是根据社区环境建构一个邻里劣势指数（Neighborhood Disadvantage Index，NDI）来探讨邻里效应对教育获得的作用程度。通过分析美国全国儿童调查和1980年的人口普查数据，他们发现在基准模型中，邻里劣势指数对青少年的高中毕业率具有显著的正向影响，即青少年所处的社区环境越好，其高中毕业的概率就越大，当在模型中加入家庭社会经济地位变量后，邻里劣势指数的作用程度下降，但仍具有统计显著性。根据回归结果，居住在低于邻里劣势指数均值一个标准差的青少年的高中毕业概率会比居住在高于邻里劣势指数均值一个标准差的青少年高出79%。

Crowder 与 South（2003）借鉴 South 等（2003）的方法，基于1968~1993年美国收入动态追踪调查数据和1970年、1980年、1990年的人口普查数据，运用离散时间风险模型（Discrete-time Hazards Models）估计了社区环境对青少年（14~19岁）辍学率的影响。研究同样发现，邻里劣势指数对青少年的辍学率具有显著的正向作用，即青少年生活的社区环境状况越糟糕，其辍学的可能性就越大。根据回归结果，如果受访者长期生活在最富裕的社区环境中，那么其辍学率会比生活在社区环境一般的青少年低36%；如果受访者居住在第二富裕的社区环境中，那么其辍学率会比生活在社区环境一般的青少年低20%。

Cardak 与 McDonald（2004）、Bygren 与 Szulkin（2010）则将教育获得邻里效应的研究对象从底层聚居区扩展到独特的移民聚居区。Cardak 与 McDonald（2004）使用澳大利亚青年调查和澳大利亚人口普查数据，分析了澳大利亚本国青少年和移民子女的教育获得差距。研究发现，在由同族群移民构成的聚居区内，移民子女的教育获得不仅与父亲的职业、父母的受教育程度相关，还与聚居区移民的整体受教育程度密切相关。如果移民聚居区内有较高比例的高中和大学学历者，则移民的子女将获得更好的教育。具体而言，在移民聚居区内，如果拥有较高比例的高中学历者，则亚洲移民子女的高中毕业率会高出澳大利亚本国青少年19个百分点，欧洲移民子女的高中毕业率会高出澳大利亚青少年10个百分点；如果移民聚居区内有较高比例的大学学历者，则亚洲移民子女中男孩上大学的机会比澳大利亚本国男孩高出17个百分点，亚洲移民子女中女孩上大学的机会比澳大利亚本国女孩高出24个百分点，而欧洲移民子女中女孩上大学的机会比澳大利亚女孩高出14个百分点，男孩间没有显著差异。作者认为，这表明澳大利亚政府持续的技术移民政策不仅对移民子女的教育获得产生了直接正向作用，还具有间接的正向溢出效应（spillover effects），较好地检验了移民族群中的邻里效应。

Bygren与Szulkin（2010）同样将关注点放在移民聚居区，考察了瑞典移民聚居区的移民子女的教育获得问题。但瑞典的移民不像澳大利亚移民那样有高技术、高学历，瑞典移民的社会经济地位更加复杂，且存在种族隔离的现象。所以，Bygren与Szulkin（2010）将研究问题聚焦在社会隔离是否影响了青少年的教育获得，研究对象是1995年完成义务教育的学生，并以其2003年（该群体24岁左右时）所获得的最高学历作为受教育程度的测量指标。结果发现，移民聚居区的同族群移民占比越大，移民子女的受教育程度就越低；当把族群规模（同族群移民的占比）与族群质量（该族群中成年人的高教育程度或者青少年的高学业成就）进行交互后，族群规模、族群规模与族群质量的交互项均具有统计显著性，根据回归系数，如果青少年在一个成年人（23岁及以上）具有较高教育程度或者青少年（16~22岁）具有较高学业成就的同族群聚居区长大，那么其教育获得也相对较高。

Bygren与Szulkin（2010）还进一步探讨了族群质量达到什么标准，族群规模的增长会提高移民子女教育获得的问题。根据预测结果，如果移民聚居区的青少年的学业成绩平均达到3.2及以上的等级，那么移民聚居区族群规模越大就越有助于移民子女获得越高的受教育程度。这也就意味着如果移民聚居区学校教育的质量较高，则移民子女仍然能够接受较好的教育；如果移民聚居区的成年人的受教育程度达到14年及以上，则移民聚居区的族群规模越大就越有利于移民子女获得越高的受教育程度。但这样的条件非常难得，因为分析样本中成年人的受教育程度达到14年及以上的移民子女只有1.2%。当在模型中加入个体特征变量和家庭背景等控制变量以后，族群规模、族群规模与族群质量的交互效应仍然保持不变。所以，Bygren与Szulkin认为移民聚居区对移民子女教育获得的影响可以通过提高学校教育质量来调节。

第二阶段的研究通过居住流动建构的准实验来评估社区环境与教育获得之间的关系，这是一种较为新近的研究策略。由于人们的居住流动并非随机分布的，而是有着一定的选择偏好，为了解决邻里的选择偏好问题，这一阶段的研究越来越多地借助工具变量、倾向值匹配、Heckman样本选择模型等较前沿的因果推断技术展开。

Goldsmith等（2016）基于美国全国教育追踪调查数据和1990年的人口普查数据，从居住流动的角度比较了不同居住状况的调查对象教育获得的邻里效应。他们先通过1990年、1992年、1994年和2000年这四期全国教育追踪调查数据分析青少年的居住流动状况，将其划分为有居住流动和没有居住流动两种类型，如果青少年发生过居住流动，则再将有居住流动的青少年的现居住地划分为底层居住区、中层居住区、上层居住区三类。他们假设如果底层居住区对青少年的教育获得产生负向作用，那么迁往较好的居住区的青少年将会获得更好的教育机会。研究发现，有居住流动的青少年的高中毕业率是96.0%，没有居住流动的青少年的高中毕业率是93.2%，有居住流动的青少年的大学入学率是85.9%，没有居住流动的青少年的大学入学率是 83.8%。而在有居住流动的青少年中，迁往底层、中层和上层居住区的青少年的高中毕业率分别是 94.8%、94.1% 和 97.5%，高于没有居住流动的青少年（93.2%）。在大学入学率上，迁往底层、中层和上层居住区的青少年的大学入学率分别是 77.0%、85.2% 和 87.0%，迁往中层和上层居住区的青少年的大学入学率也高于没有居住流动的青少年（83.8%）。然后，研究者运用倾向值匹配估计了参与者处理效应（Treatment On the Treated, TOT）。结果发现，向上的居住流动和变换的社区环境对青少年的高中毕业率和大学升学率均没有显著作用，但存在群体差异，居住流动对拉丁裔和家庭社会经济地位较低的青少年更为有利，它提高了拉丁裔青少年的大学入学率，但对白人和非拉丁裔青少年没有明显好处。

Dong 等（2015）运用美国国家追踪调查数据探讨了居住流动、社区环境对教育获得的影响。与 Goldsmith 等（2016）的研究不同，Dong 等（2015）的研究使用了更为具体的社区环境测量指标来测量受访者现居住地与目的地的环境状况，这些变量包括城市化率、女性户主比例、犯罪率、高中毕业率、大学毕业率、失业率、总就业人数以及个人收入。值得注意的是，所有变量都是区县层次的，鉴于环境变量可能存在内生性问题，作者使用相邻区县的数据作为工具变量。研究发现，城市化率、犯罪率、高中毕业率、失业率和人均收入会显著影响人们的迁移决策。在所有变量中，城市化率和高中毕业率是促使人们迁移的拉力，人们普遍倾向于选择在城市化率比较高、教育水平比较高的地区居住；而失业率是促使人们迁移的推力，人们往往倾向于从高失业率的地方迁往高就业率的地方。然后，作者分别使用 Heckman 样本选择模型和两类型模型（Two-type Model）检验了社区环境对教育获得的作用程度。在 Heckman 样本选择模型中，没有发现邻里效应具有统计显著性；而在两类型模型中，发现了因教育而迁移的类型存在邻里效应。具体而言，作者根据有无居住流动将个体划分为迁移者和非迁移者，再将迁移者依据是否因教育而迁移划分为内生型迁移和外生型迁移。回归结果显示，迁移者在结束义务教育之后平均获得 6.092 年的教育，而非迁移者在完成义务教育之后平均获得的教育年限是 5.024 年；并且内生型迁移者，即因教育而迁移者在完成义务教育之后平均获得的教育年限高达 6.634 年，远远高于外生型迁移者的 3.114 年。

3. 时间维度教育获得的邻里效应

缺少生命历程视角的实证研究是邻里效应研究的一个盲点（Wheaton and Clarke, 2003）。的确，威尔逊在出版《真正的穷人：内城区、底层阶级和公共政策》(*The Truly Disadvantaged: The Inner City, the Under-class, and Public Policy*)（Wilson, 1987）一书时，就强调时间对于邻里效应的重要性，并认为长期生活在贫困和隔离聚居区将会对个体的生活际遇产生负面影响。但是直到 2003 年，Wheaton 与 Clarke 才将时间的维度带入邻里效应的分析框架，他们通过整合时间与空间发现，儿童期生活在贫困的社区环境中对个体成年后的精神健康会产生负面影响，社区环境对个体的影响存在滞后效应。Wheaton 与 Clarke（2003）的研究为从时间维度检验邻里效应奠定了基本的分析框架，并形成了两个重要的研究议题：一是长期生活在贫困的社区环境中是否会对个体的教育获得产生影响，即社区环境对教育获得的影响是否存在集聚作用；二是儿童期在贫困的社区环境中生活的经历是否会对个体的教育获得产生长期影响，即早期的社区环境对教育获得的影响是否存在滞后效应。

（1）社区环境对教育获得的集聚作用

Crowder 与 South（2011）运用美国收入动态追踪调查数据从生命历程的视角研究了青少年在贫困的社区环境中生活的时间与高中毕业率之间的关系。作者首先建构了一个测量社区环境状况的邻里富裕指数（Neighborhood Advantage Index），然后将邻里富裕指数低于均值一个标准差的社区定义为低度贫困区，将邻里富裕指数低于均值两个标准差的社区定义为极度贫困区，再将儿童0~18岁期间在各类社区中生活的时间划分为0、1%~25%、26%~75%、76%~99%和100%五个类别。结果发现，在低度贫困区生活会对美国白人的高中毕业率产生显著的负向作用，并且与那些在非低度贫困区的美国白人相比，在低度贫困区生活时间越久的美国白人，其高中毕业率就会越低；而在低度贫困区生活的美国黑人与其他社区类型中的美国黑人的高中毕业率没有显著差异。作者认为，这是因为绝大多数美国黑人均长期生活在低度贫困区。在极度贫困区，美国白人生活的时间越长，其高中毕业率也会越低，但是没有美国白人在极度贫困区生活的时间超过儿童期的3/4（约13岁），而美国黑人在该种社区类型中生活的时间达到儿童期3/4时，即在极度贫困区生活的时间超过儿童期的3/4时，其高中毕业率就会比没有生活在极度贫困区的美国黑人显著更低。

Chetty、Hendren 与 Katz（2016）使用美国 MTO（Moving to Opportunity）实验[①]数据和税收数据研究了社区环境对儿童生活际遇的长期影响。Chetty 等（2016）假设：对于参与实验的儿童而言，家庭搬迁时其年龄越大，从较高贫困率的社区环境迁往较低贫困率的社区环境的收益就会越小。由于被分配到实验住房券组的家庭有的没搬离原来的社区，所以作者分别使用了意向性分析（Intent To Treat, ITT）和参与者处理效应（TOT）来估计迁往较好的社区环境对实验儿童生活际遇的影响。就教育获得而

[①] MTO 实验是美国政府实施的一项家庭迁移实验，1994~1998 年美国住房与城市发展部在巴尔的摩、波士顿、芝加哥、洛杉矶和纽约五个城市招募了4604户在高度贫困的社区环境中生活的低收入家庭，通过随机指派，这些家庭被分配到实验住房券组、传统住房券组和控制组，以期通过居住迁移改变这些家庭的社区环境状况。目前该实验的数据和结果已经成为许多社会科学研究的重要数据来源。

言，作者主要考察了实验儿童在 18~20 岁时上大学的概率。

研究发现，对于 13 岁以前就迁往较好的社区环境的儿童而言，其上大学的概率会比没有迁移的儿童要高。根据 ITT 的估计结果，控制组儿童在 18~20 岁时上大学的概率是 16.5%，实验住房券组儿童上大学的概率比控制组高出 2.5 个百分点，传统住房券组儿童上大学的概率比控制组高出 1 个百分点；根据 TOT 的估计结果，实验住房券组儿童上大学的概率比控制组高出 5.2 个百分点，传统住房券组儿童上大学的概率比控制组高出 1.5 个百分点。而对于 13~18 岁时迁往较好的社区环境的儿童而言，居住环境的改善不但没有提高其上大学的概率，反而降低了其上大学的概率。根据 ITT 的估计结果，控制组儿童在 18~20 岁时上大学的概率是 15.6%，实验住房券组儿童上大学的概率比控制组低 4.3 个百分点，传统住房券组儿童上大学的概率比控制组低 3 个百分点；根据 TOT 的估计结果，实验住房券组儿童上大学的概率比控制组低 10.3 个百分点，传统住房券组儿童上大学的概率比控制组低 5.5 个百分点。

此外，Hango（2006）基于加拿大综合社会调查数据、Clampet-Lundquist 与 Massey（2008）基于 MTO 实验数据同样发现，社区环境对教育获得的影响的确会产生集聚作用。但不同的是，Hango（2006）的研究发现，从长远来看儿童早年的居住流动有助于其获得更好教育，对于那些在 15 岁以前就搬离了不良社区环境的儿童而言，其高中毕业率会显著高于留在原来社区的儿童。而 Clampet-Lundquist 与 Massey（2008）的研究发现，个体只要在极端贫困的环境中生活 7 年，邻里效应的集聚作用就会显现。从上述研究发现来看，研究者们对集聚作用的显现时间尚未达成一致。但是这些研究也表明，如果儿童一直生活在贫困率较高的社区环境中，那么其教育获得必将受到负面影响；相反，如果儿童能够较早搬离贫困的社区环境，那么其教育获得就会有所改善。

(2) 社区环境对教育获得的滞后效应

随着邻里效应研究的不断深入，学者们发现邻里效应不仅取决于儿童现在的居住场所，还取决于其以往的社区环境（Wodtke, Harding, and Elwert, 2011; Wodtke, 2013）。即如果某个儿童曾经生活在相对贫困的社区环境，而现在生活在相对富裕的社区环境，那么他的生活际遇依然会受到先前社区环境的影响。如果没有考虑社区环境的滞后效应，当前社区环境产生的邻里效应被高估16%~24%（Miltenburg and Van der Meer, 2018）。

Wodtke、Harding与Elwert（2011）指出以往邻里效应研究只是在单个时点对社区环境进行考察，可能忽视了邻里效应的滞后性，从而低估了邻里效应；同时，在个体的生命历程中，居住地也不是一个固定的场所，许多家庭都在不停地搬迁（Briggs and Keys, 2009; Quillian, 2003; Timberlake, 2007），这就给准确估计邻里效应带来了方法上的挑战。但是Wodtke、Harding与Elwert（2011）认为家庭迁移也不是无迹可寻的，它往往与家庭的时变（time-varying）特征相关，比如父母的就业状态、父母的婚姻状态和家庭收入，而这些都与家庭先前的社区环境相关。在此基础上，Wodtke等（2011）根据家庭的时变特征建构了一个反事实因果框架（a counterfactual causal framework）来探讨童年期、青少年期都在不良的社区环境中生活对个体教育获得的影响。

在研究中，教育机会不平等主要是通过高中毕业率来测量的，通过合并美国收入动态追踪调查和GeoLytics邻里变迁数据（GeoLytics Neighborhood Change Database），研究者发现长期生活在较差的社区环境对儿童的高中毕业率的确具有显著的负向作用。未加权的Logit模型显示，与生活在较好社区环境的儿童相比，生活在较差社区环境的黑人儿童高中毕业的可能性减少50%，生活在较差社区环境的非黑人儿童高中毕业的可能性减少45%。但这一结果是有偏的，因为它没有考虑社区环境的非随机选择，也忽视了邻里效应的滞后性。所以，作者使用逆处理概率加权法（Inverse Probability of Treatment Weighting，IPTW）重新进行估计，结果发现长期生活在较差的社区环境中使黑人和非黑人儿童的教育机会不平等均更加严重。对黑人儿童而言，与社区环境中等者相比，长期生活在最差的社区环境中的黑人儿童高中毕业的可能性减少65%；对于非黑人儿童而言，这一比例减少近40%。与生活在最好的社区环境中的儿童相比，长期生活在最差的社区环境中的黑人儿童高中毕业的可能性减少90%，非黑人儿童高中毕业的可能性减少70%。因此，Wodtke等认为在估计社区环境对个体生活际遇的作用程度时，不能忽视以往社区环境的潜在作用，不然，邻里效应有可能被严重低估。

4. 教育获得邻里效应的群体异质性

邻里效应的群体异质性，即社区环境带来的各种负面影响对谁更为不利的问题（Ellen and Turner，1997；Sampson，2008；Sharkey and Faber，2014）也是诸多学者关注的重点。根据 Harding 等（2010）提出的概念模型，邻里效应的群体异质性是与社区环境的作用程度、持续时间并列的最应该被着重探讨的议题。目前，国外学者在收入、财富、教育获得和英语流利程度等领域围绕性别、种族/族群以及家庭背景的异质性进行了诸多有益的探讨（Alba and Logan，1993；Charles，2003；Crowder et al.，2006；Crowder et al.，2012；South et al.，2005；Wodtke，Harding，and Elwert，2016；Goldsmith et al.，2017）。就教育获得的邻里效应而言，虽然比较社区环境给不同群体造成的教育获得差异是一个重要的研究主题，但是它并非独立的，而是与其他主题交织在一起，比如 Cardak 等（2004）、Wodtke 等（2011）和 Dong 等（2015）有关社区环境与教育获得作用程度的研究就涉及不同族群、不同性别教育获得的异质性分析。

(1) 种族/族群的异质性

关于种族/族群的异质性，Wodtke 等（2011）、Crowder 与 South（2003）、Dong 等（2015）的研究都有涉及，但是 Wodtke 等（2011）的研究重心是从时间维度考察邻里效应，只从侧面展示了黑人儿童和非黑人儿童教育获得存在的巨大差异。与 Wodtke 等（2011）不同，Crowder 与 South（2003）、Dong 等（2015）则对社区环境到底能够在多大程度上解释黑人与白人教育获得差距进行了深入的分析。

Dong 等（2015）根据两类型模型的估计结果预测了不同种族、不同迁移类型者的受教育年限。结果发现，黑人与白人义务教育阶段之外的教育获得差距是 0.385 年，迁移类型能够解释黑人和白人教育差异的 15.33%，而内生型迁移（因教育而发生的迁移）能够解释两者教育差异的 84.60%。同时，研究还发现如果让内生型黑人迁移者流动到白人居住区，那么其受教育年限会提高 0.86 年。据此，作者估计如果黑人能够拥有白人那样的社区环境，那么其受教育年限将会提高 0.1115 年，社区环境能够解释黑人与白人教育获得差异的 28.96%。

Crowder 与 South（2003）基于 1968～1993 年美国收入动态追踪调查数据，运用事件史模型（Event History Models）研究了社区环境对不同种族 14～19 岁青少年辍学率的影响。作者建构了一个邻里劣势指数（NDI），NDI 指数的取值在 -18～18，数值越大表示社区环境越糟糕，然后在控制个体特征、家庭背景的情况下，估计了社区环境对不同种族青少年辍学率的影响。结果发现在同样的社区环境中，黑人青少年的辍学率几乎是白人青少年的 2 倍。随后，作者根据回归结果绘制了黑人青少年和白人青少年辍学率的预测图，图形显示，在控制其他变量的情况下，当黑人青少年拥有较好的社区环境（-16 < NDI < 12）时，其辍学率会比白人青少年更低，且两者的辍学率均低于 5%；然而，随着

社区环境的不断恶化，黑人青少年的辍学率会逐步提高，当 NDI 指数大于 12 时，黑人青少年的辍学率就会超过白人青少年，在最差的社区环境中，黑人青少年的辍学率达到 7.5%。

（2）性别的异质性

Crowder 与 South（2003）的研究不仅估计了不同种族的青少年教育获得差距，还估计了社区环境对不同性别的青少年教育获得的影响。事件史模型结果显示，在所有样本中，黑人男性和黑人女性比白人男性和白人女性拥有显著更高的辍学率，但是在黑人子样本和白人子样本中，不同性别的教育获得差距又有明显的不同。在黑人子样本中，NDI 与性别的交互结果显示，在同等 NDI 指数条件下，黑人男性的辍学率会显著高于黑人女性。在控制其他变量的情况下，作者绘制了黑人男性和黑人女性的辍学率预测图，图形显示，当社区环境较好（NDI≤5）时，黑人男性与黑人女性的辍学率非常接近，且都低于 5%；当社区环境较恶劣（NDI＞5）时，黑人男性的辍学率会迅速提高；在最恶劣的社区环境中，黑人男性的辍学率是黑人女性的 2 倍。在白人子样本中，NDI 与性别的交互结果与黑人子样本的结果较为相似，在同等 NDI 指数条件下，白人男性的辍学率会显著高于白人女性。在控制其他变量的情况下，作者也绘制了白人男性和白人女性的辍学率预测图，但图形显示，白人男性的辍学率比白人女性高，这是因为在较好的社区环境中白人男性的辍学率较高；而黑人男性的辍学率高于黑人女性，这是由于在较差的社区环境中黑人男性的辍学率更高。根据预测图，当社区环境较好（NDI≤5）时，白人男性的辍学率相对高于白人女性，而当社区环境较恶劣（NDI＞5）时，白人女性的辍学率会迅速提高，在最恶劣的社区环境中，白人女性的辍学率会超过 5%。作者认为这一结果是与社会现实相吻合的，不同的社区环境不仅固化了黑人与白人的教育差距，还会带来更严重的社会后果，比如社会隔离，这有力地反驳了"便捷的交通使社区环境对个体结果的影响不再重要"的观点。

2008 年，Johnson 对"谁在富裕的社区环境中获益更多"这个问题进行了研究。依据种族和性别，他将调查对象分为白人男性、白人女性、黑人男性和黑人女性四个子群体，使用多层线性模型（Hierarchical Linear Modeling，HLM）进行回归估计。结果发现，邻里的富裕程度每提高 1 个百分点，调查对象的受教育年限就增长 0.35 个标准差，但不同群体的变异较大；基于性别的回归结果显示，在富裕社区中生活的女性，其教育收益会比男性更多，在不控制学习质量的情况下，社区的富裕程度每提高 1 个百分点，女性的受教育年限会比男性高 0.0129 个标准差；在控制学习质量的情况下，女性的受教育年限比男性更高，会高出 0.0143 个标准差。基于种族和性别的回归结果显示，在同等富裕的社区中，男性的受教育年限比女性更低主要是因为黑人男性的受教育年限很低，在这四个子群体中，白人男性的受教育年限远远高于白人女性和黑人女性，而白人男性与黑人男性的受教育年限差距最大，邻里的富裕程度每提高 1 个百分点，白人男性的受教育年限就会比黑人男性高出 0.1232 个标准差。同时，研究者还指出在同等富裕的社区中，女性的受教育年限比男性更高还由于黑人女性的受教育年限有了很大的提高，邻里的富裕程度每提高 1 个百分点，黑人女性的受教育年限就会提高 0.0242 个标准差，是白人女性受教育年限的 3.5 倍。在控制学习质量的情况下，白人男性、白人女性、黑人男性和黑人女性的教育差距几乎保持不变。

5. 邻里效应与其他环境效应的关系

除了社区环境，学校环境也是影响儿童教育获得的重要因素。学校环境会直接影响儿童的动机、学习期望和学习结果（Hanushek et al.，2003）。但无论是邻里效应的研究还是学校效应的研究，都只探讨了各自对青少年教育获得的影响（Owens，2010），这是邻里效应研究和学校效应研究的一大缺陷。如果不将其放在多元的社会环境中去检验,我们就无法判断两者究竟是一种相互独立的环境效应还是相互替代的环境效应(Kauppinen,2008)。Kauppinen(2008)、Owens(2010)、Cordes 等(2016)以及 Wodtke 与 Parbst(2017)在研究中同时考虑了社区环境和学校环境对教育获得的影响。其中,Kauppinen(2008)和 Owens(2010)借鉴了 Cook(2003)提出的处理多元的社会环境同时影响个体结果的分析框架,研究了社区环境与学校环境对教育获得的影响。

根据 Cook(2003)的分析框架,邻里效应与学校效应可能是一种叠加效应(additive effects),也可能是一种替代效应(substitutable effects),还可能是乘法效应(multiplicative effects)。如果两者是叠加效应,那么社区环境和学校特征变量在模型中都具有统计显著性;如果两者是替代效应,那么社区环境和学校特征变量在模型中有一个不再显著;如果两者是乘法效应,那么社区环境与学校特征变量会存在交互效应。

Kauppinen(2008)运用芬兰统计局提供的 1987 年以来的所有居民的就业统计追踪数据进行了分析,在对变量进行操作化处理时,他使用当地 15 岁以上人口拥有中等教育程度的比例来衡量社区环境,其取值介于 33%~83%;使用青少年父母职业中白领的占比来衡量学校环境,其取值介于 0~71%。在进行回归分析时,社区环境和学校环境均被处理成五分类的类别变量。结果显示,在未加入学校环境变量时,社区居民的受教育程度越高,青少年申请中等教育的比例就会越大;同样的,在未加入社区环境变量时,学校同学父母是白领的比例越大,青少年申请中等教育的比例也会越大。而在模型中同时纳入社区环境和学校环境变量时,社区环境变量对青少年申请中等教育的影响不再显著,这意味着邻里效应在很大程度上被学校效应调节了。Kauppinen 解释学校效应之所以调节了邻里效应,而不是替代了社区环境的影响,是因为在这篇文章中数据限制了选用的测量指标相对单一,还可能存在对青少年的教育获得产生独立影响但与学校构成无关的社区环境变量。

Owens（2010）使用全国青少年至成年健康追踪调查数据来研究社区环境和学校环境如何共同作用于青少年的教育获得。她从第1期（1994～1995年）数据中提取受访者的家庭背景、学校特征和社区环境数据，从第3期（2000～2001年）数据中提取受访者的教育结果，使用1990年普查的统计区作为社区的边界；然后对10个社区环境变量和6个学校环境变量分别进行主成分分析，从社区环境变量中提取2个公因子：集中贫困和教育职业获得，从学校环境变量中提取2个公因子：社会经济地位与期望、种族构成。Owens首先报告了社区环境对教育获得的作用，她认为从总体上讲社区的社会经济地位与教育获得呈正相关。在高中教育阶段，当控制个体特征时，社区的集中贫困对青少年教育获得具有负面作用，而社区的教育、职业状况对青少年高中毕业没有显著影响，当把社区的教育、职业状况与青少年的学习成绩进行交互之后，社区的教育、职业状况对学习成绩较差的青少年具有显著的负面作用。在大学教育阶段，同样控制个体特征，只有社区的教育、职业获得状况对青少年的大学毕业具有显著的正向作用。那些来自具有更高教育水平、更高家庭收入、更多人员从事管理与专业工作的社区的青少年更可能获得大学学位。根据Owens的估计，社区的教育、职业获得指数每增长1标准差，青少年获得大学学位的可能性增加34%；与那些来自教育、职业获得指数最低的社区的青少年相比，来自最高教育、职业指数的社区的青少年获得大学学位的可能性是前者的3倍。同时，她分析了低社会经济地位家庭的青少年进入由高社会经济地位家庭的青少年构成的学校是否会增加其相对剥夺感，结果发现，低社会经济地位家庭的青少年进入由高社会经济地位家庭的青少年构成的学校会比其进入由低社会经济地位家庭的青少年构成的学校的学习表现更差。

随后，Owens（2010）对社区环境和学校环境是否同时发挥作用进行检验。在没有加入社区环境变量的情况下，学校的社会经济地位与期望、种族构成对青少年的高中毕业没有任何影响，而学校的社会经济地位与期望对青少年获得大学学位至关重要，学校的社会经济地位与期望指数每增长1个标准差，青少年获得大学学位的可能性就会提高51%。当加入社区环境变量时，结果显示青少年的高中毕业率只受到社区的教育、职业获得状况的影响，而学校构成没有任何作用。这意味着青少年无论进入什么样的学校，其学业成就仍然与其邻居的特征密切相关。但是青少年的大学毕业率会受到社区环境和学校环境的显著影响，而且在控制任何一个社区环境指标的情况下，学校的种族构成也会对其获得大学学位具有显著影响。根据研究结果，如果青少年所在的高中学校中黑人占比越高，其获得大学学位的可能性也会越高。

此外，Owens（2010）还对社区环境与学校环境的交互效应进行了分析。她发现来自贫困社区环境中的青少年具有更低的高中毕业率，并且进入由高社会经济地位家庭青少年构成的学校或者白人占比较高的学校的低社会经济地位家庭的青少年会拥有更低的高中毕业率。而社区环境与学校环境对青少年大学毕业率的影响较为相似，在控制个体特征和社区环境变量后，那些进入白人占比更高的学校的低社会经济地位家庭的青少年会拥有更低的大学毕业率，而高社会经济地位家庭的青少年将会拥有更高的大学毕业率，如果他们进入白人占比更高的学校，其与低社会经济地位家庭的青少年的大学毕业率差距会更大。所以，作者指出学校效应与社区效应并不是简单的替代关系，两者具有叠加效应和乘法效应。

（二）国外学业成就的邻里效应研究

国外学业成就的邻里效应研究主要探讨的是社区环境对青少

年学业成就的影响,尤其是社区环境对青少年词语认知和数学成绩的影响。学者们之所以关注社区环境与学业成就的关系,一方面是因为基本的识字能力和数学能力对其成年期的生活机遇有着至关重要的影响(Farkas et al.,1997;Hauser et al.,2000;Kerckhoff et al.,2001),如Farkas等(1997)发现即使在控制受教育年限、工作经历和家庭背景的情况下,认知能力仍然会显著影响人们的职业和薪资水平;另一方面是因为社区是青少年的一个重要生活场所,社区是家庭和学校之外最有可能影响青少年学业成就的一个因素。

大量的研究表明,社区环境会显著影响青少年的学业成就(Ainsworth,2002;McCulloch,2006;Sampson et al.,2008;Sastry and Pebley,2010),并且与学校环境同时发挥作用(Brännström,2008;Carlson and Cowen,2015;Owens,2018;Wodtke and Parbst,2017),在时间上还存在集聚效应(Anderson and Leventhal,2014;Alvarado,2016;Hick et al.,2018;Sharkey and Elwert,2011)。但也有研究发现,社区环境对青少年学业成就的影响并不那么突出(Dobbie and Fryer,2011;Leckie,2010;Sanbonmatsu et al.,2006;Turley,2003)。还有研究发现,社区环境对学业成就的影响存在群体异质性(Ainsworth,2010;Entwise et al.,1994;Legewie and Diprete,2012;Sykes and Kuyper,2009)。按照具体研究问题,这些研究可被划分为四个维度:空间维度学业成就的邻里效应、时间维度学业成就的邻里效应、学业成就邻里效应的群体异质性、学业成就与其他环境效应的关系。

1. 空间维度学业成就的邻里效应

社区环境对青少年学业成就的影响重要吗?围绕该问题,学者们从两个途径展开了研究:一是利用实验项目数据;二是利用最新的观察数据。由于研究数据和研究方法的差异,两种途径得出的研究结果大相径庭。

Sanbonmatsu 等（2006）、Dobbie 和 Fryer（2011）的研究便是利用实验数据开展研究的代表。Sanbonmatsu 等（2006）基于美国 2002 年的 MTO 实验数据，试图回答社区环境是不是个体和家庭因素之外的另一个影响儿童学业成就的因素，以及改变儿童的居住环境能在多大程度上提高儿童的学业成就。他们首先使用意向性分析（ITT）比较了实验住房券组和控制组的社区环境平均状况，包括社区的贫困率、社区中男性的失业率、社区中少数民族的占比以及社区中大学学历者的占比。结果发现，无论是实验住房券组还是传统住房券组，参与实验的儿童生活的社区环境状况均比未迁移的控制组儿童更好。在这一基础上，Sanbonmatsu 等（2006）继续研究了有居住流动经历儿童和没有居住流动经历儿童的字词成绩和数学成绩的差异。ITT 估计结果显示，与控制组儿童相比，实验住房券组儿童和传统住房券组儿童的字词成绩和数学成绩均没有显著差异。在进一步的研究中，作者还分年龄组进行比较，但是结果仍然没有差异。由此，作者认为通过改善居住环境来提高儿童的学业成就的作用是非常微小的。Dobbie 与 Fryer（2011）基于加拿大哈莱姆儿童区①（Harlem Children's Zone）的实验数据发现高质量的学校教育足够改善贫困区儿童的英语能力和数学成绩，而旨在改善居住环境的社区项目既没有必要也没有效果。

Ainsworth（2002）、Sampson 等（2008）、Sastry 与 Pebley（2010）的研究是利用大规模观察数据开展研究的代表。与实验数据的研究结果相反，这些学者利用观察数据发现社区环境会显著影响儿童的字词成绩和数学成绩。不同的是，Ainsworth（2002）、Sastry 与 Pebley（2010）强调的是社区居民经济地位的重要性，而

---

① 哈莱姆儿童区是加拿大的一项社会实验，涵盖哈莱姆的 97 个街区，它通过提供免费入学和社区服务来保证学校之外的社会环境的积极和健康，以确保儿童有机会完成大学教育（Dobbie and Fryer, 2011）。

Sampson等（2008）则强调社区环境的空间不平等不是社区当前的某个单一属性，而是社会因素的系统组合，受社区环境因素的综合影响。

首先，Ainsworth（2002）基于美国教育追踪调查数据进行研究。他使用社区居民的经济地位、社区居民的稳定性、社区经济的剥夺程度以及社区族群的多样性四个指标来测量社区环境，然后探讨了哪个指标会决定儿童的学业成就。结果发现，在控制其他因素的情况下，社区居民的经济地位和社区经济的剥夺程度两个指标分别影响儿童的字词成绩和数学成绩；当同时纳入四个指标时，只有社区居民的经济地位仍然显著影响儿童的字词成绩和数学成绩。所以，在Ainsworth看来，社区居民的经济地位是决定儿童学业成就的一个重要因素，并且他认为社区居民的经济地位对儿童学业成就的影响是私立学校影响的两倍。

其次，Sastry和Pebley（2010）基于洛杉矶家庭与邻里调查数据进行研究。与Ainsworth（2002）的研究相似，他们同样探讨了哪个社区环境会显著影响儿童的字词成绩和数学成绩。他们使用社区内家庭收入、族群多样性、居民的稳定性和移民的集中程度四个指标来测量社区环境。结果发现，在控制其他变量的情况下，只有社区内家庭收入会显著影响儿童的字词成绩和数学成绩；社区内家庭收入每增加1万美元，儿童的字词成绩会提高0.87个标准分，数学成绩会提高1.21个标准分。研究还发现，在控制其他变量的条件下，低收入社区对儿童学业成就差异的影响程度大于低收入家庭和母亲受教育程度的影响。因而，他们倡议减小因家庭收入而造成的居住隔离，创造经济整合的社区。

Sampson等（2008）在总结基于MTO实验数据的研究和基于观察数据的研究在测量指标和研究方法上的不足之后，运用芝加哥邻里人文发展项目第1~3期调查数据进行研究。他们发现，恶劣的社区环境会对非裔美国儿童的词语阅读能力产生显著的负

37

面影响，并认为以往研究之所以没有发现学业成就的邻里效应，原因有三个方面：一是没有将社区的环境特征作为一个综合性的指标；二是实验调查数据存在严重的样本选择偏误；三是邻里效应本身存在时间上的滞后效应。他们将社区中接受福利救助的比例、贫困率、失业率、女性户主比例、非裔美国人的比例以及18岁以下的人口比率作为社区环境的测量指标，采用因子分析的方法提取社区的集中不利指数，然后对其进行四等分，将指数最低的作为最不利的社区类型，以探讨极端恶劣的社区环境对非裔美国儿童词语阅读能力的影响。结果显示，极端恶劣的社区环境对非裔美国儿童词语阅读能力的负面影响在第1期和第2期调查中并未显现，而在第3期调查中显著存在。因而，他们认为邻里效应不是即时性的，而是会在几年后才显现。

2. 时间维度学业成就的邻里效应

Sampson等（2008）虽然强调学业成就的邻里效应需要一定时间的集聚，但他们在文章中并没有直接去探讨社区环境的集聚效应与滞后效应，直到Sharkey与Elwert（2011）在探讨社区环境的代际影响时才明确强调了时间维度。此后，Anderson与Leventhal（2014）、Alvarado（2016）、Hicks等（2018）进一步探讨了社区环境对个体儿童期、青少年期学业成就的持续影响。

Sharkey与Elwert（2011）指出有关社区环境与儿童发展的研究忽视了社区分层的一个重要维度——时间，以往大量研究都将社区环境视为儿童生活的一个统计指标，并假设它对儿童发展产生即时性（instantaneous effects）的影响，但是如果用生命历程的视角来看待社区环境不平等的变迁，那么我们将会看到持续变迁的社区环境会更改或塑造个体和家庭的生命轨迹。他们沿着Sampson等（2008）的研究继续发问：如果儿童的父母也曾生活在极端恶劣的社区，那么父母儿童期的社区环境是否会持续影响子代的发展呢？为了回答这个问题，Sharkey与Elwert（2011）基于美国收

第一章 绪论

入动态追踪调查数据和 1970 年、1980 年、1990 年以及 2000 年普查的社区变迁数据对社区环境与儿童的阅读能力进行了因果推断。结果表明，父母儿童期社区环境贫困（贫困程度大于 20%）会造成子女阅读成绩显著下降 1/3 个标准差，子代生活社区环境贫困（贫困程度大于 20%）会造成其阅读成绩显著下降 1/4 个标准差。因而，与那些生活在非贫困社区的家庭相比，社区环境跨代际影响会导致贫困社区家庭儿童的阅读得分显著下降超过 1/2 个标准差，并且这一结果具有很强的稳健性。这意味着时间是考察社区环境与儿童发展的一个重要维度，如果忽略了时间维度，我们将会严重低估来自社区的环境效应的影响。

Anderson 与 Leventhal（2014）将研究对象的生命历程划分为三个时期：儿童早期、儿童中期和青少年时期，比较了富裕与贫困两种社区类型对不同时期儿童的字词成绩和数学成绩的影响。社区富裕程度由社区成年人获得大学学历的比例、管理与专业技术职业比例两个指标来测量，社区贫困程度由单身母亲占比、贫困线以下的家户比例以及失业率三个指标来测量。对阅读成绩的分析结果表明，当考察社区环境对儿童早期阅读成绩的影响时，儿童早期生活的社区富裕程度会对其阅读成绩产生显著的正向作用；当考察社区环境对青少年时期阅读成绩的影响时，儿童早期生活的社区富裕程度仍然对其阅读成绩产生显著的正向作用，青少年时期生活的社区富裕程度对其阅读成绩没有显著影响，但儿童早期生活的社区富裕程度通过儿童中期阅读成绩对青少年时期阅读成绩产生的间接影响具有统计显著性。对数学成绩的分析结果与此类似，只是儿童青少年时期生活的社区富裕程度也会对其数学成绩产生显著影响。而社区的贫困程度对儿童早期和青少年时期的阅读成绩和数学成绩均没有显著影响。这一结果表明，儿童认知发展在社区层面的差异主要归因于良好的社区环境对儿童发展带来的促进作用，而不是恶劣的社区环境对儿童发展带来的负面效应。

Alvarado（2016）基于全国青少年追踪调查数据和 Hicks 等（2018）基于洛杉矶家庭与邻里调查数据深入地探讨了极端恶劣的社区环境对儿童字词成绩和数学成绩的影响。Alvarado（2016）运用固定效应模型的分析发现社区环境对儿童的字词成绩和数学成绩没有直接影响，这与 OLS 估计完全不同，OLS 估计结果显示社区环境会显著影响儿童的字词成绩和数学成绩。这意味着固定效应模型捕捉到了以往未观察到的混淆因素，常规 OLS 估计结果是有偏的。但无论是 OLS 估计还是固定效应模型中年龄分组与社区环境的交互结果均显示，社区环境会对年长儿童的字词成绩和数学成绩产生显著影响，社区环境越恶劣，儿童的字词成绩和数学成绩就越差，并且这种影响对年长儿童的作用程度要大于年幼儿童。作者认为，这表明社区环境对儿童发展的影响存在滞后效应和集聚效应。Hicks 等（2018）运用逆处理概率加权法的估计结果也发现，持久地在环境恶劣的社区中生活会对儿童的数学成绩和字词成绩产生显著的负面效应。对于数学成绩而言，儿童在环境恶劣的社区中生活的时间每增加 1 个标准差，其数学成绩就会下降近 1/3 个标准差；对于字词成绩而言，儿童在环境恶劣的社区中生活的时间每增加 1 个标准差，其字词成绩就会下降近 1/5 个标准差。此外，Hicks 等（2018）的研究还发现尽管持续生活在恶劣的社区环境会对儿童的认知发展产生负面影响，但是暂时在恶劣的社区环境中生活的经历对儿童字词成绩和数学成绩的作用程度更大。

3. 学业成就邻里效应的群体异质性

数学成绩的性别差异可能是我们最常见到的学业成就群体异质性的一个表现。Entwisle 等（1994）就曾对数学成绩的性别差异是否源于社区环境的差异进行了深入研究。在一些研究文献中，学业成就的群体异质性还包括族群（Ainsworth，2010；Sanbonmatsu et al., 2006)、年龄（Sanbonmatsu et al., 2006; Sykes and Kuyper, 2009）和家庭社会经济地位（Sykes and Kuyper, 2009）上的差异。与教育获得邻里效应的群体异质性相对应，这里侧重于回顾有关学业成就的性别差异和族群异质性。

Entwisle 等（1994）在总结社区环境与学业成就的已有文献后指出，这些研究过于关注高年级学生，如果社区环境对高年级学生的学业成就会产生一定的影响，那么对低年级学生也可能会产生同样的影响，而以往研究忽视了社区环境对低年级学生学业成就的影响。基于 1982~1990 年美国巴尔的摩城的小学教育调查数据，Entwisle 等（1994）发现小学生在接受两年教育之后，社区环境对性别间的数学成绩差异具有显著的负面效应，并且社区环境对男孩的影响显著大于女孩，社区居民的收入每提高 1000 美元，男孩和女孩的数学成绩就会增加 1.61 分；小学生在接受六年教育之后，社区环境对性别间的数学成绩差异没有显著影响，但是社区环境会使男孩数学成绩的变异显著大于女孩。研究者解释导致这一现象的原因可能是男孩比女孩更多地在社区中活动，所以男孩更容易受到社区环境的影响；同时，有更多的男孩生活在更好的社区环境中，所以有更多男孩的数学成绩取得高分。

Ainsworth（2010）对社区环境影响学业成就的族群差异进行了探讨。基于 1988 年美国教育追踪调查数据，研究发现当以较高社会地位或者较好经济状况作为社区环境的测量指标时，生活在同样环境中的白人儿童和黑人儿童的数学成绩与字词成绩不会存在显著的差异；当将社区居民的种族构成作为社区环境的测量指标时，在社会地位较高的白人社区或者经济状况较好的白人社区，儿童的数学成绩与字词成绩均会显著更好，而在社会地位较高的黑人社区或者经济状况较好的黑人社区，儿童的数学成绩与字词成绩没有较显著的改善。此外，作者还进一步分析了同一种族构成的社区中黑人儿童与白人儿童的数学成绩与字词成绩是否存在差异，结果发现尽管社会地位较高或者经济状况较好的社区有助于儿童获得更好的学业成就，但是这种影响不存在族群差异，即恶劣的社区环境会对白人儿童和黑人儿童的学业成就造成同样的负面效应。但是 Sykes 与 Kuyper（2009）、Sanbonmatsu 等（2006）的研究却发现恶劣的社区环境对儿童的学业成就会造成群体异质性，在 Sykes 与 Kuyper（2009）的研究中，恶劣的社区环境对荷兰籍低社会经济地位家庭的儿童的学业成就造成的负面效应显著大于非荷兰籍儿童；而在 Sanbonmatsu 等（2006）的研究中，因迁移实验带来的良好社区环境会显著提高非裔美国儿童的词语阅读成绩。

4. 学业成就与其他环境效应的关系

Brännström（2008）指出有关社区环境与学业成就关系的研究和有关学校环境与学业成就关系的研究分别表明，社区环境是影响儿童学业成就的一个重要因素，学校环境也是影响儿童学业成就的一个重要因素，但社区环境与学校环境是否会同时作用于儿童的学业成就呢？他基于瑞典高中教育数据发现，当分别研究社区环境与学校环境对儿童学业成就的影响时，社区环境能够解释儿童学业成就的变异率达 8%，学校环境能够解释儿童学业成就变异率的比例达 24%。也就是说，学校层面的因素能解释儿童学业成就的变异比率是社区层面因素的 3 倍。当在模型中同时纳入社区环境和学校环境时，社区环境能够解释儿童学业成就的变异率下降为 3%，而学校环境能够解释儿童学业成就变异率的比例仍然在 23%。Brännström 认为，虽然学校环境和社区环境会同时作用于瑞典儿童的学业成就，但是学校环境对瑞典儿童的重要性大于社区环境。此后，Carlson 与 Cowen（2015）基于密尔沃基公立学校（Milwaukee Public Schools）调查数据也发现，学校环境对儿童字词成绩和数学成绩的影响大于社区环境。

虽然 Brännström（2008）、Carlson 与 Cowen（2015）的研究

同时考虑了社区环境与学校环境对儿童学业成就的影响，但这些研究并没有探讨社区环境对儿童学业成就的影响是否会受到学校环境的调节、学校环境对儿童学业成就的影响是否会受到社区环境的调节。Wodtke 与 Parbst (2017) 对该问题做了非常深入的研究，基于美国收入动态追踪调查数据和反事实分析框架，他们估计了良好的社区环境相比于恶劣的社区环境对个体儿童期和青少年期字词成绩的影响的总体效应、直接效应和间接效应。结果发现，在儿童期，良好的社区环境对儿童字词成绩的平均处理效应为 4.72，也就是说，总体上良好的社区环境会使生活其中的儿童的字词成绩比恶劣社区环境中的儿童的字词成绩高出 4.72 分；当纳入学校环境后，社区环境对儿童字词成绩影响的直接效应为 5.16，间接效应为 -0.44，且间接效应不具有统计显著性。在青少年时期，社区环境对儿童字词成绩的平均处理效应和纳入学校环境后的直接效应和间接效应都不具有统计显著性。作者认为，这些结果意味着学校环境既没有调节儿童期社区环境影响学业成就的作用程度，也没有调节青少年期社区环境影响学业成就的作用程度。社区环境对儿童学业成就的影响可能是通过学校因素之外的社区文化、当地的犯罪率或者环境健康风险等因素发挥作用的。

三 社区环境与邻里效应研究：问题与经验

基于上述研究，我们可以看到无论是教育获得还是学业成就，其影响因素都是多元的，既包括微观层面的先天禀赋、家庭背景，又包括宏观层面的制度与结构变迁。国外关于教育获得和学业成就邻里效应的研究还表明，社区环境这一中观层面的因素也会产生重要的影响。国外学者的这些研究对于国内的教育分层研究具有极为重要的价值。第一，它们揭示了社区环境是继先天禀赋、家庭背景以及制度与结构性因素之后影响教育分层的另一个重要因素。国内以往研究往往侧重于探讨微观层面的先天禀赋、家庭背景以及宏观层面的制度与结构性因素的影响,而忽略了对中观层面诸多影响因素的探讨。因此,有关社区环境与教育获得、社区环境与学业成就的研究正好可以将研究范围扩展到中观层面。第二,虽然教育获得与学业成就的邻里效应研究是基于美国、加拿大、芬兰和澳大利亚等发达国家的经验数据展开的,但是诸多研究均指出教育领域邻里效应的显现与欧美等发达国家的快速社会转型密切相关,中国作为典型的发展中国家,同时正在经历快速的社会转型过程,这些条件使得中国成为检验社区环境与教育获得、社区环境与学业成就相互关系的天然试验场。

但值得注意的是,我们在中国开展社区环境与教育获得、社区环境与学业成就的研究时亦不能完全照抄照搬国外学者的研究方法。随着西方国家相关研究的不断深入,学者们揭示了以往研究中存在的诸多问题,这些问题既包括个别研究存在的具体问题,还包括诸多研究中普遍存在的共性问题,其中社区边界界定的不统一、社区环境测量指标的多样性以及研究方法上的挑战三个问题被认为是教育领域邻里效应研究最严重、最普遍的问题(Sampson et al., 2002)。此外,在教育领域邻里效应的研究中,还有学者批评以往研究侧重于检验社区环境是否会影响调查对象的教育获得和学业成就及其作用程度,而少有研究探讨社区环境作用于调查对象教育获得与学业成就的内在机制。鉴于此,笔者在总结以往研究存在的问题的基础上,梳理国外学者在解决这些问题的过程中留下的经验与教训。

(一) 社区边界界定的不统一

社区虽然是邻里效应研究中的一个基本概念,但是研究者对社区边界的界定并不统一。根据笔者的梳理,相关实证研究在界定社区边界时至少使用了以下六种方式:第一,将社区的边界等同于特定的行政区划或者选区(Casciano and Massey, 2012; Kauppinen,

2008; Sampson, 2012); 第二, 将社区的边界等同于某个人口普查区 (Chetty et al., 2016; Owens, 2010; Aaronson, 1998; Carlson and Cowen, 2015); 第三, 将社区的边界等同于某个邮政编码区域 (South et al., 2003); 第四, 将社区的边界等同于某个较小范围的市场区域 (Bygen and Szulkin, 2010); 第五, 将社区的边界等同于调查对象居住的区/县 (Dong et al., 2015); 第六, 将社区的边界等同于调查对象的出生地 (Maccini and Yang, 2008)。此外, Jones 与 Pebley (2014) 还提出以活动空间作为邻里效应的研究单位, 在他们看来, 以往邻里效应研究集中关注了人们的居住空间, 而忽视了人们的活动空间。居住空间实际上只是社会空间环境影响个体生活机遇的一个维度, 人们还经常在学校、公司、商场等空间活动, 因此对邻里效应的研究应该扩展到人们的活动空间。Jones 与 Pebley (2014) 的研究发现, 活动空间是一个比居住空间更具异质性的场所, 大多数隔离现象都能被人们的活动空间所解释。

社区边界界定不统一的问题使邻里效应研究一度陷入危机。社区边界不统一, 一方面导致了邻里效应研究难以进行经验比较和理论对话, 另一方面导致了邻里效应研究结果的多样性——有的实证研究证实了邻里效应, 而有的实证研究没有证实邻里效应。但随着邻里效应经验研究的积累, 学者们很快发现邻里效应研究结果的多样性并不能完全归因于社区边界不统一的问题, 还可能是由于研究者使用了不同国家/地区的调查数据, 即不同的社会产生了不同的邻里效应。在这种情况下, 学者们倡议停止有关社区边界界定的争论, 他们认为与其无休止地争论社区边界的范围、如何测量社区, 不如灵活地选用方法来研究居住环境对个体生活机遇的影响, 即依据具体现象、理论假设、社会过程来选择测量方法 (Galster, 2008; Sampson, 2013; Sharkey and Faber, 2014)。因为在较大的区域范围内存在邻里效应, 这恰恰说明邻里效应的实际作用可能比我们想象的要深远。

（二）社区环境测量指标的多样性

社区环境测量指标的多样性是邻里效应研究面临的另一个挑战。在《城市：对于开展城市环境中人类行为研究的几点意见》一文中，帕克等在分析旧金山和纽约的唐人街、芝加哥的小西西里等移民聚居区，以及波士顿的布鲁克林、芝加哥的"黄金海岸"、纽约的格林威治村等隔离地区时指出了街区作为分析单位的有效性，并对街区的属性进行了阐释。他们认为，虽然移民聚居区和隔离地区是由某个族群或某一阶层所构成，但就在这样一个城市范围内，人口还要一次又一次地按照种族、文化以及职业利益等再分割。邻里情感深深植根于当地的传统和习俗之中，它在欧洲较古老的城市中对人口起着决定性的选择作用，并且最终会在居民的习惯、性格中表现出来（帕克、伯吉斯、麦肯齐，2012：11–12）。从中我们可以看到，街区并非简单地指代某片地理区域，而且是一个具有各种社会属性的居住区。

然而，现有的统计调查大多具有专门性和针对性，往往没有较多评估社区环境的变量设置，这就使得借助这些调查项目开展的研究在选取社区环境测量指标时可能只考虑到了社区环境中的某个或某几个因素。比如运用美国教育追踪调查数据开展的研究中，社区环境的常用测量指标有三个：贫困率、高收入比率、非裔和拉美裔占比（Goldsmith et al., 2016）；使用全国青少年至成年健康追踪调查数据开展的研究中，社区环境的常用测量指标包括女性户主比率、18岁以下儿童的贫困率、贫困率、失业率、白人比率、黑人比率（Owens, 2010）；运用美国收入动态追踪调查数据开展的研究中，社区环境的常用测量指标包括贫困率、福利救济率、男性失业比率、低收入家庭比率、25岁及以上人口大学以下学历比率、专业技术人员或者管理人员占比（South and Crowder, 1998；South et al., 2003）以及女性户主比率、高中以下学历比率

(Wodtke et al.，2011)、白人比例、平均收入（Aaronson，1998）等。由此可见，虽然社区环境测量指标具有多样性，但在具体研究中社区环境的测量指标会受研究数据的限制，所以在探讨社区环境对教育获得、社区环境对学业成就的影响时，有学者倡议我们需要使用那些尽可能涵盖了上述社区环境属性的调查数据，在调查数据无法满足研究需要时，可以将调查数据与普查数据进行匹配以获得社区环境属性，然后再开展研究（Anderson and Malmberg，2015）。

（三）研究方法上的挑战

Sampson 等（2002）指出在邻里效应研究的这些问题中，研究方法上的挑战是最主要的问题，根据 Sampson 和其他学者的归纳，教育领域的邻里效应研究在方法上面临四大挑战。

第一，样本选择偏误。Sampson 等（2002）指出，样本选择偏误可能是邻里效应研究存在的最突出问题。正如许多批评者所言，邻里效应到底是社区层次的环境因素所致还是特定类型的个体或者家庭自我选择的结果，这很难确定。以教育获得为例，研究发现在移民聚居区及黑人、贫困和其他底层民众聚集区生活的青少年普遍会比白人、中产阶层的孩子拥有更少的教育获得机会，但是他们之间的教育差距是由贫困的社区环境导致的还是因为其本身就是由低教育机会家庭自我选择的结果是很难确定的。在现有研究中，正是由于缺乏对邻里选择过程的探讨，所以大多数研究不能确定社区环境与教育获得之间的因果关系。

第二，内生性问题。在大迁移的时代背景下，居住流动为揭示社区环境与教育获得、社区环境与学业成就之间的因果关系提供了新的可能，因为居住流动能够在一定程度上揭示邻里的选择偏好。大体上讲，人们的居住流动可以划分为两类：其一，为了获取更好的教育而迁移；其二，为了获取工作机会、逃离灾害等迁移（Dong et al.，2015）。但是在现有研究中，大多数研究均没有仔细辨别人们的迁移类别，其研究结果就可能存在内生性问题，即有居住流动的青少年的较高学业成就到底是因为社区环境得到了改善，还是因为迁入地本身拥有较好的学校、丰富的教育资源。如果没有进行细致分析，内生性问题也是一个不可避免的难题。

第三，过度控制的问题。在现有研究文献中，学者们在研究社区环境与教育获得、社区环境与学业成就的因果关系时，普遍采用的策略是在控制个体特征、家庭背景、同辈群体和学校环境的条件下，估计当前社区环境对青少年教育结果的影响。但是这种策略很可能会混淆社区环境对青少年教育结果的长期作用，混淆同辈群体、家庭社会化和学校氛围对青少年个体特征、性情和学习模式的调节作用（Sampson et al., 2002）。换句话说，这些学者往往只关注了当前的社区环境对青少年教育结果的影响，而忽视了社区环境的集聚作用和滞后效应，从而导致邻里效应被严重地低估了。

第四，遗漏变量的问题。遗漏变量是与过度控制相反的一个问题，根据 Kauppinen（2008）、Owens（2010）以及 Wodtke 与 Parbst（2017）的研究，探讨社区环境对教育获得、社区环境对学业成就的影响还必须考虑学校环境这一因素，因为邻里效应与学校效应之间可能并不是一种相互替代的关系，两者对青少年教育结果的影响可能是一种叠加效应或者乘法效应。在进行邻里效应研究时，如果忽视了学校环境对青少年教育结果的影响，同样会造成邻里效应被高估的问题。但是在现有研究中，遗漏变量的问题显然没有引起学者们的注意，大量的研究均忽略了包括学校环境在内的多重社会环境对青少年教育结果的潜在影响，而只探讨了社区层次的变量对其教育结果的影响。

（四）社区环境作用机制的问题

Connell 与 Halpern-Felsher（1997）批评，"自威尔逊的《真正的穷人：内城区、底层阶级和公共政策》一书出版以来，有关邻里效应的研究如雨后春笋般地出现，但是绝大多数研究都着眼于检验邻里效应的作用程度问题，却鲜有研究探讨社区环境对青少年行为结果的作用过程，比如不良的社区环境如何影响青少年的教育获得"，并认为这是探讨社区环境作用程度的前提，是首先需要解答的问题。目前，Ainsworth（2002）、Sampson等（2002）、South等（2003）和Galster（2011）等已经对该问题进行了总结，其中Sampson等（2002）和Galster（2011）主要从理论上进行了归纳，Sampson指出社区环境主要是通过社会关系/社会互动、规范和集体约束、制度资源、日常活动四大机制发挥作用；Galster则指出社区环境主要是通过社会互动机制、环境机制、地理机制和制度机制发挥作用。

　　Ainsworth（2002）和South等（2003）则基于经验数据进行了研究。Ainsworth（2002）通过总结社会解组理论和威尔逊的集中效应理论，指出社区环境是通过集体社会化、社会控制、社会资本、感知的机会和制度特征五大中介机制发挥作用的。借助美国1988年美国教育追踪调查数据和1990年人口普查数据，Ainsworth对邻里效应的五大中介机制进行了实证研究。他将这五大机制分别进行了操作化：将集体社会化操作化为与学习相关的行为和态度，用花在做作业上的时间和教育期望等指标来测量；将社会控制操作化为同辈群体的文化，用有多少个朋友辍学来测量；将社会资本操作化为社会网络，用父母知道的孩子的好友数量来测量；将感知的机会操作化为职业机会，用职业期待来测量；将制度特征操作化为学校特征，用学习氛围来测量；将社区环境操作化为高社会经济地位居民占比、社区居住稳定性、社区的经济剥夺程度和社区的族群同质性程度等指标。结果发现，社区社会经济地位对青少年的学业成就具有显著的正向作用，而测量社区环境的其他指标不具有统计显著性。但这依然意味着青少年的学业成就具有邻里效应，当在模型中加入上述六个中介变量后，社区社会经济地位作用程度下降了，即社区的社会经济地位对青少年学业成就的影响部分被中介变量替代，根据回归结果，社区的社会经济地位对青少年学业成就的作用有40%能够被六个中介变量所解释，其中集体社会化机制的解释力最大。也就是说，不良的社区环境对青少年教育结果的负向作用主要是通过集体社会化机制实现的。South等（2003）的研究发现同辈群体的教育期望、受访青少年的教育期望和居住流动三个中介变量对高中毕业率具有显著影响。作者认为，这意味着邻里效应是真实存在的，且能够部分被同辈群体的教育态度和行为所解释；也意味着社区环境对青少年教育结果的影响并不是未被观察到的家庭特征变量的副产品。

随着上述问题被一步步澄清，国外教育获得和学业成就的邻里效应研究为今后的研究积累了诸多的经验，当前邻里效应已不再是一个只能用来盛装未被检验的因果关系的黑箱。有关社区环境与教育获得、社区环境与学业成就之间关系的研究迎来了一个新的发展契机。就在中国开展相关研究而言，笔者认为国外相关研究遗留下来的问题为我们提供了新的方向：第一，集中关注和检验社区环境与青少年教育结果的因果关系，这是研究方法上的突破带来的一个崭新的研究方向，当前还缺少通过严格的统计技术进行因果推断的实证研究；第二，细致地分析社区环境与教育结果之间的时间变异性，比如社区环境对教育获得、社区环境对学业成就的集聚作用和滞后效应是否具有临界点，如果存在，那么在中国社会，这一临界点与西方国家有何异同；第三，集中探讨邻里的选择机制及其与邻里效应之间的关系，这是理解家庭为何选择当前的社区环境的核心，也是回答邻里效应来自邻里选择还是社区环境的关键；第四，借助居住流动创造的准实验条件，深入地研究社区环境对青少年教育获得、学业成就的作用机制和作用程度；第五，评估邻里效应在何种空间规模下发挥作用；第六，采用混合研究方法，定量研究适宜运用大规模的追踪调查数据揭示和检验一般性的因果关系和作用机制，而定性研究则能揭示潜在的因果关系和作用机制，两者结合将是未来研究的一大趋势。

第三节 研究假设

鉴于在中国开展教育领域邻里效应研究数据的可得性问题，本研究选择探讨社区环境与城市儿童学业成就之间的关系。结合国外教育获得和学业成就邻里效应研究成果，有关社区环境与学业成就的研究包括空间维度、时间维度、群体异质性以及与学校环境的关系四个维度，笔者将着重从这四个维度进行假设和检验。

首先，空间维度学业成就的邻里效应。这一维度的研究主要探讨的是什么样的社区环境会对被调查儿童的学业成就产生影响。国外学者用来测量社区环境的指标包括贫困率、失业率、福利救济比例、流动人口占比、女性户主占比、高中学历占比、大学学历占比、职业结构以及社区人均收入等（South，Baumer，and Lutz，2003；Cardak and McDonald，2004；Wodtke，Harding，and Elwert，2011；Ludwig et al.，2012；Dong，Gan，and Wang，2015；Chetty，Hendren，and Katz，2016；Goldsmith et al.，2016）。但值得注意的是，上述社区环境的测量指标并不是每一项研究都同时采用了，大多数研究都是根据数据的可得性选择性地使用了某些重要指标。比如，South 等（2003）侧重于社区环境的经济方面，Cardak 与 McDonald（2004）侧重于社区环境的文化方面，Goldsmith 等（2016）则侧重于社区环境的社会阶层方面。

为了与国外研究尽可能地保持一致，本研究选取非低保户比率、本地人口比率、劳动力人口比率、人均纯收入以及访员对社区经济状况的评分五个指标来测量社区环境。同时，本研究中被调查儿童的学业成就使用字词成绩和数学成绩来测量。根据国外学者的研究发现，社区环境与被调查儿童的学业成就显著相关，社区环境越差，其学业成就也就越差。据此，笔者提出如下假设。

假设1：被调查儿童所在社区的环境越好，其字词成绩也就越好。

假设2：被调查儿童所在社区的环境越好，其数学成绩也就越好。

其次，时间维度学业成就的邻里效应。在时间维度上，国外研究发现社区环境对调查对象教育获得与学业成就的影响存在时间变异性：第一，恶劣的社区环境对其教育获得和学业成就的不利影响存在集聚作用，会产生越来越负面的影响；第二，恶劣的社区环境对其教育获得和学业成就的影响存在滞后效应，即早期在恶劣的社区环境中生活的经历会对其日后的教育结果产生不利影响。由于本研究使用中国家庭追踪调查数据，到目前为止，该调查项目分别在2010年、2012年、2014年和2016年开展了四期，从基线调查到2016年也仅仅间隔了6年，调查数据尚不能支持滞后效应的检验。这促使本研究只分析了社区环境对学业成就的集聚效应。基于国外关于学业成就的集聚效应研究发现，如果使用字词成绩和数学成绩来测量学业成就，那么在环境较差的社区生活的被调查儿童的字词成绩和数学成绩的增长值应该比社区环境一般/较好的被调查儿童的字词成绩和数学成绩的增长值小。据此，笔者提出如下假设。

假设3：2010~2014年，在环境较差的社区中生活的被调查儿童的字词成绩增长值会比在环境一般/较好的社区中生活的被调查儿童的字词成绩增长值显著更小。

假设4：2010~2014，在环境较差的社区中生活的被调查儿童的数学成绩增长值会比在环境一般/较好的社区中生活的被调查儿童的数学成绩增长值显著更小。

再次，学业成就邻里效应的群体异质性。相关研究发现，社区环境对调查对象学业成就的邻里效应存在群体异质性，其中性别差异和族群差异最受学者们关注。以数学成绩为例，Entwisle 等（1994）的研究发现，社区环境对性别间的数学成绩具有显著的负面效应，并且社区环境对男孩的影响显著大于女孩；而 Ainsworth（2010）的研究发现社区环境对少数黑人儿童数学成绩的影响大于白人儿童。本研究主要关注社区环境影响被调查儿童学业成就的性别差异，提出如下假设。

假设5：社区环境对被调查儿童字词成绩的影响存在性别差异。

假设6：社区环境对被调查儿童数学成绩的影响存在性别差异。

最后，社区环境与学校环境的关系。有研究者认为，社区环境对调查对象教育结果的影响可能来自学校环境因素，比如 Kauppinen（2008）的研究表明学校环境会调节社区环境对儿童教育获得的影响，以至于怀疑教育领域"邻里效应是否真实存在"。而 Brännström（2008）、Carlson 与 Cowen（2015）以及 Wodtke 与 Parbst（2017）的经验研究结果却得出了截然相反的研究发现。可见，社区环境和学校环境对儿童学业成就的影响至今仍未得到较为一致的答案。在这种情况下，我们有必要在中国的社会情境中，继续检验社区环境与学校环境对儿童学业成就影响的关系属性。据此，笔者提出如下假设。

假设7：学校环境和社区环境对被调查儿童学业成就的影响是替代效应。

假设8：学校环境和社区环境对被调查儿童学业成就的影响是叠加效应。

假设9：学校环境和社区环境对被调查儿童学业成就的影响是乘法效应。

此外，鉴于中国"学区房"热潮，笔者除了参照国外学业成就邻里效应研究的四个维度之外，着手检验社区环境、邻里选择与学业成就的关系。如同"孟母三迁"故事所揭示的那样，社区环境对儿童教育机会与结果的影响可能是通过邻里选择实现的，所以本研究将检验邻里选择对社区环境与学业成就的中介效应。据此，笔者提出如下假设。

假设10：邻里选择是社区环境与学业成就的中介变量。

第四节　研究意义

社区环境与人类行为密不可分，有关社区环境与人类行为的相关研究由来已久。但在国内已有研究中，学者们却没有关注社区环境对教育获得、社区环境对学业成就的影响。可以说，本研究探讨社区环境与学业成就之间的关系填补了这一空白，具有重要的理论价值和现实意义。

第一，在理论价值方面，本研究将教育带回分析的中心，探讨社区环境对学业成就的影响有助于理解社会不平等的再生产机制。

教育机会不平等是社会不平等研究领域的一个重要议题。正如社会学家布迪厄等所言，"文化再生产着社会等级"（布迪厄、帕斯隆，2002：180），学者们对教育的关注正是源于其对社会分层所起到的重要作用。然而，学者们对教育与社会不平等关系的关注角度是不一样的，以往研究存在两大截然不同的研究路径。其一是以布劳、邓肯和倪志伟为代表，探讨教育对社会地位和市场回报的影响，形成了布劳-邓肯地位获得模型和市场转型论等经典理论（Blau and Duncan, 1967; Nee, 1989、1991）；其二是以科尔曼为代表，探讨教育机会平等的影响因素，形成了著名的"科尔曼报告"（Coleman, 1966）。两者的分野在于，前者将教育作为自变量，而后者将教育作为因变量；从研究的侧重点来看，后者无疑将教育置于一个更中心性的位置，更有助于理解社会不平等的再生产机制。在笔者看来，虽然前者较为直接地呈现了教育与社会地位之间的关联，但根据布迪厄的观点，如果个体的教育程度是既定的，那么其社会地位也就是既定的了，这对增进我们理解社会不平等的再生产过程并无裨益；相反，如果我们更多地关注教育机会不平等的产生过程及其影响因素，那么我们将会看到教育作为实现社会流动的一种方式，是如何塑造社会结构的。

第二，在理论意义方面，已有研究主要是在工业化理论、再生产理论、资源稀释理论等的指导下开展的，本研究则从邻里效应的视角出发，将国内教育分层研究的关注重点从先天禀赋、家庭背景以及制度与结构性因素拓展到社区环境，并将研究的重点放在社区环境与学业成就之间的关系上。这有助于丰富国内教育分层研究的理论框架和研究范式。

从前文的文献回顾来看，国内的社会学研究者对教育分层的各种影响因素进行了诸多有益的探讨，概括起来主要有三个方面。其一，先天禀赋，比如性别（李春玲，2009；罗凯、周黎安，2010；吴愈晓，2012；郑磊，2013）、民族（Hannum，2002；洪岩壁，2010；谭敏、谢作栩，2011；陈建伟，2015）和出生队列（巫锡炜，2014；陈建伟，2015）。学者们普遍发现教育获得存在着性别、民族和出生队列的差异，通常女性会比男性拥有更少的教育机会，少数民族会比汉族拥有更少的教育机会，较早出生的人会比较晚出生的人拥有更少的教育机会。

其二，家庭背景，比如家庭的社会经济地位（李春玲，2003；李煜，2006；郝大海，2007；刘精明，2008；吴晓刚，2009；吴愈晓，2013a；蔡蔚萍，2016）、文化资本（李煜，2006；郝大海，2007；刘精明，2008；吴愈晓，2013b；李春玲，2014；侯利明，2015；仇立平、肖日葵，2011；肖日葵，2016）、社会资本（赵延东、洪岩壁，2012）以及同胞数量（吴愈晓，2013；叶华、吴晓刚，2011；黎煦、刘华，2016；罗凯、周黎安，2010）。研究发现，家庭背景会显著影响子女的教育获得，一个家庭的社会经济地位越高、拥有的社会资本或者文化资本越多以及子女的同胞数量越少，则子女的教育机会就会越多。

其三，制度与结构性变迁，比如高校扩招（刘精明，2006、2007；吴晓刚，2009；李春玲，2010；吴愈晓，2013a、2013b；张兆曙、陈奇，2013；邢春冰，2013；邵岑，2015）、人口流动（赵颖、石智雷，2017；杨菊华、段成荣，2008；袁梦、郑筱婷，2016；杨菊华，2011；梁在、陈耀波、方铮，2006）、政治变迁（李春玲，2003）、计划生育（叶华、吴晓刚，2011）以及市场化（都阳、Giles，2006）等。研究表明，随着市场化改革和高校扩招等制度与结构性变迁的推进，教育机会不平等并没有得到有效改善，反而出现了扩大的趋势。

由此可见，国内教育分层研究是一个非常热门的主题，学者们运用不同的数据、方法，从不同的角度反复对其进行研究，并揭示了先天禀赋、家庭背景、制度与结构性变迁对中国居民教育机会的持续影响。值得注意的是，虽然我们在解读中国的教育分层现象时能够从个体、家庭、制度或结构的层面去寻找教育分层的原因，但这并不意味着除了先天禀赋、家庭背景、制度与结构性因素，就再也没有别的因素能够影响中国居民的教育机会与结果了。此外，国内教育分层研究除了持续关注先天禀赋、家庭背景、制度和结构性变迁等因素，也主要探讨它们与教育获得的关系，而少有研究探讨它们与学业成就之间的关系，这表明国内研究亟待突破现有的分析框架和领域。

此外，本研究基于中国的经验数据检验西方学者的理论发现，有助于推动中国经验和西方理论的对话，建构教育分层研究的本土化理论。

虽然目前国内还没有学者专门探讨社区环境对教育获得、学业成就的影响，但是在中国已经累积了不少包含社区模块和教育模块的全国性调查项目。比如北京大学中国社会科学调查中心的"中国家庭追踪调查"、中国人民大学中国调查与数据中心的"中国综合社会调查"、中山大学社会科学调查中心的"中国劳动力动态调查"以及西南财经大学中国家庭金融调查与研究中心的"中国家庭金融调查"等。这些调查项目采集的翔实的经验数据为我们了解中国的社区环境以及社区环境对教育获得、学业成就的影响奠定了良好的基础。特别是本研究使用的"中国家庭追踪调查"有专门的社区问卷，该问卷详细询问了被调查社区的人口、经济、基础设施、文化环境、社会生活等方面的问题，是一份非常难得的反映当今中国社区变迁的经验数据资料。

而有关社区环境与教育机会、教育结果的研究发现主要是基于欧美等发达国家的经验观察和经验数据得出的。比如，文献回顾中提到的美国收入动态追踪调查、美国教育追踪调查数据、国家追踪调查、全国青少年至成年健康追踪调查、全国青少年追踪调查、MTO实验数据以及加拿大综合社会调查、澳大利亚青年调查、芬兰就业统计追踪数据等。教育领域的邻里效应研究主要集中在欧美等发达国家，如果能够基于中国的经验数据来检验国外学者有关学业成就的邻里效应的普适性，那么该理论的适用范围将得到拓展，解释力将得到增强；同时，在与西方理论发现对话的过程中，也将进一步认识中国社会的特殊性，建构教育分层研究的本土理论。

第三，在现实意义方面，本研究将从时间、空间、群体异质性以及与学校环境的关系等多个维度探讨社区环境对被调查儿童学业成就的影响，全面揭示社区环境对学业成就的作用程度，有助于政府和家庭采取有效措施促进青少年的教育发展。

事实上，西方许多国家已经出台了旨在改善社区环境、提高个体生活际遇的社会政策，比如美国、法国、荷兰、瑞典、英国等国家基于混合居住的社会混合政策（social-mix policies）就是在这种情况下出台的（Kleinhans，2004；Musterd and Andersson，2005、2006；Galster，2007）。因为恶劣的社区环境不仅对调查对象的教育获得和学业成就产生负面作用，而且贫困的社区环境还会减少个体的工资收入（Casciano and Massey，2012；Chetty，Hendren，and Katz，2016）、增加健康风险（Chen and Wen，2010；Graif，Arcaya，and Roux，2016；Green，Arcaya，and Subramanian，2017）、降低主观幸福感（Ludwig et al.，2012）、妨碍代际流动（Sampson and Sharkey，2008；Chetty and Hendren，2016）、减缓认知发展（Sharkey and Elwert，2011）、减少集体行动（Weffer，2017），甚至还会带来较高的犯罪率（Kling，Ludwig，and Katz，2005；Harding，2009a、2009b；Sampson，2013）和较高自杀率（Becker，2016）。

但是国外社会混合政策也出现了一些未意料到的后果。有研究发现这些国家的社会混合政策实践是无效的，因为在制定该社会政策时忽略了群体异质性（Nieuwenhuis et al.，2015）。这也就意味着，试图干预社区环境造成的负面效应，并非改善社区环境这么简单。以青少年的教育获得为例，现有研究发现国家或家庭旨在采取措施改善社区环境，提高青少年教育获得时必须考虑到群体异质性，必须认识到青少年处在不同的时间、空间和多重社会环境之中。比如，贫困家庭的孩子普遍比富裕家庭的孩子拥有更少的教育机会，单亲家庭的孩子会比核心家庭的孩子拥有更少的教育机会，那么针对贫困家庭和单亲家庭孩子的教育政策就能有效地改善其教育机会（Crowder and South，2003）；青少年可能处于不断变换的时间和空间之中，那么针对这些有频繁居住流动的青少年，就不仅要有增进其教育获得的社会政策，还要有能够实现青少年父母就业的相关政策（Dong et al.，2015）；青少年的教育获得会受到社区环境和学校环境的双重影响，如果不能同时兼顾社区环境和学校环境，教育机会不平等将长期持续。这意味着当前旨在改善学校环境、提高教学质量的教育政策将来很可能会因为学生生活的社区环境不同而产生结果差异,并最终维持贫困的集聚。因而消除教育机会不平等需要考虑更广泛的社会环境,仅仅着眼于社区环境或者学校环境的努力可能会产生一些作用,但不能从根本上解决这一问题(Carlson and Cowen,2015)。由此可见,只有不断深化邻里效应研究,才能精确识别造成儿童教育获得差异的各种因素,进而有针对性地出台应对政策(Galster,2011)。

第五节 篇章结构

本书除了"绪论"和"结论与讨论",还包括六章。根据前文的文献回顾和研究假设,若要在中国的社会情境中检验学业成就的邻里效应,就需要围绕社区环境对被调查儿童学业成就影响的五个维度展开。据此,笔者绘制了本研究的主体结构(见图1-1)。如图1-1所示,本研究将使用社会经济指数、人力资本指数以及根据两个指数构建的社区类型三个测量指标来检验社区环境对被调查儿童学业成就影响的空间维度的邻里效应;检验被调查儿童的字词成绩和数学成绩的增长值对学业成就影响的时间维度的邻里效应;检验当前社区中不同群体学业成就受社区环境影响的群体异质性;检验社区环境与学校环境对学业成就影响的相互关系;检验通过居住流动实现的邻里选择在改变社区环境影响学业成就中的中介作用。

根据本研究的主体结构设计,本书的篇章结构安排如下。

第一章"绪论"。本章主要包括问题的提出、文献回顾、研究假设、研究意义、篇章结构等内容。"问题的提出"介绍了研究背景和研究问题;"文献回顾"着重评述了国内教育分层研究现状、国外教育机会不平等研究的最新进展,并总结了国内外教育分层研究留下来的问题与经验,概括了未来研究的新方向;

```
                    ┌─ 社区环境指数 ─┐
                    │              ├─ 空间维度 ─┐
                    ├─ 社区类型   ─┘            │
                    │                           │
                    ├─ 字词成绩增长 ┐           │
┌─社会经济指数┐     │              ├─ 时间维度 ─┤
│            ├─社区环境             │           │
│            │     ├─ 数学成绩增长 ┘           │
└─人力资本指数┘     │                          ├→ 学业成就
                    ├─ 性别差异 ── 群体异质性 ──┤
                    │                           │
                    ├─ 学校环境 ── 替代效应 ────┤
                    │                           │
                    └─ 邻里选择 ── 中介作用 ────┘
```

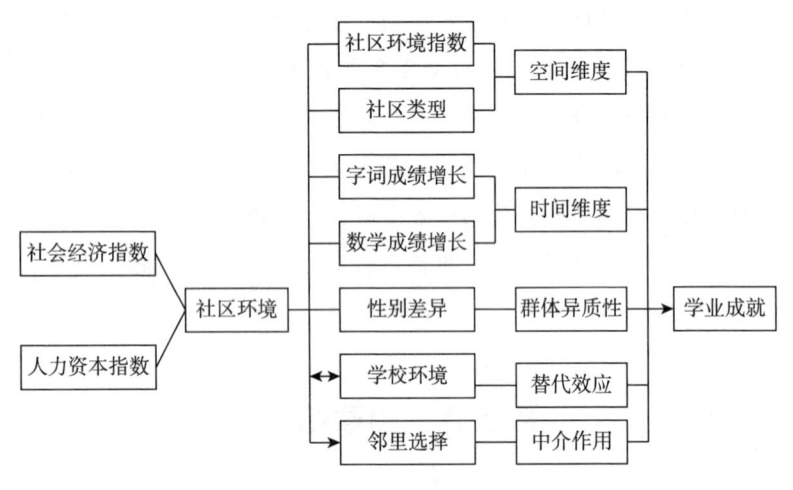

图 1-1 本研究的主体结构

"研究假设"基于邻里效应的理论视角和国外社区环境对学业成就的影响的相关研究成果提出了本研究假设;"研究意义"则结合国内教育分层的研究现状、国外教育获得和学业成就邻里效应研究的现实应用,介绍了本研究的理论价值和现实意义;"篇章结构"则对本书各章内容做一简介。

第二章"研究设计"。本章主要包括关键概念、数据来源与变量设置、模型与研究策略三节。"关键概念"着重介绍了学业成就和社区环境两个关键概念的含义和操作化方法;"数据来源与变量设置"详细介绍了本研究使用的数据来源和变量设置,尤其是学业成就和社区环境的测量指标。根据国外邻里效应研究的经验,本研究选取社区的非低保户比率、劳动力人口比率、本地人口比率、人均纯收入以及访员对社区经济状况的评分五个测量指标,鉴于测量指标数量较多,笔者进一步使用因子分析法,提取两个公因子"社会经济指数"和"人力资本指数"作为社区环境的测量指标。"模型与研究策略"详细介绍了本研究所使用的多层线性模型和进行稳健性检验的方法。

第三章"社区环境与学业成就:空间维度的邻里效应"。本章主要探讨的问题是：什么样的社区环境会影响被调查儿童的学业成就。第一节主要揭示的是社区环境与学业成就的基本特征；第二节和第三节主要研究了社区环境的两个测量指标——社会经济指数与人力资本指数对被调查儿童学业成就的影响，包括社区环境指数对被调查儿童字词成绩、数学成绩的影响；第四节探讨了基于社区社会经济指数和人力资本指数构建的社区类型对学业成就的影响，同样包括其对被调查儿童字词成绩和数学成绩的影响。

第四章"社区环境与学业成就：邻里效应的群体异质性"。第三章的研究发现，社区环境会对被调查儿童的字词成绩和数学成绩产生显著影响，那么，在同一社区环境中生活的被调查儿童是否也会因为这些先天禀赋的差异而产生学业成就的差异呢？所以在第四章，笔者对社区环境造成的学业成就的群体异质性问题进行探讨，着重探讨了字词成绩的性别差异和数学成绩的性别差异。

第五章"社区环境与学业成就：时间维度的邻里效应"。已有研究发现社区环境对调查对象的学业成就产生集聚效应和滞后效应，那么，中国城市儿童的学业成就是否也存在这样的集聚效应和滞后效应呢？在这一章，笔者结合中国家庭追踪调查2010年和2014年的数据来进行检验。在第一节，笔者简要地描述了被调查儿童随着年龄的增长，字词成绩和数学成绩的增长状况，并求得每个成功追踪的被调查儿童字词成绩和数学成绩的增长值；在第二节，笔者着重探讨社区环境对被调查儿童字词成绩的集聚效应；在第三节，笔者着重探讨社区环境对被调查儿童数学成绩的集聚效应；在第四节，笔者着重讨论本章的主要研究发现以及利用中国家庭追踪调查数据探讨社区环境对被调查儿童字词成绩和数学成绩影响的滞后效应的未来研究方向。

第六章"学校效应：邻里效应的替代物？"。本章主要探讨的问题是：社区环境与学校环境是不是两个相互竞争的环境效应，即社区环境对被调查儿童学业成就的影响能否被学校环境所解释。对该问题的探讨是为了检验社区环境对学业成就的影响是不是一种独立的环境效应。在第一节，笔者检验了重点学校、重点班级以及两者构建的学校环境指数对被调查儿童学业成就的影响，从研究结果来看，学校环境是影响被调查儿童学业成就的一个重要因素。在第二节，笔者先后检验了社区环境指数与重点学校、重点班级对被调查儿童学业成就的影响，社区环境指数与学校环境指数对被调查儿童学业成就的影响。研究表明，社区环境与学校环境均是独立的环境效应，它们会共同作用于被调查儿童的学业成就。

第七章"邻里选择对学业成就的影响"。吴琼（2017）基于中国家庭追踪调查数据发现，儿童早期的流动经历对其青年期的教育成就有正向影响；同时，据第六章的研究发现，社区环境与学校环境都会对被调查儿童的字词成绩和数学成绩产生显著的影响，那么，居住流动对被调查儿童教育成就的影响是否源于学校环境和社区环境的改善呢？也就是说，社区环境对被调查儿童学业成就的影响是否会通过居住流动（邻里选择）发挥中介作用呢？这是本章试图回答的问题。第一节着重探讨邻里选择对被调查儿童字词成绩的影响；第二节着重探讨邻里选择对被调查儿童数学成绩的影响；第三节运用索博尔－古德曼中介分析来检验邻里选择对社区环境和学业成就的中介作用。

第八章"结论与讨论"。本章主要包括三节，第一节着重回顾了本研究的主要研究发现，包括社区环境、居住流动、集聚效应、群体异质性、学校环境、邻里选择等因素如何影响被调查儿童的学业成就，回答了社区环境对被调查儿童学业成就的影响是否存在邻里效应、集聚效应、群体异质性，社区环境与学校环境对学业成就的影响是否存在替代效应，邻里选择对学业成就的影响是不是中介效应等问题；第二节则主要围绕本研究的发现对社区环境如何加剧教育机会不平等的趋势、增进教育公平的政策建议等内容展开了讨论；第三节则进一步讨论了本研究的不足与未来研究展望。

第二章 研究设计

本章由三节组成,具体内容包括"关键概念"、"数据来源与变量设置"和"模型与研究策略"。其中,第一节主要对本研究的因变量学业成就和关键自变量社区环境两个重要概念做出清晰的界定和操作化;第二节对中国家庭追踪调查(Chinese Family Panel Studies,CFPS)进行简要介绍,阐述2010年和2014年少儿数据与社区数据的筛选过程,并对学业成就和社区环境变量的设置情况进行详细说明;第三节详细介绍多层线性模型和本研究的研究策略。从内容上看,本章是随后各章节的基础;从结构上看,本章起着承上启下的作用,它既总结了学者们的研究经验,又为后续各章节的研究做好准备。

第一节 关键概念

Sampson 等(2002)指出,概念不清和测量指标的多样性已经成为邻里效应研究的障碍,并且认为它们与研究方法上的挑战一起成为邻里效应研究面临的三大问题。在这里,为了避免本研究可能存在概念不清的问题,笔者将基于相关研究,对"学业成就"和"社区环境"这两个概念进行界定。

一 学业成就

学业成就（academic achievement）是教育分层研究领域的核心概念，国内外学者对其所做的界定是比较明确的，主要是指通过标准化测试得到的调查对象在接受教育后达到的认知水平。在以往研究中，这种标准化测试得分的来源主要有两种：一是调查对象在学校的标准化考试成绩（Ainsworth, 2002、2010；Entwisle et al., 1994；Sykes and Kuyper, 2009）；二是使用伍德考克－约翰逊心理教育量表得到的字词测试和数学测试成绩（Anderson et al., 2014；Hicks et al., 2018；Sharkey and Elwert, 2011）或者皮博迪图片词汇测验（McCulloch, 2006）得到的成绩。

本研究中的学业成就类似于第二种标准化测试得分，"中国家庭追踪调查"也使用了类似的量表来测量调查对象的词语认知和数学推理能力（张春泥，2017；赵延东、洪岩璧，2012；张月云、谢宇，2015；吴琼，2017）。这种衡量学业成就的方法也常见于其他学者的研究文献之中（Cohen et al., 1980；Hambrick-Dixon, 1986；Evans and Maxwell, 1997；Stansfeld et al., 2005；Evans, 2006）。当然，这种测量学业成就的方法可能存在一定的偏误，但是 Ainsworth（2002）指出它也存在相当的合理性：一是调查对象的学业成就与其教育结果显著相关，反映了学生总体的变异状况，较高的学业成就有助于其获得较高的学历，而较低的学业成就可能与辍学、失学密切相关；二是与各个学校学生的考试成绩相比，调查问卷中对学业成就的标准化测试跨越了地理局限性，所有调查对象使用同一份测试题目，使得到的分数更具有可比性。

二 社区环境

社区环境是本研究的核心自变量。杨菊华（2015）曾将社区环境操作化为社区的经济环境、政治环境、服务环境和组织环境，这种操作化方法包含了社区环境的方方面面。但是邻里效应研究中的社区环境主要是指社区的社会经济环境，本研究采用后一种操作化方法。

第一，社区的边界。在对社区环境进行操作化之前，我们首先对社区的概念进行简要的界定，因为社区边界不统一是邻里效应研究面临的一个重要问题。以往研究发现，社区边界的大小会导致研究结果产生差异，社区边界的问题甚至引起国外学者的长时间争论。有学者坚持从理论工具的角度来界定，有学者认为应该从研究对象居住地的地理边界来界定，也有学者主张根据调查数据的统计边界来界定（Lupton，2003；Rosenblatt and DeLuca，2012）。在这种情况下，Galster（2008）与 Sampson 等（2002）倡议停止有关邻里概念及其操作化的争论，他们认为与其无休止地争论邻里的范围、如何测量邻里，不如灵活地选用方法来研究居住环境对个体的影响，即依据具体现象、理论假设、社区变迁过程来选择测量方法。因为如果只在较小的地域范围内发现了邻里效应，则说明邻里效应的作用有限；而如果在较大的地域范围内发现了邻里效应，则说明邻里效应比我们想象的还要明显。在这种观点的指引下，本研究选择使用调查数据的末端抽样框的统计边界来界定社区的范围，即城市每个社区居委会所管辖的区域。

第二，社区环境的测量指标。社区环境的测量指标常常因为调查数据或者研究的特定需要而呈现多样化的特征，以往研究常常使用贫困率、失业率、社会福利比率、低收入家庭比率、女性户主比率、流动人口比率、高学历者比率、管理或者专业技术人员比率、白人/黑人的构成比率等（Wodtke，Harding，and Elwert，2011；Ludwig et al.，2012；Dong，Gan，and Wang，2015；Chetty，Hendren，and Katz，2016）指标中的某个或某几个作为其测量指标。在本研究中,由于社区环境是指特定区域的社会经济环境,为了方便与国外教育获得和学业成就的邻里效应研究进行对话,在对其进行操作化时,依据这样三个标准选择社区环境的测量指标:一是该指标是否作为社区环境的测量指标出现在以往研究文献中;二是依据社区环境影响教育获得和学业成就的作用机制来挑选;三是从"中国家庭追踪调查"的社区数据中获取该指标的可得性。最终笔者从社区问卷中选取非低保户比率、劳动力人口比率、本地人口比率、人均纯收入以及访员对社区经济状况的评分五个指标作为社区环境的测量指标。

这五个指标不仅出现在以往研究文献中,而且与社区环境影响教育获得和学业成就的作用机制密切相关。根据 Ainsworth(2002)、Sampson 等(2002)和 Galster(2011)的观点,社区环境主要是通过社会网络、社会互动和集体社会化、制度资源三个机制发挥作用的,而非低保户比率、劳动力人口比率、本地人口比率、人均纯收入以及访员对社区经济状况的评分这五个指标与它们密切相关。从社会网络机制的角度看,本地人口比率越高,因居住流动而带来的社会关系网络断裂的可能性就越小,当地居民就越可能拥有良好的人际关系网,更可能从社会网络中获取信息、机会、服务和超地方的观念;从社会互动和集体社会化机制的角度看,在非低保户比率越高、劳动力人口比率越高、人均纯收入越高的社区,居民越可能形成高教育期望、高成就动机及自觉学习的规范、价值、态度和行为,调查对象也就越可能因较好的社区环境而获得更好教育;从制度资源的角度看,在非低保户比率越高、劳动力人口比率越高、本地人口比率越高、人均纯收入越高和社区经济状况越好的社区,越可能拥有教学质量高的学校,调查对象就越可能因良好的教育资源而取得更高的学业成就。

第二节　数据来源与变量设置

一　数据来源

本研究使用的数据来自"中国家庭追踪调查"（CFPS）。"中国家庭追踪调查"是由北京大学中国社会科学调查中心实施的一项全国性、综合性的社会跟踪调查项目，它以采集动态经验数据、记录当前中国的社会变化为目的，意在为现在及将来的研究者提供了解和研究当今中国最翔实、最客观的一手数据。"中国家庭追踪调查"长期跟踪收集个体、家庭、社区三个层次的数据，其调查内容包括村/居概况、家庭关系、人口流动、家庭经济、居住与设施、工作与收入、教育、婚姻、健康、态度观念、认知能力和社会交往等诸多主题（谢宇、胡婧炜、张春泥，2014）。"中国家庭追踪调查"经过多年筹备以及2008年、2009年两年的预调查，于2010年正式实施基线调查，此后又分别于2012年、2014年、2016年开展了三轮全样本的追踪调查（谢宇等，2017）。

本研究之所以选择"中国家庭追踪调查"数据，是因为：第一，它涵盖了个体和社区两个层面的数据，调查问卷和发布的调查数据包含了本研究将会使用的所有社区环境变量、学业成就变量、个体特征变量以及家庭背景变量，这为顺利完成研究任务提供了重要的数据支持；第二，它的设计在初期借鉴了世界上一些先进的调查项目的方法、工具与成功经验（谢宇等，2017），而它所借鉴的这些先进的调查项目也正是国外教育获得和学业成就邻里效应研究中经常使用的调查数据，比如美国收入动态追踪调查、美国青年追踪调查，这为与国外教育领域邻里效应研究进行对话提供了良好的条件。

基于上述特征，笔者选取"中国家庭追踪调查"2010年基线调查和 2014 年追踪调查中的儿童数据和社区数据来进行假设检验。其中，儿童数据提供了儿童的个体特征、兄弟姐妹数目、教育阶段、父母职业和教育、教育期望、学校环境等变量，社区数据则提供了社区的非低保户比率、本地人口比率、劳动力人口比率、人均纯收入和访员对社区经济状况的评分等变量。

需要说明的是，第一，本研究选取"中国家庭追踪调查"2010 年和 2014 年的调查数据，而没有选择 2012 年的调查数据，是因为 2012 年的调查数据没有对社区进行追访，无法提供研究需要的社区环境变量。第二，由于中国城乡社区环境状况差异较大，为了避免社区环境对学业成就的影响中包含城乡分割的影响，本研究将研究对象限定为城市儿童。第三，虽然"中国家庭追踪调查"的儿童数据中调查对象的年龄介于 0~16 岁，但是本研究选取的是 6~16 岁的少儿样本，因为 0~6 岁婴幼儿不属于认知测试模块——字词测试和数学测试的测试对象，故他们不包括在本研究的研究样本之中。经筛选，2010 年儿童数据中符合条件的样本共计 2023 个。第四，被用于研究的 2014 年儿童数据是 2010 年儿童数据的研究样本中成功追踪到的调查对象，共 895 个。与 2010 年儿童数据的研究样本相比，2014 年的研究样本少了近一半，这主要是因为年龄介于 6~16 岁的少儿在 2014 年已经处于 10~20 岁，其中年龄介于 16~20 岁的调查对象已经进入成人样本，再加上追踪失败而导致的缺损。此外，虽然"中国家庭追踪调查"2014 年儿童数据中有新增加的少儿样本，但是出于对比分析的需要，用于研究的 2014 年儿童数据没有纳入新增加的少儿样本。

二 变量设置

根据工业化理论、再生产理论、资源稀释理论、教育决策的理性行动理论、最大化维持不平等假设、有效维持不平等假设以及邻里效应等视角，那些潜在的会影响教育机会与结果的因素包括社区环境、居住流动、性别、民族、3岁时户口、父亲的社会经济地位、父母的受教育程度、兄弟姐妹数目、教育期望、教育阶段以及学校环境等。其中，学业成就是本研究的因变量，社区环境、居住流动是本研究的关键自变量，其他变量是本研究的控制变量。

（一）因变量

学业成就，即被调查儿童在字词测试和数学测试中的得分。"中国家庭追踪调查"在认知测试模块设置了字词测试和数学测试的相关题目，用来检验被调查儿童的认知发展和教育成就。这些题目都是按照从易到难的顺序排列的，被调查儿童的教育程度决定了其答题的起点。比如，小学以下教育程度的幼儿需要从最简单的第1题开始，而初中教育水平的儿童则被默认为可以答对所有小学程度的题目，因而其作答的题目是从初中程度的测试题目开始的。被调查儿童最终的测试得分为其答对的最难一题的题号。其中，字词测试有34道题，数学测试有24道题，因而，两项测试的最高分数分别为34分和24分。在进行操作化时，笔者还借鉴张月云与谢宇（2015）、吴琼（2017）的研究，将字词测试得分和数学测试得分两个测量指标进行了标准化处理，标准化后两个指标的均值为0，标准差为1，然后将标准化后的字词测试得分和数学测试得分，即字词成绩和数学成绩作为被调查儿童学业成就的测量指标。

（二）自变量

（1）社区环境。社区环境是指社区的社会经济环境，采用调查对象所在社区的非低保户比率、劳动力人口比率、本地人口比率、人均纯收入以及访员对社区经济状况的评分（以下也简称经济状况评分）五个指标来测量。

①非低保户比率。根据社区数据中的低保家庭数量和总户

数，计算出低保户比率，1减低保户比率即非低保户比率[①]。

②劳动力人口比率。根据社区数据中15岁以下人口数量、60岁以上人口数量和社区的总人口数量，即可求得该社区的劳动力人口比率。

③本地人口比率。根据社区数据中外来流动人口数量和社区的总人口数量，即可求得本地人口数量和本地人口比率[②]。

④人均纯收入。社区数据中详细记录了每个被调查社区的人均纯收入，数值越大，表示人均纯收入越高。

⑤经济状况评分。社区数据中详细记录了每个访员对被调查社区经济状况的评分，其取值介于1~7分，分值越大，表示该社区的经济状况越好。

表2-1给出了2010年和2014年社区数据中上述五大指标取值的描述统计结果。可以看出，与2010年的社区环境状况相比，2014年社区环境状况在非低保户比率、劳动力人口比率两个指标上呈下降的趋势，而在本地人口比率、人均纯收入和经济状况评分三个指标上呈上升的趋势。这一分布趋势表明，随着中国社会经济的发展，社区环境状况正在得到逐步改善。

表2-1 2010年和2014年社区环境变量的分布情况

社区环境指标	CFPS2010	CFPS2014
非低保户比率（%）	92.74	92.67
本地人口比率（%）	83.77	84.85

---

① 这里选择使用非低保户比率而不是低保户比率，是因为在对社区环境测量指标进行因子分析时，低保户比率/非低保户比率与人均纯收入和经济状况评分构成了"社会经济指数"，低保户比率与其他两个指标呈负相关，非低保户比率与其他两个指标呈正相关，选择使用非低保户比率能够保证"社会经济指数"构建指标作用方向的一致性。

② 这里选择使用本地人口比率而不是国外邻里效应研究中常用的流动人口比率，同样是为了保证其与社区的劳动力人口比率在构建社区"人力资本指数"时作用方向的一致性。

续表

社区环境指标	CFPS2010	CFPS2014
劳动力人口比率（%）	70.41	67.50
人均纯收入（元）	5314.15	6531.41
经济状况评分	4.64	4.81

借鉴国外教育获得和学业成就邻里效应研究的经验，笔者将上述五大指标的取值进行标准化，然后使用因子分析提取这五大指标的公因子，以达到减少变量、简化数据的目的。表2-2给出了2010年和2014年社区环境测量指标的因子分析结果。结果显示，这五个测量指标可以提取两个公因子：一是由非低保户比率、人均纯收入和经济状况评分这三个与经济社会发展相关的指标构成的公因子；二是由劳动力人口比率这和本地人口比率这两个与人力资本相关的指标构成的公因子。根据两个公因子的特征，笔者将前者命名为"社会经济指数"，将后者命名为"人力资本指数"。依据两个公因子，笔者生成了本研究用来测量社区环境的两个关键变量——社会经济指数和人力资本指数。在得到社区环境的社会经济指数和人力资本指数之后，将其转化为0~100的取值①，并且社会经济指数和人力资本指数的取值越大，代表该社区的社区环境越好。

表2-2 社区环境的因子负载

	CFPS2010		CFPS2014	
	公因子1	公因子2	公因子1	公因子2
非低保户比率	0.5035		0.5752	
人均纯收入	0.8412		0.7609	

---

① 转换公式是：转换后的因子值 =（因子值 + B）× A，其中：A = $\frac{99}{因子最大值 - 因子最小值}$，B = $\frac{1}{A}$ - 因子最小值。

续表

	CFPS2010		CFPS2014	
	公因子1	公因子2	公因子1	公因子2
经济状况评分	0.7538		0.5858	
本地人口比率		0.6918		0.6577
劳动力人口比率		0.6986		0.6323
因子解释的方差比例	38.56%	25.88%	40.05%	22.13%
因子命名	社会经济指数	人力资本指数	社会经济指数	人力资本指数

（2）居住流动。"中国家庭追踪调查"2010年和2014年的儿童数据和社区数据中详细记录了被调查儿童所在社区的编码，虽然2014年的调查数据对社区进行了重新编码，但同时也给出了每个被追踪社区与2010年相对应的社区编码。如果两份数据中同一个儿童所在社区的编码不一致，则认为该儿童在两个调查年份之间存在居住流动的情况。据此，笔者生成居住流动变量，将两次调查数据中社区编码不一致的被调查儿童赋值为"1"，视其为存在居住流动，将两次调查数据中社区编码一致的被调查儿童赋值为"0"，视其为没有居住流动。

（三）控制变量

本研究控制了性别、民族、年龄三个先天禀赋因素，控制了父亲的社会经济地位、父母受教育程度、兄弟姐妹数量以及教育期望四个家庭背景因素，还控制了3岁时户口、教育阶段两个制度和结构性因素。此外，在第六章笔者还纳入了学校环境变量，这里将着重介绍学校环境中重点班级、重点学校两个变量与其他控制变量的操作化，学校环境综合测量指标将在后文详细介绍。

性别：女性赋值为"0"，男性赋值为"1"。

民族：少数民族赋值为"0"，汉族赋值为"1"。

年龄：指被调查儿童在调查年份时的年龄，如果调查年份是2010年，则使用2010减出生年份；如果调查年份是2014年，则使用 2014 年减出生年份。

父亲的社会经济地位：指父亲职业的社会经济地位（下文简写为"父亲 ISEI"），其取值介于 0~100，数值越大，表示父亲的社会经济地位越高。

父母受教育程度：指父母中受教育程度最高一方的受教育年限，取值越大，表示父母的受教育程度越高。

兄弟姐妹数量：没有兄弟姐妹的赋值为"0"，有 1 个兄弟姐妹的赋值为"1"，有两个兄弟姐妹的赋值为"2"，有 3 个及以上兄弟姐妹的赋值为"3"。

3 岁时户口：指被调查儿童 3 岁时是农业户口还是非农业户口，非农业户口赋值为"0"，农业户口赋值为"1"。

教育期望：指父母期望儿童获得的最高教育水平，将父母的教育期望为本科及以上的赋值为"0"，将父母的教育期望为本科以下的赋值为"1"。

教育阶段：指被调查儿童目前正处在幼儿园、小学、初中、高中哪个教育阶段，并将幼儿园赋值为"1"，将小学赋值为"2"，将初中赋值为"3"，将高中赋值为"4"。

此外，由于控制变量中父亲的社会经济地位、父母受教育程度与兄弟姐妹数量含有一定数量的缺失值，为了保留尽可能多的数据，笔者采用回归填补法进行填补。上述变量设置构成了本研究的主要变量，各变量的描述统计结果详见表 2-3。

表 2-3　各变量的描述统计结果

	CFPS2010		CFPS2014	
	均值	标准差	均值	标准差
性别（0=女）	0.518	0.500	0.516	0.500
民族（0=少数民族）	0.923	0.267	0.914	0.281
年龄	10.62	2.883	12.53	1.814
3 岁时户口（0=城市户口）	0.538	0.499	0.526	0.500

续表

	CFPS2010		CFPS2014	
	均值	标准差	均值	标准差
父亲 ISEI	35.17	13.32	34.86	13.04
父母受教育程度（年）	10.10	3.742	10.45	3.550
兄弟姐妹数量	1.288	0.550	1.285	0.544
教育期望（0=本科及以上）	0.454	0.498	0.482	0.500
教育阶段（0=幼儿园）				
小学	0.590	0.492		
初中	0.252	0.434	0.457	0.498
高中	0.016	0.125	0.054	0.225
重点班级（0=否）	0.092	0.290	—	—
重点学校（0=否）	0.085	0.280	—	—
社会经济指数	34.11	13.84	45.44	11.51
人力资本指数	36.17	17.93	34.39	11.56
居住流动（0=无）	—	—	0.127	0.334
字词成绩	0	1	0	1
数学成绩	0	1	0	1
样本量（个）	2023		895	

注：(1) 类别变量均值可看作百分比；(2) "—"表示运用该年份数据时，未使用该变量。

第三节 模型与研究策略

国外学者开展的有关社区环境与学业成就之间关系的研究中已经出现了许多可借鉴的模型和研究策略，比如多元线性回归模型（Ainsworth, 2002、2010; Cordes et al., 2016; Dobbie and Fryer, 2011）、多层线性模型（Brännström, 2008; Sykes and Kuyper, 2009）、固定效应模型（Alvarado, 2016; Legewie and Diprete, 2012）、逆处理概率加权法（Hicks et al., 2018;

Sampson et al., 2008; Sharkey and Elwert, 2011; Wodtke and Parbst, 2017) 等。由于"中国家庭追踪调查"采用的是多阶段内隐分层与人口规模成比例的概率抽样方法（谢宇、胡婧炜、张春泥，2014），故本研究选择多层线性模型（Hierarchical Linear Model，HLM）进行假设检验。

一 多层线性模型

多层线性模型（HLM）是一种常用于分层数据研究的模型。"中国家庭追踪调查是"典型的分层数据，它采用多阶段内隐分层与人口规模成比例的概率抽样方法（谢宇、胡婧炜、张春泥，2014），数据包括个体、家庭和社区三个层次的数据。就研究使用的数据而言，第一层为儿童个体层面的数据，第二层为家庭层面的数据，第三层为社区层面的数据，第一层寓于第二层中，第二层寓于第三层中，满足使用多层线性模型的条件。

三层随机截距模型的公式可表述为：

$$Y_{ijk} = \beta + \beta_l X_{ijk} + \mu_{jk} + \mu_k + \varepsilon_{ijk} \tag{1}$$

其中，Y_{ijk} 是因变量，用来衡量 k 社区、j 家庭和 i 儿童的字词成绩或者数学成绩。u_{jk} 和 u_k 分别代表第二层（家庭）和第三层（社区）的随机变量 u_k。X_{ijk} 是变量的向量；β 和 β_l 分别为截距和参数效果；ε_{ijk} 为第一层次的变异，正常分布，均值为 0，方差为 σ^2。

运用多层线性模型开展研究有两个明显的优点。一是在随机效应部分，能根据建立无条件平均模型，估计出城市儿童的学业成就差异在多大程度上被个体层面因素、家庭层面因素和社区层面因素所解释，即我们能够根据随机效应部分来判断个体层面的先天禀赋、家庭层面的家庭背景、社区层面的社区环境因素引发的儿童学业成就的变异程度。二是在固定效应部分，能够估计出社区环境变量对城市儿童学业成就的具体影响，进而估计出社区环境因素的影响占社区层面变异的比重。

二 稳健性检验

前文提到本研究主要使用的是"中国家庭追踪调查"2010年的儿童样本,样本量为2023个。进一步的分析显示,这些样本分布在全国1763个家庭、293个社区之中,平均每个社区6个家庭、不足10个儿童。这在严格的多层线性模型中可能会因为自由度不够而导致估计结果的偏误。为了排除这种情况,验证多层线性模型结果的一致性,笔者采用多元线性回归(ordinary least squares, OLS)进行稳健性检验。之所以没有采用国外学者使用的固定效应模型和逆处理概率加权法,是因为固定效应模型需要的数据是长时期的追踪调查数据,而逆处理概率加权法需要足够的样本来进行倾向值匹配,本研究使用的数据暂时无法满足这些条件。事实上,在满足随机抽样的情况下,多元线性回归模型也能进行无偏的回归估计(安格里斯特、皮施克,2012)。

同时,为了检验居住流动是不是社区环境和学业成就的中介变量,笔者除了运用索博尔-古德曼中介分析进行中介效应检验,还将社区环境作为遗漏变量,在未纳入和纳入社区环境的情况下,分别比较了居住流动对学业成就的作用程度。根据谢宇(2010:105)的归纳,遗漏变量会对研究结果造成四种不同的估计偏误(见表2-4)。就社区环境与学业成就的研究而言,如果社区环境对城市儿童学业成就会产生正向影响(即 $\beta_3 > 0$),并且居住流动与社区环境之间也呈正相关关系($Corr(x_1, x_3) > 0$),那么在研究中如果遗漏了社区环境变量,将会高估居住流动对学业成就的影响。借助这一特征,本研究发现居住流动是社区环境与城市儿童学业成就的重要中介变量。

表 2-4　遗漏变量回归系数偏误的不同属性

	$Corr(x_1, x_3) > 0$	$Corr(x_1, x_3) < 0$
$\beta_3 > 0$	正向偏误	负向偏误
$\beta_3 < 0$	负向偏误	正向偏误

注：x_1表示自变量，x_3表示遗漏变量，β_3表示遗漏变量与因变量的回归系数。

此外，在检验多层线性模型估计结果的稳健性时，除了使用多元线性回归这一计量方法，还采用了替换关键自变量的方法，第三章中社区类型对字词成绩和数学成绩的影响以及第六章中不同学校环境的测量指标的使用均可以看作这种类别的稳健性检验。通过这些分析，本研究较为全面地检验了社区环境与被调查儿童学业成就之间的关系。

第三章 社区环境与学业成就：空间维度的邻里效应

按照研究策略，本章开始探讨社区环境对城市儿童学业成就的影响。本章主要检验的是学业成就空间维度的邻里效应，即城市儿童所处社区环境对其字词成绩和数学成绩的影响。第一节简要描述社区环境与学业成就的基本特征；第二节和第三节分别探讨社区环境的两个测量指标——社会经济指数与人力资本指数对城市儿童学业成就的影响，即社区环境指数对城市儿童字词成绩和数学成绩的影响；第四节集中探讨基于社区的社会经济指数和人力资本指数构建的社区类型对城市儿童学业成就的影响。

第一节 社区环境与学业成就的基本特征

第二章"数据来源"部分提到本研究主要使用中国家庭追踪调查（CFPS）2010年（基线）数据和2014年数据中的城市儿童样本作为研究对象，而本章主要使用的是CFPS2010年的数据，共计2023个样本。在"变量设置"中，笔者虽然对本研究涉及的各变量做了一个基本的介绍，但是尚未对本研究的两个关键变量——社区环境与学业成就的基本特征进行详细阐述。鉴于两者对于整个研究的重要性，笔者根据CFPS2010年的数据对两者的基本特征进行补充。

一 社区环境的基本特征

（一）社会经济指数

社会经济指数是社区层面非低保户比率、人均纯收入和经济状况评分的公因子，并将其转换为0～100的取值。表3-1给出了社区环境指数的基本分布情况，就社区的社会经济指数而言，因为社会经济指数与非低保户比率、人均纯收入和经济状况评分呈正相关，所以社会经济指数越高，表示非低保户比率越高、人均纯收入越高、社区经济状况越好，即社会经济指数越高，社区环境就越好。因此，取值为0表示社区环境极其恶劣，取值为100表示社区环境极好。从表3-1的结果来看，中国城市儿童生活的社区的社会经济指数大都处于较低取值的一端，有25%的城市儿童生活的社区的社会经济指数低于24.172，有大约65%的城市儿童生活的社区的社会经济指数介于24.172～49.730。从社会经济指数来看，仅有10%的城市儿童生活在环境较好的社区，有90%的城市儿童生活的环境一般，乃至环境相对较差的社区。这表明城市社区的社会经济环境虽然产生了一定程度的分化，但尚未出现较为严重的城市空间极化状况。

表3-1 社区环境指数的分布情况

百分比（%）	社会经济指数	人力资本指数
1	6.212	4.970
5	10.630	12.868
10	15.776	16.661
25	24.172	24.138
50	34.545	31.307

续表

百分比（%）	社会经济指数	人力资本指数
75	42.213	46.426
90	49.730	63.718
95	56.871	69.578
99	69.378	88.636

（二）人力资本指数

人力资本指数是社区的劳动力人口比率和本地人口比率的公因子，其取值同样介于0~100。就社区的人力资本指数而言，因为人力资本指数与劳动力人口比率和本地人口比率呈正相关关系，所以社区的劳动力人口比率和本地人口比率越高，人力资本指数也会越高，人力资本指数越高，就表示社区环境越好。因此，其取值为0表示社区环境极差，取值为100表示社区环境极好。从表3-1的结果来看，中国城市儿童生活的社区的人力资本指数绝大多数在较低取值的一端，有75%的城市儿童生活的社区的人力资本指数低于46.426，有20%的城市儿童生活的社区的人力资本指数介于46.426~69.578。从人力资本指数来看，仅有约5%的城市儿童生活在环境中等偏上的社区，有约95%的城市儿童生活在环境一般或较差的社区。从社区的人力资本指数来看城市社区的分化状况，中国城市社区尚未出现较为严重的空间极化。

此外，为了更清楚地了解社区的社会经济指数和人力资本指数的分布情况，笔者还根据表3-1绘制了社区环境指数的分布状况（见图3-1）。如图3-1所示，社区的社会经济指数和人力资本指数的分布状况非常相似，环境较差或环境一般的社区的社会经济指数和人力资本指数几乎没有差异，只是环境较好的社区的人力资本指数会比社会经济指数更高。

图 3-1　社区环境指数的分布

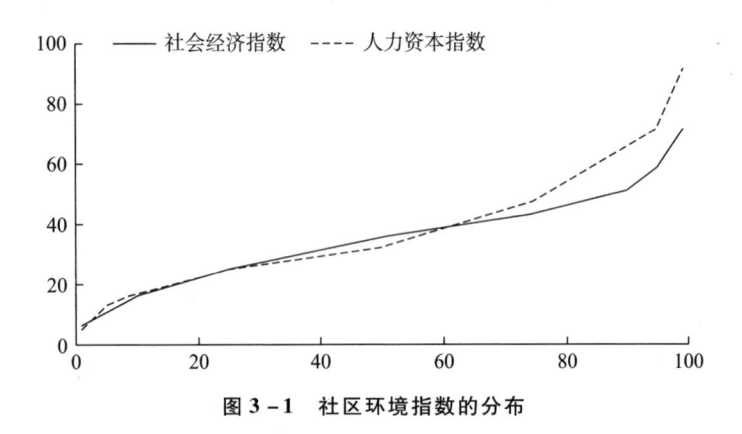

二　学业成就的基本特征

（一）字词成绩

本研究中用来测量学业成就的指标有两个——字词成绩和数学成绩，并且在进行调查时，字词测试和数学测试的测试起点都与被调查儿童当前的教育阶段有关。在这里，笔者结合被调查儿童的教育阶段来描述其字词成绩、数学成绩的基本特征。表 3-2 给出了不同教育阶段的被调查儿童在字词成绩和数学成绩的均值差异。结果显示，被调查儿童的字词成绩会随着其受教育程度的提高而逐步提高，但与数学成绩相比，字词成绩随受教育程度变化的范围不大，幼儿园儿童相比于高中儿童，其字词测试的平均得分只低 1 个标准差。方差检验结果显示，如果进行组间比较，虽然幼儿园儿童、小学儿童、初中儿童和高中儿童的字词成绩均存在显著差异，但是幼儿园儿童和小学儿童的字词成绩的均值差异最小，小学儿童和初中儿童字词成绩的均值差异最大。

表 3－2 学业成就的基本状况

	受教育程度				p 值
	幼儿园	小学	初中	高中	
字词成绩	-0.0737	-0.0246	0.5535	0.9996	0.000
数学成绩	-0.0114	-0.0412	0.9248	1.6524	0.000

（二）数学成绩

就数学成绩而言，被调查儿童的数学成绩也会随其受教育程度的提高而逐步提高，但与字词成绩相比，数学成绩随受教育程度变化的范围更大，幼儿园儿童相比于高中儿童，其数学测试的平均得分低出 1.6 个标准差。方差分析结果也显示，如果进行组间比较，幼儿园儿童、小学儿童、初中儿童和高中儿童的字词成绩仍然存在显著差异，但是幼儿园儿童和小学儿童的数学成绩的平均差异远远低于小学儿童与初中儿童、初中儿童与高中儿童，并且小学儿童与初中儿童的数学测试平均得分差异的变化范围最大，相差约 1 个标准差。

三 学业成就随社区环境指数变化的趋势

根据社区环境指数和被调查儿童的字词成绩、数学成绩，笔者绘制了被调查儿童的测试得分随社区环境指数变化的趋势（见图 3－2）。图 3－2 显示：第一，社区环境指数与被调查儿童的测试成绩呈正相关关系，无论是社区的社会经济指数还是人力资本指数，其取值越大，被调查儿童的测试成绩就越好；第二，社区环境指数对被调查儿童字词成绩和数学成绩的影响存在差异，与社区的人力资本指数相比，社会经济指数对被调查儿童的两项测试得分的影响都较大。以字词成绩为例，社会经济指数从最差变到最好，被调查儿童的字词成绩从 -0.2 变为 0.4，增加了 0.6 个标准差；而人力资本指数从最差变到最好，其字词成绩从 -0.1

变为 0.2 左右。从总体上看，社区环境对儿童的教育发展具有较为正面的影响，社区环境越好，儿童的学业成就也越高。

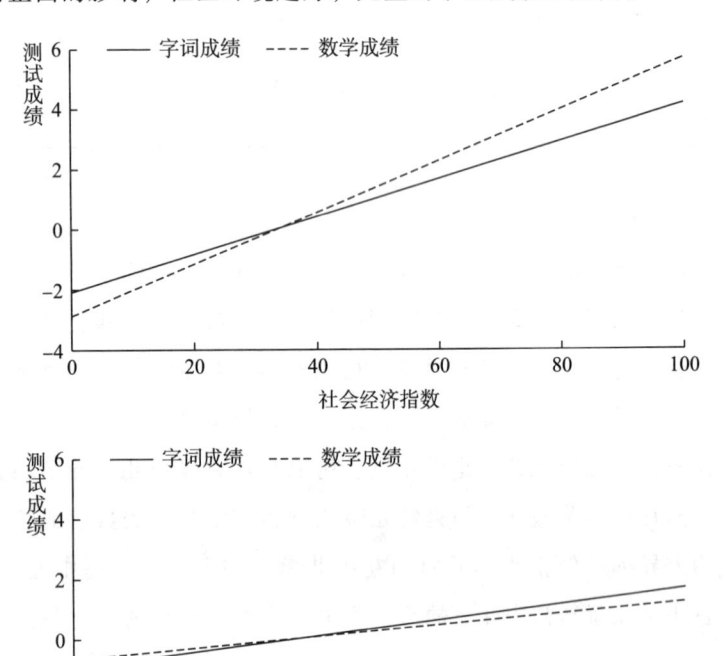

图 3-2　学业成就随社区环境指数变化的趋势

第二节　社区环境对城市儿童字词成绩的影响

虽然社区环境与城市儿童教育发展趋势表明，社区环境对城市儿童的字词成绩和数学成绩具有正向影响，但这一变化趋势是在没有控制其他变量的情况下的结果。在本节和本章第三节，笔者将在控制其他变量的条件下，使用多层线性模型来估计社区环境对城市儿童学业成就的影响，本节主要关注的是社区环境对城市儿童字词成绩的影响。依据国外学业成就的邻里效应研究，社区环境越差，调查对象的学业成就也会越低（Ainsworth，2002；McCulloch，2006；Sampson et al.，2008；Sastry and Pebley，2010）。对于中国城市儿童而言，如果其居住的社区环境越好，则其字词成绩是否越好？具体而言，社区的社会经济环境指数越高，被调查儿童的字词成绩是否越高？社区的人力资本指数越高，被调查儿童的字词成绩是否也越高？

一 社区环境指数对字词成绩的影响

表3-3报告了社区环境指数影响被调查儿童字词成绩的多层线性模型结果。其中，模型1是对儿童字词成绩建立的无条件平均模型，虽然无条件平均模型不包含任何变量，但其结果能提供非常有用的信息。

首先，社区之间的变异、家庭之间的变异和个体之间的变异十分显著，这意味着城市儿童的字词成绩会因社区、家庭和个体而异，社区之间的变异、家庭之间的变异和个体之间的变异是儿童字词成绩存在差异的三个重要来源。因此，有必要将社区、家庭和个体随机变量纳入模型，以便得到更加精确的参数估计。其次，笔者根据社区之间的变异、家庭之间的变异和个体之间的变异，计算出了社区之间的关联度系数、家庭之间的关联度系数和个体之间的关联度系数[①]，用它们来说明因变量能够在多大程度上由社区层面、家庭层面和个体层面的因素所解释。在模型1中，社区之间的关联度系数为0.216、家庭之间的关联度系数为0.188、个

---

① 关联度系数计算公式：$\rho = \dfrac{\tau^2}{\tau_{jk}^2 + \tau_k^2 + \sigma_e^2}$，其中，$\tau_{jk}^2$、$\tau_k^2$、$\sigma_e^2$分别代表社区层次、家庭层次和个体层次的变异值（杨菊华，2012：362）。

体之间的关联度系数为 0.596，这说明被调查儿童字词成绩有 21.6% 的变异来自社区，有 18.8% 的变异来自家庭，有 59.6% 的变异来自儿童个体。

　　模型 2 在模型 1 的基础上加入控制变量和社区的社会经济指数，模型 3 在模型 1 的基础上加入控制变量和社区的人力资本指数，模型 4 是包含所有控制变量、社区的社会经济指数与人力资本指数的全模型。模型 2、模型 3 和模型 4 的回归结果显示，首先，性别、年龄等先天禀赋对被调查儿童的字词成绩具有显著影响，在保持其他条件不变的情况下，男孩比女孩的字词成绩更差，年龄越大的儿童的字词成绩越差。这表明，性别和年龄等先天禀赋对字词成绩的影响并未像工业化理论预测的那样变得不那么重要（Lenski, 1966; Blau and Duncan, 1967; Treiman, 1970）。其次，父亲 ISEI、父母受教育程度、兄弟姐妹数量以及教育期望四个家庭背景因素中，只有兄弟姐妹数量对字词成绩不具有显著影响，这验证了家庭文化资本会显著影响子女的教育机会与结果这一观点（李煜，2006；郝大海，2007；刘精明，2008；吴愈晓，2013b；李春玲，2014；侯利明，2015），也验证了再生产理论在解释中国城市儿童教育机会不平等的有效性（Bourdieu, 1977; Bowles and Gintis, 1976; Carnoy, 1974; Collins, 1971）。最后，3 岁时户口、教育阶段两个制度与结构性因素对被调查儿童的字词成绩都具有显著影响。这与吴愈晓（2013b）的研究结论一致。

　　由模型 2 可知，社区的社会经济指数对被调查儿童的字词成绩产生显著的正面影响，社会经济指数越高，其字词成绩就会越好。并且在模型 2 中，社区之间的关联度系数变为 0.1903，即儿童字词成绩差异有 19.03% 来自社区，这说明社区的社会经济指数能够解释儿童字词成绩由社区因素引发的差异；而模型 3 显示，社区的人力资本指数也会对被调查儿童的字词成绩产生显著的正面影响，人力资本指数越高，其字词成绩就会越好。并且在模型3中，社区之间的关联度系数变为0.1876，即儿童字词成绩差异有18.76%来自社区，这说明社区的人力资本指数也能够解释儿童字词成绩由社区因素引发的差异。

为了确定社区环境指数对字词成绩的影响与作用程度，在模型4中，笔者同时纳入了社区环境的社会经济指数和人力资本指数。从模型4的回归结果来看，其一，社区的社会经济指数与人力资本指数的作用方向与模型2和模型3完全一致，两者对被调查儿童的字词成绩均会产生显著的正面影响；第二，纳入社区的社会经济指数和人力资本指数后，模型的随机效果参数进一步减小，这表明社区环境指数能够解释儿童字词成绩由社区因素引发的差异的份额进一步变大，社区的社会经济环境指数和人力资本指数是社区层面造成被调查儿童字词成绩差异的两个重要因素。因而，社区环境会显著影响被调查儿童字词成绩的假设是成立的。

表3-3 社区环境影响字词成绩的多层线性模型

	模型1	模型2	模型3	模型4
性别（0=女）		-0.099*** (0.035)	-0.102*** (0.035)	-0.101*** (0.035)
民族（0=少数民族）		0.229*** (0.075)	0.243*** (0.074)	0.236*** (0.074)
年龄		-0.024** (0.011)	-0.026** (0.011)	-0.025** (0.011)
3岁时户口（0=城市户口）		-0.081* (0.045)	-0.077* (0.045)	-0.078* (0.045)
父亲ISEI		0.003** (0.002)	0.003** (0.002)	0.003* (0.002)
父母受教育程度		0.058*** (0.006)	0.059*** (0.006)	0.058*** (0.006)
兄弟姐妹数量		-0.046 (0.038)	-0.051 (0.038)	-0.049 (0.038)

续表

	模型 1	模型 2	模型 3	模型 4
教育阶段（0＝幼儿园）				
小学		0.231*** (0.062)	0.221*** (0.062)	0.222*** (0.062)
初中		0.969*** (0.096)	0.983*** (0.096)	0.982*** (0.096)
高中		1.565*** (0.170)	1.592*** (0.169)	1.583*** (0.170)
教育期望（0＝本科及以上）		−0.278*** (0.036)	−0.277*** (0.036)	−0.278*** (0.036)
社会经济指数		0.002* (0.002)		0.002* (0.002)
人力资本指数			0.004*** (0.001)	0.004*** (0.001)
常数项	0.062** (0.030)	−0.542*** (0.159)	−0.636*** (0.159)	−0.689*** (0.165)
社区随机效果	0.325 (0.031)	0.233 (0.026)	0.225 (0.026)	0.223 (0.026)
家庭随机效果	0.283 (0.078)	0.256 (0.053)	0.256 (0.053)	0.256 (0.053)
残差	0.897 (0.027)	0.718 (0.021)	0.718 (0.021)	0.718 (0.021)
AIC	5660.382	4809.021	4800.429	4801.123
BIC	5682.831	4898.818	4890.226	4896.532
N	2023	2023	2023	2023
家庭样本量	1763	1763	1763	1763
社区样本量	293	293	293	293

注：(1) 括号内为标准误；(2) 显著性水平：* $p<0.10$，** $p<0.05$，*** $p<0.001$。

对比模型 1 和模型 4 的随机效果还可以发现，纳入儿童个体特征、家庭背景和社区环境变量以后，社区之间的变异、家庭之间的变异和个体之间的变异均减小了。社区之间的变异由 0.325 降到 0.223，家庭之间的变异由 0.283 降到 0.256，个体之间的变异由 0.897 降到 0.718。这就意味着，模型中社区层次变量大约能够解释被调查儿童字词成绩在社区层次变异的31.38%[①]，家庭层次变量大约能够解释被调查儿童字词成绩在家庭层次变异的9.54%，个体层次变量大约能够解释被调查儿童字词成绩在个体层次变异的19.96%。因此，在模型4中，社区层次变量对被调查儿童字词测试成绩总变异的解释力为0.0678，家庭层次变量对被调查儿童字词测试成绩总变异的解释力为0.0179，个体层次变量对被调查儿童字词测试成绩总变异的解释力为0.1189，即模型4中自变量对被调查儿童字词成绩总的解释力约为0.2046。

二　社区环境与字词成绩关系的稳健性检验

为了检验多层线性模型估计结果的有效性，笔者建立社区环境影响字词测试得分的普通线性回归模型（见表3-4）。其中，模型5是只含被调查儿童个体特征和家庭背景的基准模型，模型6在模型5的基础上加入了社区环境的社会经济指数，模型7在模型5的基础上加入了社区环境的人力资本指数，而模型8是包含所有控制变量、社区的社会经济指数、人力资本指数的全模型。

表3-4　社区环境影响字词成绩的普通线性回归模型

	模型5	模型6	模型7	模型8
性别（0=女）	-0.095** (0.036)	-0.094** (0.036)	-0.099** (0.036)	-0.098** (0.036)
民族（0=少数民族）	0.233*** (0.067)	0.218*** (0.068)	0.261*** (0.067)	0.246*** (0.068)
年龄	-0.029** (0.011)	-0.029** (0.011)	-0.032** (0.011)	-0.031** (0.011)

---

① 计算公式：$\dfrac{\tau_0^2 - \tau_{0j}^2}{\tau_0^2}$，其中 τ_0^2 为无条件平均模型随机变量的变异系数，τ_{0j}^2 为随机截距模型随机变量的变异系数（杨菊华，2012：355）。

续表

	模型5	模型6	模型7	模型8
3岁时户口（0=城市户口）	-0.067 (0.042)	-0.070* (0.042)	-0.064 (0.041)	-0.066 (0.041)
父亲ISEI	0.003** (0.002)	0.003** (0.002)	0.003** (0.002)	0.003** (0.002)
父母受教育程度	0.060*** (0.006)	0.058*** (0.006)	0.061*** (0.006)	0.060*** (0.006)
兄弟姐妹数量	-0.123*** (0.034)	-0.117*** (0.034)	-0.122*** (0.034)	-0.116*** (0.034)
教育阶段（0=幼儿园）				
小学	0.192** (0.064)	0.194** (0.064)	0.180** (0.063)	0.182** (0.063)
初中	1.021*** (0.098)	1.018*** (0.098)	1.040*** (0.098)	1.037*** (0.098)
高中	1.613*** (0.173)	1.596*** (0.174)	1.643*** (0.173)	1.627*** (0.173)
教育期望（0=本科及以上）	-0.267*** (0.037)	-0.268*** (0.037)	-0.267*** (0.037)	-0.268*** (0.037)
社会经济指数		0.002* (0.001)		0.002* (0.001)
人力资本指数			0.004*** (0.001)	0.004*** (0.001)
常数项	-0.430** (0.148)	-0.486** (0.151)	-0.602*** (0.153)	-0.652*** (0.156)
N	2023	2023	2023	2023
adj. R^2	0.358	0.359	0.363	0.364

注：（1）括号内为标准误；（2）显著性水平：* $p<0.10$，** $p<0.05$，*** $p<0.001$。

对比表3-3和表3-4中的回归结果可以发现，普通线性回归模型与多层线性模型的估计结果较为一致。相似的是性别、年龄等先天禀赋对被调查儿童的字词成绩同样具有显著影响，在保持其他条件不变的情况下，男孩比女孩的字词成绩更差，年龄越大的儿童的字词成绩越差。不同的是，父亲ISEI、父母受教育程度、兄弟姐妹数量以及教育期望四个家庭背景因素对被调查儿童的字词成绩均具有显著影响。另一个重要的不同是，3岁时户口这一制度和结构性因素对被调查儿童的字词成绩不再具有显著影响。

而社区环境对被调查儿童字词成绩的影响和作用程度基本一致，在控制其他变量的条件下，社区的社会经济指数和人力资本指数均会对被调查儿童的字词成绩产生显著的正面影响；保持其他因素不变，社区的社会经济指数每增加1分，被调查儿童的字词成绩就会显著提高0.002个标准差；而社区的人力资本指数每增加1分，被调查儿童的字词成绩就会显著提高0.004个标准差。对比普通线性回归模型与多层线性模型其他变量的回归系数，我们可以发现普通线性回归模型的系数稍大，这意味着多层线性模型的估计结果更为精确。同时，从模型的决定系数来看，在被调查儿童字词成绩的多层线性模型（模型4）中，自变量对其学习成绩总的解释能力约为0.2046；而被调查儿童字词成绩普通线性模型（模型8）的决定系数为0.364。与多层线性模型相比，普通线性回归模型对被调查儿童字词成绩总变异的解释力更高，但这也存在更高的高估风险。因此，使用多层线性模型分析被调查儿童字词成绩的影响因素是非常合适的。

第三节 社区环境对城市儿童数学成绩的影响

一 社区环境指数对数学成绩的影响

表3-5报告了社区环境指数影响中国城市儿童数学成绩的多层线性模型结果。其中，模型9是对儿童数学测试得分建立的无条件平均模型。首先，社区之间的变异、家庭之间的变异和个体之间的变异十分显著，这表明城市儿童的数学成绩会因社区、

家庭和个体而异，社区之间的变异、家庭之间的变异和个体之间的变异是儿童数学成绩差异的三个重要来源，因此，有必要将社区、家庭和个体随机变量纳入模型，以便得到更加精确的参数估计。其次，笔者根据社区之间的变异、家庭之间的变异和个体之间的变异，计算出了社区之间的关联度系数、家庭之间的关联度系数和个体之间的关联度系数，用它们来说明因变量能够在多大程度上由社区层面、家庭层面和个体层面的因素所解释。在模型9中，社区之间的关联度系数为0.1968、家庭之间的关联度系数为0.1064、个体之间的关联度系数为0.6968，这说明儿童数学成绩有19.68%的变异来自社区，有10.64%的变异来自家庭，有69.68%的变异来自儿童个体。

模型10在模型9的基础上，加入了控制变量和社区的社会经济指数，模型11在模型9的基础上加入了控制变量和社区的人力资本指数，模型12是包含所有控制变量、社区的社会经济指数、人力资本指数的全模型。模型10、模型11和模型12的回归结果显示，首先，性别、年龄等先天禀赋对被调查儿童的数学成绩具有显著影响，在保持其他条件不变的情况下，男孩比女孩的数学成绩更好，年龄越大的儿童的数学成绩越差。这表明性别和年龄等先天禀赋对数学成绩的影响并未像工业化理论预测的那样变得不那么重要（Lenski，1966；Blau and Duncan，1967；Treiman，1970）。其次，父亲ISEI、父母受教育程度、兄弟姐妹数量以及教育期望四个家庭背景因素都对数学成绩有显著影响，父母受教育程度的影响再一次验证了家庭文化资本会显著影响子女的教育机会与结果（李煜，2006；郝大海，2007；刘精明，2008；吴愈晓，2013b；李春玲，2014；侯利明，2015），也验证了再生产理论在解释中国儿童教育机会不平等时的有效性（Bourdieu，1977；Bowles and Gintis，1976；Carnoy，1974；Collins，1979）。但是，3岁时户口对被调查儿童的数学成绩不再具有显著影响，而教育阶段对被调查儿童的数学成绩仍具有显著影响，与幼儿园儿童相比，处于小学、初中和高中阶段的儿童的数学成绩均显著更高。

由模型 10 可知，社区的社会经济指数会对被调查儿童的数学成绩产生正面影响，社会经济指数越高，其数学成绩就会越好。并且在模型 10 中，社区之间的关联度系数变为 0.1878，即儿童数学成绩差异有 18.78% 来自社区，这说明社区的社会经济指数能够解释儿童数学测试成绩由社区因素引发的差异。而模型 11 显示，社区的人力资本指数也会对被调查儿童的数学成绩产生正面影响，人力资本指数越高，其数学成绩就会越好。并且在模型 11 中，社区之间的关联度系数变为 0.1919，即儿童数学成绩差异还有 19.19% 来自社区，这说明社区的人力资本指数也能够解释儿童数学成绩由社区因素引发的差异。

在模型 12 中，笔者同时纳入了社区环境的社会经济指数和人力资本指数。从模型 12 的回归结果来看，其一，社区的社会经济指数与人力资本指数的作用方向与模型 10 和模型 11 完全一致，两者对被调查儿童的数学成绩均会产生显著的正面影响；其二，纳入社区的社会经济指数和人力资本指数后，模型的随机效果参数进一步减小，这表明社区环境指数能够解释儿童数学测试成绩由社区因素引发的差异进一步变大，社区的社会经济环境指数和人力资本指数是社区层面造成被调查儿童数学成绩差异的两个重要因素。因而，社区环境会显著影响被调查儿童数学成绩的假设也是成立的。

表 3-5　社区环境指数影响数学成绩的多层线性模型

	模型 9	模型 10	模型 11	模型 12
性别（0 = 女）		0.065 ** (0.033)	0.061 * (0.033)	0.063 * (0.033)

续表

	模型 9	模型 10	模型 11	模型 12
民族（0 = 少数民族）		0.185***	0.208***	0.193***
		(0.070)	(0.070)	(0.069)
年龄		-0.038***	-0.039***	-0.039***
		(0.010)	(0.010)	(0.010)
3岁时户口（0 = 城市户口）		-0.056	-0.050	-0.054
		(0.042)	(0.042)	(0.042)
父亲 ISEI		0.003**	0.003**	0.003**
		(0.001)	(0.001)	(0.001)
父母受教育程度		0.034***	0.036***	0.035***
		(0.006)	(0.006)	(0.006)
兄弟姐妹数量		-0.056	-0.060*	-0.057*
		(0.035)	(0.035)	(0.034)
教育阶段（0 = 幼儿园）				
小学		0.239***	0.231***	0.232***
		(0.060)	(0.060)	(0.059)
初中		1.232***	1.244***	1.242***
		(0.091)	(0.091)	(0.091)
高中		1.935***	1.968***	1.950***
		(0.162)	(0.162)	(0.162)
教育期望（0 = 本科及以上）		-0.286***	-0.284***	-0.286***
		(0.035)	(0.035)	(0.035)
社会经济指数		0.004***		0.004***
		(0.002)		(0.002)
人力资本指数			0.003***	0.003***
			(0.001)	(0.001)
常数项	0.041	-0.346**	-0.356**	-0.459***
	(0.028)	(0.149)	(0.150)	(0.155)
社区随机效果	0.268	0.191	0.195	0.184
	(0.032)	(0.027)	(0.027)	(0.027)
家庭随机效果	0.145	0.103	0.098	0.101
	(0.192)	(0.137)	(0.144)	(0.139)
残差	0.949	0.723	0.723	0.723
	(0.032)	(0.022)	(0.022)	(0.022)
AIC	5705.457	4611.740	4611.352	4606.855

续表

	模型9	模型10	模型11	模型12
BIC	5727.906	4701.537	4701.149	4702.265
N	2023	2023	2023	2023
家庭样本量	1763	1763	1763	1763
社区样本量	293	293	293	293

注：（1）括号内为标准误；（2）显著性水平：$^{*}p<0.10$，$^{**}p<0.05$，$^{***}p<0.001$。

此外，对比模型9和模型12的随机效果部分可以发现，纳入儿童个体特征、家庭特征和社区环境变量以后，社区之间的变异、家庭之间的变异和个体之间的变异均减小了。社区之间的变异由0.268降到0.184，家庭之间的变异由0.145降到0.101，个体之间的变异由0.949降到0.723。这就意味着，模型中社区层次变量大约能够解释被调查儿童数学成绩在社区层次变异的31.34%，家庭层次变量大约能够解释被调查儿童数学成绩在家庭层次变异的30.34%，个体层次变量大约能够解释被调查儿童数学成绩在个体层次变异的23.81%。因此，在模型12中，社区层次变量对被调查儿童数学成绩总变异的解释力为0.0617，家庭层次变量对被调查儿童数学成绩总变异的解释力为0.0322，个体层次变量对被调查儿童数学成绩总变异的解释力为0.1659，即模型12中自变量对被调查儿童数学成绩总的解释力约为0.2598。

二 社区环境与数学成绩关系的稳健性检验

表3-6给出了社区环境影响城市儿童数学测试成绩的普通线性回归模型。其中，模型13是只含被调查儿童个体特征和家庭特征的基准模型，模型14在模型13的基础上加入了社区环境的社会经济指数，模型15在模型13的基础上加入了社区环境的人力资本指数，而模型16是包含所有控制变量、社区的社会经济指数、人力资本指数的全模型。

对比表 3-5 和表 3-6 中的回归结果可以发现，普通线性回归模型与多层线性模型的估计结果较为一致。首先，性别、年龄等先天禀赋对被调查儿童的数学成绩同样具有显著影响，在保持其他条件不变的情况下，男孩比女孩的数学成绩更好，年龄越大的儿童的数学成绩越差。其次，父亲 ISEI、父母受教育程度、兄弟姐妹数量以及教育期望四个家庭背景因素都对被调查儿童的数学成绩有显著影响，保持其他条件不变，父亲 ISEI、父母受教育程度和教育期望都会对被调查儿童的数学成绩产生显著的正向影响，而兄弟姐妹数量越多，被调查儿童的数学成绩就越差。这些结果与表 3-5 的研究结果相一致，再次表明再生产理论和资源稀释理论在解释被调查儿童数学成绩差异时具有一定有效性。此外，3 岁时户口对被调查儿童的数学成绩不再具有显著影响，而教育阶段对被调查儿童的数学成绩仍具有显著影响，与幼儿园儿童相比，处于小学、初中和高中阶段的儿童的数学成绩均会显著更高。

表 3-6 社区环境影响数学成绩的普通线性回归模型

	模型 13	模型 14	模型 15	模型 16
性别（0=女）	0.067**	0.070**	0.064*	0.067**
	(0.034)	(0.034)	(0.034)	(0.034)
民族（0=少数民族）	0.213***	0.184**	0.233***	0.204**
	(0.064)	(0.064)	(0.064)	(0.064)
年龄	-0.042***	-0.041***	-0.043***	-0.043***
	(0.010)	(0.010)	(0.010)	(0.010)
3 岁时户口（0=城市户口）	-0.056	-0.061	-0.054	0.059
	(0.039)	(0.039)	(0.039)	(0.039)
父亲 ISEI	0.004**	0.003**	0.004**	0.003**
	(0.001)	(0.001)	(0.001)	(0.001)
父母受教育程度	0.035***	0.032***	0.035***	0.033***
	(0.006)	(0.006)	(0.006)	(0.006)
兄弟姐妹数量	-0.111***	-0.099**	-0.110***	-0.098**
	(0.032)	(0.032)	(0.032)	(0.032)

续表

	模型 13	模型 14	模型 15	模型 16
教育阶段（0＝幼儿园）				
小学	0.217*** （0.060）	0.221*** （0.060）	0.208*** （0.060）	0.211*** （0.060）
初中	1.263*** （0.093）	1.257*** （0.092）	1.277*** （0.093）	1.271*** （0.092）
高中	1.976*** （0.164）	1.944*** （0.164）	1.998*** （0.164）	1.966*** （0.164）
教育期望（0＝本科及以上）	−0.282*** （0.035）	−0.286*** （0.035）	−0.283*** （0.035）	−0.286*** （0.035）
社会经济指数		0.004*** （0.001）		0.004*** （0.001）
人力资本指数			0.003** （0.001）	0.003** （0.001）
常数项	−0.185 （0.140）	−0.289** （0.143）	−0.308** （0.146）	−0.406** （0.148）
N	2023	2023	2023	2023
adj. R^2	0.423	0.427	0.426	0.429

注：（1）括号内为标准误；（2）显著性水平：$^*p<0.10$，$^{**}p<0.05$，$^{***}p<0.001$。

而社区环境对被调查儿童数学成绩的影响和作用程度基本一致，在控制其他变量的条件下，社区的社会经济指数和人力资本指数均会对被调查儿童的数学成绩产生显著的正面影响。保持其他因素不变，社区的社会经济指数每增加 1 分，被调查儿童的数学成绩就会显著提高 0.004 个标准差；而社区的人力资本指数每增加 1 分，被调查儿童的数学成绩就会显著提高 0.003 个标准差。同样的，对比普通线性回归模型与多层线性模型的回归系数，我们可以发现普通线性回归模型的系数稍大，这意味着多层线性模型估计结果更为精确。此外，从模型的决定系数来看，在被调查儿童数学成绩的多层线性模型（模型 12）中，自变量对被调查儿童数学成绩总的解释力约为 0.2598；而被调查儿童数学成绩普通线性回归模型（模型 16）的决定系数为 0.429。与多层线性模型相比，普通线性回归模型对被调查儿童数学成绩总变异的解释力更高，但这也存在更高的高估风险。因此，使用多层线性模型分析被调查儿童数学成绩的影响因素也是非常合适的。

第四节 社区类型对城市儿童字词成绩和数学成绩的影响

虽然社区的社会经济指数和人力资本指数直观地表示了社区环境的好坏，但是在人们的现实生活中习惯了二分地看待社会现象。就社区环境对学业成就的影响而言，人们可能更想要知道社区环境好与社区环境差对被调查儿童的学业成就有什么样的影响。因此，在这小节，笔者就依据社区的社会经济指数和人力资本指数，对社区进行类型学的划分，然后再分别探讨不同社区类型对被调查儿童字词成绩和数学成绩的影响。

一 社区类型的划分

笔者依据社会经济指数是否大于等于均值、人力资本指数是否大于等于均值，将社区划分为四大类型，即社会经济指数低的社区、社会经济指数高的社区、人力资本指数低的社区和人力资本指数高的社区，分类结果详见表3-7。社会经济指数越高，表示社区环境越好；人力资本指数越高，表示社区环境越好。如果按社会经济指数的高低来判断社区环境好坏的话，那么在环境较好的社区生活的调查对象占52.55%，在环境较差的社区生活的调查对象占47.45%；如果按人力资本指数的高低来判断社区环境好坏的话，那么在环境较好的社区生活的调查对象占42.51%，在环境较差的社区生活的调查对象占57.49%。

表 3-7 社区类型划分

		人力资本指数		合计
		低	高	
社会经济指数	低	26.64%	20.81%	47.45%
	高	30.85%	21.70%	52.55%
合计		57.49%	42.51%	100%

表3-7的结果还显示，如果根据社会经济指数和人力资本指数的组合来划分社区类型的话，可以将社会经济指数低和人力资本指数低的社区划为一类，表示社区环境最差的社区；将社会经济指数高和人力资本指数高的社区划为一类，表示社区环境最好的社区；将社会经济指数高和人力资本指数低的社区划为一类，将社会经济指数低和人力资本指数高的社区划为一类，由于这两种类别都表示社区环境一般的社区，因而，笔者将其合并。这样，笔者就将社区划分为三种类型：环境较差的社区、环境一般的社区、环境较好的社区。本章采用这三种社区类型进行研究，而不采用社会经济指数高的社区、社会经济指数低的社区，或人力资本指数高的社区、人力资本指数低的社区进行研究。这是因为如果按社会经济指数高低、人力资本指数高低划分，社区类型存在样本重叠的情况，可能会影响研究结果的正确性。

从表3-7的结果来看，在环境较差的社区生活的调查对象占26.64%，在环境较好的社区生活的调查对象占21.70%，在环境一般社区生活的调查对象最多，占51.66%。由于在现实社会中生活在环境较好和较差的社区的人数都较少，而绝大多数人都生活在环境一般的社区，所以社区类型的分布较好地体现了真实的社会情形。

二 社区类型对字词成绩的影响

表3-8报告了社区类型对字词测试成绩影响的多层线性模

型结果。其中，模型17、模型18和模型19要探讨的是在控制其他变量的条件下，社区环境较差、社区环境一般和社区环境较好对被调查儿童字词成绩的影响，模型20要探讨的是与社区环境较差相比，社区环境一般和社区环境较好是否有助于被调查儿童获取更好的字词成绩。

第一，社区环境较差对字词成绩的影响。本章第二节已经表明社区的社会经济指数越高，被调查儿童的字词成绩就会越好；人力资本指数越高，被调查儿童的字词成绩也会越好，那么，由社会经济指数低和人力资本指数低构成的环境较差的社区就有可能会对被调查儿童的字词成绩造成负面影响。为了验证这个问题，在模型17中，笔者比较了社区环境较差和其他社区环境类别（社区环境一般和社区环境较好）对被调查儿童字词成绩的影响。模型17的回归结果显示，保持其他变量不变，在环境较差的社区生活的被调查儿童的字词成绩的确会比其他社区（社区环境一般和社区环境较好）的被调查儿童的字词成绩显著更低，与生活在环境一般和环境较好的社区的儿童相比，那些生活在环境较差的社区的被调查儿童的字词成绩会低出0.147个标准差。

第二，社区环境一般对字词成绩的影响。由模型18的结果可知，在保持其他条件不变的情况下，社区环境一般的被调查儿童会比其他社区（社区环境较差和社区环境较好）的被调查儿童的字词成绩显著更好，如果被调查儿童生活的社区环境一般，则其字词成绩会比其他被调查儿童高出0.083个标准差。与模型17相比，社区环境对被调查儿童字词成绩的影响由负向变为正向，这意味着社区环境的改善的确能够提高被调查儿童的字词成绩。

第三，社区环境较好对字词成绩的影响。模型19的结果显示，在保持其他条件不变的情况下，社区环境较好的被调查儿童与其他社区（社区环境较差和社区环境一般）的被调查儿童的字词成绩没有显著差异。产生这一结果的原因可能是社区环境一般的被调查儿童的字词成绩与社区环境较好的被调查儿童的字词成绩的差异较小，从而抵消了社区环境进一步改善可能产生的差异。从模型19的回归也可以看到社区环境较好的被调查儿童的字词成绩与其他社区（社区环境较差和社区环境一般的被调查）儿童字词成绩的平均差异并不太大。

第四，社区类型对字词成绩的影响。从模型17、模型18和模型19中可以看到社区环境越好，被调查儿童的字词成绩可能会更好的变化趋势，但是这三个模型只能简单地比较每个模型回归系数的大小，而不能对系数大小进行差异性检验。因此，在模型20中，笔者以社区环境较差作为参照组，进一步探讨了社区环境对被调查儿童字词成绩的影响。回归结果显示，在控制其他变量的情况下，与社区环境较差的被调查儿童相比，社区环境一般和社区环境较好的被调查儿童的字词成绩均显著更高。如果被调查儿童生活的社区环境一般，那么其字词成绩会比那些社区环境较差的被调查儿童的字词成绩高出0.148个标准差；如果被调查儿童生活的社区环境较好，则其字词成绩会比那些社区环境较差的被调查儿童的字词成绩高出0.144个标准差。

由此可见，不同环境状况的社区的确会显著影响被调查儿童的字词成绩。这一研究发现与本章第二节中社区环境对字词成绩的影响是一致的，即社区环境越好，被调查儿童的字词成绩就会越好。不仅如此，就字词成绩的影响因素而言，表3-8中各模型的控制变量对被调查儿童字词成绩的影响也与表3-3基本一致，性别、民族、年龄、3岁时户口、父亲ISEI、父母受教育程度、教育期望以及被调查儿童的教育阶段对其字词成绩的影响均具有统计显著性，只有兄弟姐妹数量对被调查儿童的字词成绩没有显著影响。

表3-8 社区类型对字词成绩影响的多层线性模型

	模型17	模型18	模型19	模型20
性别（0=女）	-0.100*** (0.035)	-0.101*** (0.035)	-0.099*** (0.035)	-0.100*** (0.035)
民族（0=少数民族）	0.240*** (0.074)	0.247*** (0.075)	0.230*** (0.075)	0.240*** (0.074)
年龄	-0.024** (0.011)	-0.024** (0.011)	-0.024** (0.011)	-0.024** (0.011)
3岁时户口（0=城市户口）	-0.078* (0.045)	-0.079* (0.045)	-0.079* (0.045)	-0.078* (0.045)
父亲ISEI	0.003** (0.002)	0.003** (0.002)	0.003** (0.002)	0.003** (0.002)
父母受教育程度	0.058*** (0.006)	0.058*** (0.006)	0.058*** (0.006)	0.058*** (0.006)
兄弟姐妹数量	-0.050 (0.038)	-0.049 (0.038)	-0.048 (0.038)	-0.050 (0.038)
教育阶段（0=幼儿园）				
小学	0.227*** (0.062)	0.231*** (0.062)	0.229*** (0.062)	0.227*** (0.062)
初中	0.973*** (0.096)	0.967*** (0.096)	0.973*** (0.096)	0.973*** (0.096)
高中	1.566*** (0.170)	1.565*** (0.170)	1.577*** (0.170)	1.566*** (0.170)
教育期望（0=本科及以上）	-0.278*** (0.036)	-0.277*** (0.036)	-0.278*** (0.036)	-0.278*** (0.036)
社区环境较差（0=否）	-0.147*** (0.052)			
社区环境一般（0=否）		0.083* (0.046)		0.148*** (0.055)
社区环境较好（0=否）			0.046 (0.056)	0.144** (0.066)
常数项	-0.441*** (0.152)	-0.540*** (0.155)	-0.487*** (0.152)	-0.589*** (0.156)
社区随机效果	0.226 (0.027)	0.233 (0.027)	0.234 (0.027)	0.226 (0.027)
家庭随机效果	0.255 (0.054)	0.254 (0.054)	0.254 (0.054)	0.255 (0.054)

续表

	模型17	模型18	模型19	模型20
残差	0.719 (0.022)	0.719 (0.022)	0.718 (0.022)	0.719 (0.022)
AIC	4802.529	4807.223	4809.750	4804.525
BIC	4892.326	4897.020	4899.547	4899.935
N	2023	2023	2023	2023
家庭样本量	1763	1763	1763	1763
社区样本量	293	293	293	293

注：(1) 括号内为标准误；(2) 显著性水平：$^*p<0.10$，$^{**}p<0.05$，$^{***}p<0.001$。

对比模型1和模型20的随机效果部分可以发现，社区之间的变异由0.325降到0.226，家庭之间的变异由0.283降到0.255，个体之间的变异由0.897降到0.719。这与模型4中的变化非常接近，表明将社区环境指数按类型进行划分的社区类型仍然能够很好地代表社区环境测量它对被调查儿童字词成绩的影响。根据估计结果，模型20中社区类型变量大约能够解释被调查儿童字词成绩在社区层次变异的30.46%，家庭层次变量大约能够解释被调查儿童字词成绩在家庭层次变异的9.89%，个体层次变量大约能够解释被调查儿童字词成绩在个体层次变异的19.84%。因此，在模型20中，社区层次变量对被调查儿童字词成绩总变异的解释力为0.0658，家庭层次变量对被调查儿童字词成绩总变异的解释力为0.0186，个体层次变量对被调查儿童字词成绩总变异的解释力为0.1182，即模型20中自变量对被调查儿童字词成绩总的解释力约为0.2026。

三 社区类型对数学成绩的影响

表3-9报告了社区类型对数学成绩影响的多层线性模型结果。其中，模型21、模型22和模型23要探讨的是在控制其他变量的条件下，社区环境较差、社区环境一般和社区环境较好对被

调查儿童数学成绩的影响，模型 24 要探讨的是与社区环境较差相比，社区环境一般和社区环境较好是否有助于被调查儿童获取更好的数学成绩。

第一，社区环境较差对数学成绩的影响。本章第三节研究表明社区的社会经济指数越高，被调查儿童的数学成绩就会越好；人力资本指数越高，被调查儿童的数学成绩也会越高，那么，由社会经济指数低和人力资本指数低构成的环境较差的社区就有可能会对被调查儿童的数学成绩造成负面影响。在模型 21 中，笔者对该问题进行了检验，比较了社区环境较差和其他社区环境类别（社区环境一般和社区环境较好）对被调查儿童数学成绩的影响。模型 21 的回归结果显示，在保持其他变量不变的情况下，在环境较差的社区生活的被调查儿童的数学成绩的确会比其他社区（社会环境一般和社会环境较好）的被调查儿童的数学成绩显著更差，与其他社区的被调查儿童相比，那些生活在环境较差的社区中的被调查儿童的数学成绩会低出 0.128 个标准差。

表 3-9　社区类型对数学成绩影响的多层线性模型

	模型 21	模型 22	模型 23	模型 24
性别（0 = 女）	0.063 * (0.033)	0.062 * (0.033)	0.064 * (0.033)	0.062 * (0.033)
民族（0 = 少数民族）	0.205 *** (0.069)	0.211 *** (0.070)	0.195 *** (0.070)	0.206 *** (0.070)
年龄	-0.038 *** (0.010)	-0.038 *** (0.010)	-0.038 *** (0.010)	-0.038 *** (0.010)
3 岁时户口（0 = 城市户口）	-0.051 (0.042)	-0.052 (0.042)	-0.052 (0.042)	-0.051 (0.042)
父亲 ISEI	0.003 ** (0.001)	0.003 ** (0.001)	0.003 ** (0.001)	0.003 ** (0.001)
父母受教育程度	0.035 *** (0.006)	0.036 *** (0.006)	0.036 *** (0.006)	0.035 *** (0.006)
兄弟姐妹数量	-0.060 * (0.035)	-0.060 * (0.035)	-0.059 * (0.035)	-0.060 * (0.035)

续表

	模型 21	模型 22	模型 23	模型 24
教育阶段（0 = 幼儿园）				
小学	0.235*** (0.059)	0.239*** (0.060)	0.237*** (0.060)	0.235*** (0.060)
初中	1.236*** (0.091)	1.231*** (0.091)	1.236*** (0.091)	1.236*** (0.091)
高中	1.946*** (0.162)	1.944*** (0.162)	1.956*** (0.162)	1.945*** (0.162)
教育期望（0 = 本科及以上）	-0.285*** (0.035)	-0.284*** (0.035)	-0.285*** (0.035)	-0.285*** (0.035)
社区环境较差（0 = 否）	-0.128*** (0.047)			
社区环境一般（0 = 否）		0.074* (0.042)		0.130*** (0.050)
社区环境较好（0 = 否）			0.038 (0.051)	0.124** (0.060)
常数项	-0.200 (0.143)	-0.289** (0.146)	-0.239* (0.143)	-0.329** (0.147)
社区随机效果	0.193 (0.027)	0.200 (0.027)	0.200 (0.027)	0.193 (0.027)
家庭随机效果	0.101 (0.139)	0.094 (0.150)	0.101 (0.139)	0.101 (0.140)
残差	0.723 (0.022)	0.724 (0.022)	0.723 (0.022)	0.723 (0.022)
AIC	4611.113	4615.284	4617.771	4613.104
BIC	4700.910	4705.081	4707.568	4708.513
N	2023	2023	2023	2023
家庭样本量	1763	1763	1763	1763
社区样本量	293	293	293	293

注：（1）括号内为标准误；（2）显著性水平：* $p<0.10$，** $p<0.05$，*** $p<0.001$。

第二，社区环境一般对数学成绩的影响。由模型 22 的结果可知，在保持其他条件不变的情况下，在环境一般社区生活的被调查儿童会比其他社区（社区环境较差和社区环境较好）的被调查儿童的数学成绩显著更好，如果被调查儿童生活的社区环境一般，其数学成绩将会比其他社区（社会环境较差和社会环境较好）的被调查儿童的数学成绩高出 0.074 个标准差。与模型 21 相比，社区环境对被调查儿童数学成绩的影响由负向变为正向，这意味着社区环境的改善的确能够提高被调查儿童的数学成绩。

第三，社区环境较好对数学成绩的影响。模型 23 的结果显示，在保持其他条件不变的情况下，在环境较好社区生活的被调查儿童与其他社区（社区环境较差和社区环境一般）的被调查儿童的数学成绩没有显著差异。产生这一结果的原因可能是社区环境一般的被调查儿童的数学成绩与社区环境较好的被调查儿童的数学成绩的差异较小，从而抵消了社区环境进一步改善可能产生的差异。从模型 23 的回归也可以看到社区环境较好的被调查儿童的数学成绩与其他社区（社会环境较差和社区环境一般）的被调查儿童数学成绩的平均差异仅有 0.038 个标准差。

第四，社区类型对数学成绩的影响。从模型 21、模型 22 和模型 23 中虽然可以看到社区环境越好，被调查儿童的数学成绩就可能会更好的变化趋势，但是这三个模型只能简单地比较每个模型回归系数的大小，而不能对系数大小进行差异性检验。因此，在模型 24 中，笔者以社区环境较差为参照组，进一步探讨了社区环境对被调查儿童数学成绩的影响。回归结果显示，在控制其他变量的情况下，与社区环境较差的被调查儿童相比，社区环境一般和社区环境较好的被调查儿童的数学成绩均显著更高。如果被调查儿童生活的社区环境一般，那么其数学成绩会比那些社区环境较差的被调查儿童高出 0.130 个标准差；如果被调查对象生活的社区环境较好，则其数学成绩会比那些社区环境较差的被调查儿童高出 0.124 个标准差。

因此，不同环境状况的社区的确会显著影响被调查儿童的数学成绩，这一研究发现与本章第三节社区环境对数学成绩的影响是一致的，即社区环境越好，被调查儿童的数学成绩就会越好。

不仅如此，表3-9中各模型的控制变量对被调查儿童数学成绩的影响也与表3-6基本一致，性别、年龄、父亲ISEI、父母受教育程度、兄弟姐妹数量、教育期望以及被调查儿童的教育阶段对其数学成绩的影响均具有统计显著性，而只有3岁时户口对被调查儿童的数学成绩没有显著影响。此外，对比模型9和模型24的随机效果部分可以发现，纳入儿童个体特征、家庭背景和社区环境变量以后，社区之间的变异、家庭之间的变异和个体之间的变异均减小了。社区之间的变异由0.268降到0.193，家庭之间的变异由0.145降到0.101，个体之间的变异由0.949降到0.723。就社区类型对被调查儿童数学成绩的影响而言，纳入的社区类型变量大约能够解释被调查儿童数学测试成绩在社区层次变异的27.98%，所以，模型24中，社区类型变量对被调查儿童数学成绩总变异的解释力为0.0617。

第五节 本章小结

本章从邻里效应的空间维度探讨了什么样的社区环境会有助于中国城市儿童获得更高的学业成就，使用社区的社会经济指数和人力资本指数来测量社区环境，以字词成绩和数学成绩作为学业成就的测量指标，结果发现：被调查儿童生活的社区环境越好，其字词成绩和数学成绩也会越好。具体而言，本章有以下研究发现。

第一，城市社区的异质性正在凸显。无论是以社区的社会经济指数还是人力资本指数，抑或是两者构建的社区类型作为衡量标准，都可以看到计划经济时代遗留下来的同质性社区已得到较大程度的改变，城市社区正在朝着异质性方向发展。当以社会经济指数或者人力资本指数作为衡量标准时，城市儿童生活社区的环境指数分布广泛，从最低的0到最高的100都占有一定的比例，即便是人数占比最多的环境一般的社区类别也分别居住着约65%和45%的城市儿童;当以社区类型作为衡量标准时,居住在环境较差的社区中的城市儿童的占比达到26.64%,居住在环境较好的社区中的城市儿童的占比达到21.70%,而居住在环境一般的社区中的城市儿童占比约51.66%。这表明,城市社区的社会经济环境虽然产生了一定程度的分化,但没有出现较为严重的城市空间极化的状况。

第二,社区环境对被调查儿童的字词成绩具有显著影响。当以社区的社会经济指数和人力资本指数作为社区环境的测量指标时,社区环境对被调查儿童的字词成绩会产生显著的正面影响。结果表明,社区的社会经济指数越高,被调查儿童的字词成绩会越好;社区的人力资本指数越高,被调查儿童的字词成绩也会越好;社区的社会经济指数和人力资本指数能够解释被调查儿童字词成绩在社区层面变异的31.38%。当将社区的社会经济指数和人力资本指数构建的社区类型作为社区环境的测量指标时,社区环境仍然对被调查儿童的字词成绩产生显著的正面影响。与环境较差社区中的被调查儿童相比,环境一般和环境较好社区中的被调查儿童的字词成绩也会显著更好,并且社区类型变量能够解释被调查儿童字词成绩在社区层次变异的比例达到30.46%。

第三,社区环境对调查儿童的数学成绩具有显著影响。当以社区的社会经济指数和人力资本指数作为社区环境的测量指标时,社区环境对被调查儿童的数学成绩会产生显著的正面影响。结果表明,社区的社会经济指数越高,被调查儿童的数学成绩会越高;社区的人力资本指数越高,被调查儿童的数学成绩也会越高;社区的社会经济指数和人力资本指数能够解释被调查儿童数学成绩在社区层面变异的31.34%。当将社区社会经济指数和人力资本指数构建的社区类型作为社区环境的测量指标时,社区环境仍然对被调查儿童的数学成绩产生显著的正面影响。与环境较差社区中的被调查儿童相比，环境一般和环境较好社区中的被调查儿童的数学成绩也会显著更好，并且社区类型变量能够解释被调查儿童数学成绩在社区层次变异的比例达到 27.98%。因而，社区环境会显著影响被调查儿童的学业成就这一研究假设是成立的，邻里效应理论是解释中国城市儿童字词成绩和数学成绩差异的一种重要视角。

第四章　社区环境与学业成就：邻里效应的群体异质性

在第三章，笔者从邻里效应的空间维度探讨了社区环境与城市儿童字词成绩和数学成绩之间的关系，研究发现社区环境会显著影响被调查儿童的教育发展，并且在保持其他因素不变的情况下，被调查儿童的性别等先天禀赋也会对其字词成绩和数学成绩产生显著影响。那么，生活在同一社区环境中的被调查儿童是否也会因为这些先天禀赋的差异而产生学业成就的差异呢？在本章，笔者将对学业成就的性别差异进行专门探讨。之所以着重关注性别群体异质性，主要原因是尽管中国居民教育机会与结果的性别差异呈现平等化的趋势，但是教育机会与结果的性别不平等仍然存在，在相似的社区环境中不同性别的学业成就差异是一个值得进一步探讨的问题。

目前，学者们对性别与教育获得的研究主要集中于两个议题：一是导致教育获得性别平等化趋势的原因；二是检验教育获得的性别不平等是否存在群体异质性，即教育获得的性别不平等是否会因为家庭背景和户籍身份而有所不同（吴愈晓，2012）。本章的研究与第二个议题相似，但与以往研究不同的是，本研究想要探讨的不是"教育获得的性别不平等是否会因为家庭背景和户籍身份而有所不同"，而是"学业成就的性别不平等是否会因为社区环境状况而有所不同"。同时，为了更详尽地了解学业成就的性别不平等随社区环境状况的变化情况，笔者首先采用社区的社会经济指数和人力资本指数作为社区环境状况的测量指标，然后使用两个指标构建的社区类型作为社区环境的测量指标，以检验被调查儿童的字词成绩和数学成绩随社区环境变化的稳健性。具体而言，第一节着重探讨字词成绩的性别差异，第二节着重探讨数学成绩的性别差异。

第一节 字词成绩的性别差异

本节主要探讨的是社区环境对被调查儿童字词成绩影响的性别差异。常用的群体异质性检验方法包括分样本估计和交互效应估计两种，笔者将使用这两种方法检验社区环境对被调查儿童字词成绩影响的性别差异。具体而言，本节内容包括社区环境对被调查男孩字词成绩的影响、社区环境对被调查女孩字词成绩的影响以及社区环境对被调查儿童字词成绩影响的性别差异等。

一 社区环境对男孩字词成绩的影响

表4-1报告了男孩样本中社区环境对男孩字词成绩影响的多层线性模型结果。模型1显示，社会经济指数对被调查男孩字词成绩的影响不具有统计显著性，即当以社会经济指数作为社区环境的测量指标时，社区环境对被调查男孩的字词成绩不会产生显著影响。模型2显示，人力资本指数对被调查男孩的字词成绩具有显著影响，在保持其他因素不变的情况下，人力资本指数每增长1分，被调查男孩的字词成绩就会提高0.004个标准差。即当以人力资本指数作为社区环境的测量指标时，社区环境对被调查男孩的字词成绩具有显著影响。模型3同时纳入社区的社会经济指数和人力资本指数，结果显示，社会经济指数仍然对被调查

男孩的字词成绩没有显著影响，人力资本指数对被调查男孩字词成绩的影响仍然具有统计显著性。这一结果意味着如果分样本来看只有社区的人力资本指数才会对被调查男孩的字词成绩产生显著影响。模型4则是以社区类型作为社区环境的测量指标，估计结果显示，与环境较差社区中的男孩相比，环境一般社区中的男孩的字词成绩会显著更高，而环境较好社区中的男孩的字词成绩会相对更高，但不具有统计显著性。这些结果表明社区的社会经济指数、人力资本指数以及社区类型等社区环境测量指标对被调查男孩字词成绩的影响存在差异，只有社区的人力资本指数和社区类型会显著影响男孩的字词成绩。

表 4-1　社区环境对男孩字词成绩影响的多层线性模型

	模型 1	模型 2	模型 3	模型 4
民族（0 = 少数民族）	0.142 (0.100)	0.153 (0.099)	0.155 (0.099)	0.152 (0.099)
年龄	-0.022 (0.015)	-0.024 (0.015)	-0.024 (0.015)	-0.022 (0.015)
3 岁时户口（0 = 城市户口）	-0.109* (0.060)	-0.102* (0.060)	-0.102* (0.060)	-0.106* (0.060)
父亲 ISEI	0.002 (0.002)	0.002 (0.002)	0.002 (0.002)	0.002 (0.002)
父母受教育程度	0.054*** (0.008)	0.055*** (0.008)	0.055*** (0.008)	0.053*** (0.008)
兄弟姐妹数量	-0.098* (0.054)	-0.100* (0.054)	-0.100* (0.054)	-0.101* (0.054)
教育阶段（0 = 幼儿园）				
小学	-0.199** (0.088)	-0.190** (0.087)	-0.190** (0.087)	-0.199** (0.087)
初中	0.946*** (0.134)	0.958*** (0.134)	0.958*** (0.134)	0.944*** (0.134)
高中	1.713*** (0.259)	1.714*** (0.258)	1.717*** (0.258)	1.689*** (0.258)

续表

	模型1	模型2	模型3	模型4
教育期望（0=本科及以上）	-0.308*** (0.050)	-0.313*** (0.050)	-0.312*** (0.050)	-0.309*** (0.050)
社会经济指数	-0.000 (0.002)		-0.000 (0.002)	
人力资本指数		0.004** (0.002)	0.004** (0.002)	
社区环境（0=较差）				
一般				0.132* (0.071)
较好				0.057 (0.086)
常数项	-0.330 (0.219)	-0.497** (0.221)	-0.485** (0.229)	-0.433** (0.216)
社区随机效果	0.264 (0.038)	0.256 (0.039)	0.256 (0.038)	0.258 (0.038)
家庭随机效果	0.306 (0.092)	0.304 (0.093)	0.303 (0.093)	0.307 (0.092)
残差	0.683 (0.042)	0.684 (0.042)	0.684 (0.042)	0.683 (0.042)
AIC	2494.758	2489.755	2491.716	2493.188
BIC	2569.078	2564.075	2570.990	2572.462
N	1048	1048	1048	1048
家庭样本量	993	993	993	993
社区样本量	268	268	268	268

备注：(1) 括号内为标准误；(2) 显著性水平：*$p<0.10$，**$p<0.05$，***$p<0.001$。

二 社区环境对女孩字词成绩的影响

表4-2报告了女孩样本中社区环境对女孩字词成绩影响的多层线性模型结果。模型5显示，社会经济指数对被调查女孩字词成绩的影响具有统计显著性，社会经济指数每增长1分，被调查女孩的字词成绩就会提高0.005个标准差。模型6显示，人力

资本指数对被调查女孩字词成绩的影响也具有统计显著性，在保持其他因素不变的情况下，人力资本指数每增长1分，被调查男孩的字词成绩就会提高0.004个标准差。模型7同时纳入社区的社会经济指数和人力资本指数，结果显示，社会经济指数和人力资本指数均对被调查女孩字词成绩的影响具有统计显著性。这一结果意味着以社会经济指数和人力资本指数作为社区环境测量指标时，社区环境对被调查女孩的字词成绩产生显著影响。模型8则是以社区类型作为社区环境的测量指标，估计结果显示，与环境较差社区中的女孩相比，环境一般社区中的女孩的字词成绩显著更高，环境较好社区中的女孩的字词成绩也显著更高。这表明社区类型也是影响被调查女孩字词成绩的重要因素，社区环境越好，字词成绩就越好。这些结果意味着社区的社会经济指标、人力资本指数和社区类型三个社区环境测量指标均会对被调查女孩的字词成绩产生显著影响。

表4－2 社区环境对女孩字词成绩影响的多层线性模型

	模型5	模型6	模型7	模型8
民族（0=少数民族）	0.322*** (0.105)	0.345*** (0.105)	0.332*** (0.105)	0.335*** (0.106)
年龄	-0.033** (0.015)	-0.034** (0.015)	-0.035** (0.015)	-0.034** (0.015)
3岁时户口（0=城市户口）	-0.037 (0.063)	-0.035 (0.063)	-0.040 (0.063)	-0.032 (0.063)
父亲ISEI	0.004 (0.002)	0.004* (0.002)	0.004 (0.002)	0.004 (0.002)
父母受教育程度	0.062*** (0.009)	0.065*** (0.009)	0.062*** (0.009)	0.063*** (0.009)
兄弟姐妹数量	-0.030 (0.049)	-0.042 (0.049)	-0.032 (0.049)	-0.038 (0.049)
教育阶段（0=幼儿园）				
小学	-0.220** (0.088)	-0.205** (0.088)	-0.209** (0.088)	-0.207** (0.088)

续表

	模型5	模型6	模型7	模型8
初中	1.062*** (0.136)	1.080*** (0.136)	1.080*** (0.136)	1.079*** (0.136)
高中	1.540*** (0.228)	1.588*** (0.228)	1.577*** (0.228)	1.570*** (0.228)
教育期望（0=本科及以上）	-0.225*** (0.053)	-0.221*** (0.053)	-0.219*** (0.053)	-0.222*** (0.053)
社会经济指数	0.005** (0.002)		0.005** (0.002)	
人力资本指数		0.004** (0.002)	0.004** (0.002)	
社区环境（0=较差）				
一般				0.157** (0.070)
较好				0.235*** (0.084)
常数项	-0.822*** (0.218)	-0.836*** (0.218)	-0.958*** (0.224)	-0.789*** (0.215)
社区随机效果	0.238 (0.044)	0.237 (0.044)	0.224 (0.045)	0.229 (0.044)
家庭随机效果	0.128 (0.241)	0.146 (0.210)	0.141 (0.219)	0.147 (0.208)
残差	0.748 (0.044)	0.745 (0.043)	0.747 (0.044)	0.745 (0.043)
AIC	2337.361	2336.458	2333.689	2336.307
BIC	2410.597	2409.695	2411.808	2414.426
N	975	975	975	975
家庭样本量	912	912	912	912
社区样本量	268	268	268	268

备注：（1）括号内为标准误；（2）显著性水平：*$p<0.10$，**$p<0.05$，***$p<0.001$。

三 字词成绩的性别差异

表4-3在全样本中估计了不同性别儿童在同等社区环境中

的字词成绩差异。其中，模型9是在第三章表3-3模型2的基础上纳入性别与社会经济环境指数交互项的回归模型，检验被调查儿童字词成绩随社会经济指数变化的性别差异；模型10是在第三章表3-3模型3的基础上纳入性别与人力资本指数交互项的回归模型，检验被调查儿童字词成绩随人力资本指数变化的性别差异；模型11则是在第三章表3-3模型4的基础上同时纳入性别与社会经济环境指数、性别与人力资本指数的全模型；模型12则在第三章表3-8模型20的基础上同时纳入性别、社区类型、性别与社区类型交互项的全模型。

表4-3 字词成绩性别差异的多层线性模型

	模型9	模型10	模型11	模型12
性别（0=女）	0.083 (0.092)	-0.089 (0.078)	0.083 (0.116)	-0.045 (0.067)
民族（0=少数民族）	0.233*** (0.075)	0.243*** (0.074)	0.240*** (0.074)	0.239*** (0.074)
年龄	-0.024** (0.011)	-0.026** (0.011)	-0.026** (0.011)	-0.025** (0.011)
3岁时户口（0=城市户口）	-0.082* (0.045)	-0.077* (0.045)	-0.079* (0.045)	-0.078* (0.045)
父亲ISEI	0.003** (0.002)	0.003** (0.002)	0.003** (0.002)	0.003* (0.002)
父母受教育程度	0.057*** (0.006)	0.059*** (0.006)	0.058*** (0.006)	0.057*** (0.006)
兄弟姐妹数量	-0.042 (0.038)	-0.051 (0.038)	-0.045 (0.038)	-0.048 (0.038)
教育阶段（0=幼儿园）				
小学	0.233*** (0.062)	0.221*** (0.062)	0.224*** (0.062)	0.227*** (0.062)
初中	0.971*** (0.096)	0.983*** (0.096)	0.983*** (0.095)	0.978*** (0.095)
高中	1.572*** (0.170)	1.593*** (0.169)	1.590*** (0.170)	1.576*** (0.169)

第四章　社区环境与学业成就：邻里效应的群体异质性

续表

	模型 9	模型 10	模型 11	模型 12
教育期望（0 = 本科及以上）	-0.276*** (0.036)	-0.277*** (0.036)	-0.275*** (0.036)	-0.274*** (0.036)
社会经济指数	0.005** (0.002)		0.004** (0.002)	
性别 × 社会经济指数	-0.005** (0.003)		-0.005** (0.003)	
人力资本指数		0.004*** (0.002)	0.004** (0.002)	
性别 × 人力资本指数		-0.003 (0.002)	-0.003 (0.002)	
社区环境（0 = 较差）				
一般				0.161** (0.069)
较好				0.238*** (0.083)
性别 × 社区环境一般				-0.027 (0.083)
性别 × 社区环境较好				-0.186* (0.100)
常数项	-0.637*** (0.165)	-0.642*** (0.162)	-0.781*** (0.173)	-0.607*** (0.158)
社区随机效果	0.191 (0.027)	0.195 (0.027)	0.184 (0.027)	0.193 (0.027)
家庭随机效果	0.104 (0.135)	0.099 (0.142)	0.104 (0.136)	0.117 (0.120)
残差	0.722 (0.022)	0.723 (0.022)	0.722 (0.022)	0.719 (0.022)
AIC	4806.497	4802.393	4800.981	4804.382
BIC	4901.906	4897.803	4907.615	4911.016
N	2023	2023	2023	2023
家庭样本量	1763	1763	1763	1763
社区样本量	293	293	293	293

备注：（1）括号内为标准误；（2）显著性水平：$^*p<0.10$，$^{**}p<0.05$，$^{***}p<0.001$。

模型9的回归结果显示，在保持其他因素不变的情况下，性别对被调查儿童字词成绩的影响不再具有统计显著性，而社会经济指数对被调查儿童字词成绩的影响仍然具有统计显著性，并且作用程度比未纳入交互项时有所提高。性别与集中指数的交互项显示，在保持其他因素不变的情况下，如果使用社会经济指数来测量社区环境，那么在同样的社区环境中，男孩的字词成绩会比女孩显著更低，后者高出前者0.005个标准差。这一研究结果与李春玲（2009）、吴愈晓（2012）、郑磊（2013）以及周凯和周黎安（2010）等学者的研究发现不同。本研究发现虽然中国城市儿童的学业成就存在性别不平等的现象，但是在同等条件下，女孩的学业成就会高于男孩。

在模型10中，笔者将人力资本指数作为社区环境的测量指标。回归结果显示，在纳入性别与人力资本指数的交互项以后，性别对被调查儿童字词成绩的影响也不具有统计显著性，而人力资本指数对其字词成绩的影响仍然显著，性别与人力资本指数的交互项显示，在保持其他因素不变的情况下，性别与人力资本指数交互项的系数不显著，这表明男孩与女孩的字词成绩不会随社区的人力资本指数的变化而变化。

从模型11的回归结果中来看，性别、性别与社会经济指数的交互项、性别与人力资本指数的交互项的估计结果与模型9和模型10较为一致。在保持其他因素不变的情况下，性别对被调查儿童字词成绩的影响同样不具有统计显著性，并且交互项中仍然只有性别与社会经济指数具有统计显著性。根据回归结果，在保持其他因素不变的情况下，社区的社会经济指数每提高1分，被调查儿童的字词成绩提高0.004个标准差；人力资本指数每提高1分，被调查儿童的字词成绩提高0.004个标准差；在同样的社区环境中，男孩的字词成绩显著低于女孩0.005个标准差。这些结果说明，第三章表3-3中男孩与女孩的字词成绩的差异可能是同等环境中男孩的测试成绩显著更差的体现。

模型12是为了检验社区环境对被调查儿童字词成绩影响的稳健性。研究发现与模型9、模型10和模型11的估计结果非常一致。在保持其他因素不变的情况下,性别对被调查儿童字词成绩的影响不具有统计显著性,而社区类型对其字词成绩具有显著影响,与环境较差社区中的被调查儿童相比,环境一般社区中的被调查儿童的字词成绩显著更好,高出0.161个标准差;环境较好社区中的被调查儿童的字词成绩也显著更好,高出0.238个标准差。性别和社区类型交互项结果进一步表明在同等环境状况下,只是在环境状况较好的社区中,男孩的字词成绩比女孩显著更差,二者相差0.186个标准差。

第二节 数学成绩的性别差异

本节主要探讨的是社区环境对被调查儿童数学成绩影响的性别差异。按照群体异质性的检验方法,笔者同样使用分样本估计和交互效应估计两种方法检验社区环境对被调查儿童数学成绩影响的性别差异。具体而言,本节内容包括社区环境对被调查男孩数学成绩的影响、社区环境对被调查女孩数学成绩的影响以及社区环境对被调查儿童数学成绩影响的性别差异等。

一 社区环境对男孩数学成绩的影响

表4-4报告了男孩样本中社区环境对男孩数学成绩影响的多层线性模型结果。模型13显示,社会经济指数对被调查男孩数学成绩的影响不具有统计显著性,即当以社会经济指数作为社区环境的测量指标时,社区环境对被调查男孩的数学成绩不会产生显著影响。模型14显示,人力资本指数对被调查男孩的数学成绩具有显著影响,在保持其他因素不变的情况下,人力资本指

数每增长1分,被调查男孩的数学成绩就会提高0.004个标准差。即当以人力资本指数作为社区环境的测量指标时,社区环境对被调查男孩的数学成绩具有显著影响。模型15同时纳入社区的社会经济指数和人力资本指数,结果显示,社会经济指数对被调查男孩的数学成绩没有显著影响,而人力资本指数对其数学成绩的影响具有统计显著性。这一结果意味着从分样本来看,仍然只有社区的人力资本指数对被调查男孩的数学成绩产生显著影响。模型16则是以社区类型作为社区环境的测量指标,估计结果显示,与环境较差社区中的男孩相比,环境一般社区中的男孩的数学成绩显著更高,而环境较好社区中的男孩的数学成绩会相对更高,但不具有统计显著性。这些结果表明社区的社会经济指数、人力资本指数以及社区类型等社区环境测量指标对被调查男孩数学成绩的影响存在差异,只有社区的人力资本指数和社区类型会显著影响男孩的数学成绩。

表4-4 社区环境对男孩数学成绩影响的多层线性模型

	模型13	模型14	模型15	模型16
民族(0=少数民族)	0.132 (0.093)	0.148 (0.092)	0.142 (0.093)	0.156* (0.092)
年龄	-0.038*** (0.014)	-0.039*** (0.014)	-0.039*** (0.014)	-0.037*** (0.014)
3岁时户口(0=城市户口)	-0.055 (0.056)	-0.049 (0.056)	-0.051 (0.056)	-0.051 (0.056)
父亲ISEI	0.002 (0.002)	0.003 (0.002)	0.003 (0.002)	0.003 (0.002)
父母受教育程度	0.031*** (0.008)	0.032*** (0.008)	0.031*** (0.008)	0.031*** (0.008)
兄弟姐妹数量	-0.076 (0.049)	-0.077 (0.049)	-0.076 (0.049)	-0.080 (0.049)
教育阶段(0=幼儿园)				
小学	-0.212*** (0.082)	-0.206** (0.082)	-0.206** (0.082)	-0.214*** (0.082)

续表

	模型 13	模型 14	模型 15	模型 16
初中	1.210*** (0.126)	1.219*** (0.126)	1.218*** (0.126)	1.207*** (0.126)
高中	2.098*** (0.242)	2.112*** (0.241)	2.103*** (0.242)	2.090*** (0.241)
教育期望（0＝本科及以上）	−0.301*** (0.047)	−0.303*** (0.047)	−0.304*** (0.047)	−0.298*** (0.047)
社会经济指数	0.001 (0.002)		0.001 (0.002)	
人力资本指数		0.003* (0.002)	0.003* (0.002)	
社区环境（0＝较差）				
一般				0.126* (0.066)
较好				0.009 (0.080)
常数项	−0.053 (0.203)	−0.135 (0.206)	−0.165 (0.213)	−0.108 (0.201)
社区随机效果	0.236 (0.040)	0.237 (0.039)	0.234 (0.040)	0.236 (0.039)
家庭随机效果	0.050 (0.046)	0.048 (0.045)	0.041 (0.044)	0.046 (0.042)
残差	0.703 (0.018)	0.702 (0.017)	0.702 (0.018)	0.701 (0.018)
AIC	2357.385	2354.713	2356.374	2354.774
BIC	2431.705	2429.032	2435.648	2434.048
N	1048	1048	1048	1048
家庭样本量	993	993	993	993
社区样本量	268	268	268	268

备注：(1) 括号内为标准误；(2) 显著性水平：* $p<0.10$，** $p<0.05$，*** $p<0.001$。

二　社区环境对女孩数学成绩的影响

表4－5报告了女孩样本中社区环境对女孩数学成绩影响的多

层线性模型结果。模型 17 显示，社会经济指数对被调查女孩数学成绩的影响具有统计显著性，在保持其他因素不变的情况下，社会经济指数每增长 1 分，被调查女孩的数学成绩就会提高 0.005 个标准差。模型 18 显示，人力资本指数对被调查女孩数学成绩的影响也具有统计显著性，在保持其他因素不变的情况下，人力资本指数每增长 1 分，被调查女孩的数学成绩就会提高 0.004 个标准差。模型 19 同时纳入社区的社会经济指数和人力资本指数，结果显示，社会经济指数和人力资本指数对被调查女孩数学成绩的影响均具有统计显著性。这一结果意味着以社会经济指数和人力资本指数作为社区环境的测量指标，社区环境对被调查女孩的数学成绩产生显著影响。模型 20 则是以社区类型作为社区环境的测量指标，估计结果显示，与环境较差社区中的女孩相比，环境一般社区中的女孩的数学成绩会显著更高，环境较好社区中的女孩的数学成绩也显著更高。这表明社区类型是影响女孩数学成绩的重要因素，社区环境越好，其数学成绩也会越高。这些结果意味着社区的社会经济指标、人力资本指数和社区类型三个社区环境测量指标均会对被调查女孩的数学成绩产生显著影响。

表 4-5 社区环境对女孩数学成绩影响的多层线性模型

	模型 17	模型 18	模型 19	模型 20
民族（0 = 少数民族）	0.268*** (0.101)	0.297*** (0.102)	0.279*** (0.100)	0.281*** (0.102)
年龄	-0.043*** (0.015)	-0.044*** (0.015)	-0.045*** (0.015)	-0.045*** (0.015)
3 岁时户口（0 = 城市户口）	-0.038 (0.060)	-0.034 (0.061)	-0.040 (0.060)	-0.029 (0.060)
父亲 ISEI	0.003 (0.002)	0.004* (0.002)	0.003 (0.002)	0.003 (0.002)
父母受教育程度	0.037*** (0.009)	0.040*** (0.009)	0.037*** (0.009)	0.039*** (0.009)

第四章 社区环境与学业成就：邻里效应的群体异质性

续表

	模型 17	模型 18	模型 19	模型 20
兄弟姐妹数量	-0.050 (0.047)	-0.065 (0.047)	-0.051 (0.047)	-0.062 (0.047)
教育阶段（0=幼儿园）				
小学	-0.245*** (0.086)	-0.228*** (0.086)	-0.237*** (0.086)	-0.229*** (0.086)
初中	1.296*** (0.132)	1.312*** (0.132)	1.310*** (0.132)	1.318*** (0.132)
高中	1.864*** (0.221)	1.911*** (0.222)	1.892*** (0.221)	1.907*** (0.221)
教育期望（0=本科及以上）	-0.254*** (0.051)	-0.251*** (0.052)	-0.249*** (0.051)	-0.251*** (0.051)
社会经济指数	0.007*** (0.002)		0.007*** (0.002)	
人力资本指数		0.003** (0.002)	0.003** (0.002)	
社区环境（0=较差）				
一般				0.118* (0.066)
较好				0.236*** (0.079)
常数项	-0.560*** (0.209)	-0.498** (0.211)	-0.668*** (0.214)	-0.447** (0.208)
社区随机效果	0.187 (0.048)	0.204 (0.047)	0.176 (0.050)	0.187 (0.049)
家庭随机效果	0.097 (0.374)	0.113 (0.321)	0.120 (0.300)	0.140 (0.257)
残差	0.736 (0.051)	0.733 (0.051)	0.734 (0.051)	0.731 (0.051)
AIC	2272.009	2278.947	2269.977	2276.862
BIC	2345.246	2352.183	2348.096	2354.981
N	1048	1048	1048	1048
家庭样本量	993	993	993	993
社区样本量	268	268	268	268

备注：(1) 括号内为标准误；(2) 显著性水平：$^* p<0.10$，$^{**} p<0.05$，$^{***} p<0.001$。

三 数学成绩的性别差异

表4-6报告了被调查儿童数学成绩随社区环境变化的性别差异的估计结果。其中,模型21是在第三章表3-5模型10的基础上纳入性别与社会经济指数的交互项,检验被调查儿童的数学成绩随社会经济指数变化的性别差异;模型22是在第三章表3-5模型11的基础上纳入性别与人力资本指数的交互项,检验被调查儿童的数学成绩随人力资本指数变化的性别差异;模型23则在第三章表3-5模型12的基础上同时纳入性别与社会经济指数、性别与人力资本指数的全模型;模型24则在第三章表3-9模型24的基础上同时纳入性别、社区类型、性别与社区类型交互项的全模型。

模型21显示,在保持其他因素不变的情况下,性别对被调查儿童的数学成绩具有显著影响,社会经济指数对其数学成绩也具有显著影响。但值得注意的是,通过比较性别对被调查儿童字词成绩和数学成绩的影响,可以发现性别对两种成绩的作用完全相反,就数学成绩而言,男孩的测试成绩显著高于女孩。然而,性别与社会经济指数的交互项显示,在同样的社区环境中,男孩的数学成绩反而比女孩显著低,低出0.006个标准差。

表4-6 数学成绩性别差异的多层线性模型

	模型21	模型22	模型23	模型24
性别(0=女)	0.256*** (0.089)	0.082 (0.075)	0.262** (0.111)	0.112* (0.064)
民族(0=少数民族)	0.190*** (0.070)	0.207*** (0.070)	0.197*** (0.069)	0.204*** (0.070)
年龄	-0.038*** (0.010)	-0.039*** (0.010)	-0.039*** (0.010)	-0.039*** (0.010)
3岁时户口(0=城市户口)	-0.057 (0.042)	-0.051 (0.042)	-0.055 (0.042)	-0.051 (0.042)

第四章 社区环境与学业成就：邻里效应的群体异质性

续表

	模型21	模型22	模型23	模型24
父亲ISEI	0.003**	0.003**	0.003**	0.003**
	(0.001)	(0.001)	(0.001)	(0.001)
父母受教育程度	0.034***	0.036***	0.035***	0.035***
	(0.006)	(0.006)	(0.006)	(0.006)
兄弟姐妹数量	-0.052	-0.061*	-0.053	-0.059*
	(0.035)	(0.035)	(0.034)	(0.035)
教育阶段（0=幼儿园）				
小学	0.241***	0.231***	0.234***	0.234***
	(0.059)	(0.060)	(0.059)	(0.059)
初中	1.234***	1.244***	1.244***	1.242***
	(0.091)	(0.091)	(0.091)	(0.091)
高中	1.942***	1.969***	1.957***	1.959***
	(0.162)	(0.162)	(0.162)	(0.162)
教育期望（0=本科及以上）	-0.284***	-0.284***	-0.283***	-0.280***
	(0.035)	(0.035)	(0.035)	(0.035)
社会经济指数	0.007***		0.007***	
	(0.002)		(0.002)	
性别×社会经济指数	-0.006**		-0.005**	
	(0.002)		(0.002)	
人力资本指数		0.003**	0.003**	
		(0.002)	(0.002)	
性别×人力资本指数		-0.001	-0.001	
		(0.002)	(0.002)	
社区环境（0=较差）				
一般				0.127**
				(0.064)
较好				0.242***
				(0.077)
性别×社区环境一般				0.003
				(0.079)
性别×社区环境较好				-0.234**
				(0.096)
常数项	-0.446***	-0.365**	-0.558***	-0.341**
	(0.155)	(0.153)	(0.163)	(0.149)

续表

	模型21	模型22	模型23	模型24
社区随机效果	0.191 (0.027)	0.195 (0.027)	0.184 (0.027)	0.193 (0.027)
家庭随机效果	0.104 (0.135)	0.099 (0.142)	0.104 (0.136)	0.117 (0.120)
残差	0.722 (0.022)	0.723 (0.022)	0.722 (0.022)	0.719 (0.022)
AIC	4608.369	4613.258	4605.831	4608.518
BIC	4703.779	4708.668	4712.466	4715.153
N	2023	2023	2023	2023
家庭样本量	1763	1763	1763	1763
社区样本量	293	293	293	293

备注：(1) 括号内为标准误；(2) 显著性水平：$^*p<0.10$，$^{**}p<0.05$，$^{***}p<0.001$。

在模型22中，笔者将人力资本指数作为社区环境的测量指标，回归结果显示，在纳入性别与人力资本指数的交互项以后，性别对被调查儿童数学成绩的影响不再具有统计显著性了，而人力资本指数对其数学成绩的影响仍然显著。性别与人力资本指数的交互项显示，在保持其他变量不变的情况下，性别与人力资本指数交互项的系数也不显著，这表明男性与女性的数学成绩不会随人力资本指数的变化而变化。

模型23的回归结果显示，性别、性别与社会经济指数的交互项、性别与人力资本指数的交互项的估计结果与模型21和模型22较为一致。在保持其他因素不变的情况下，性别对被调查儿童的数学成绩具有显著影响，并且交互项中仍然只有性别与社会经济指数具有统计显著性。根据回归结果，在保持其他因素不变的情况下，男孩的数学成绩比女孩高出0.262个标准差；但在同样的社区环境中，男孩的数学成绩反而显著低于女孩，低出0.005个标准差。这些结果说明被调查儿童数学成绩的差异的确会随社区环境的变化而变化,男孩的数学成绩之所以比女孩更好,也可能是因为有更多的男孩生活在环境较好的社区中。

为了检验社区环境对被调查儿童数学成绩影响的稳健性,模型24中笔者将基于社会经济指数和人力资本指数构建的社区类型作为社区环境的测量指标,重新检验了性别与社区环境的交互作用。研究发现,在保持其他因素不变的情况下,性别对被调查儿童数学成绩的影响具有统计显著性,并且社区类型对其数学成绩也具有显著影响,与环境较差社区中的被调查儿童相比,环境一般社区中的被调查儿童的数学成绩显著更好,高出0.127个标准差;环境较好社区中的被调查儿童的数学成绩也显著更好,高出0.242个标准差。性别和社区类型交互项结果显示,在环境较好的社区中,男孩的数学成绩比女孩显著更低,低出0.234个标准差。这些结果验证了模型21、模型22和模型23的结果,也进一步表明被调查儿童数学成绩的性别差异随社区环境变化的情况在那些环境状况较好的社区更为明显。

第三节 本章小结

本章接着第三章的议题进一步探讨了社区环境对被调查儿童字词成绩和数学成绩的影响是否存在群体异质性,以期回答社区环境到底对样本中的哪些人群产生了影响的问题。对于这一问题的探讨,主要围绕被调查儿童的测试成绩是否存在性别差异展开,具体的研究发现有以下三个方面。

第一,在女孩样本中,社区的社会经济指数、人力资本指数以及社区类型三个指标都与女孩的字词成绩和数学成绩显著相关;在男孩样本中,只有社区的人力资本指数和社区类型显著影响男孩的字词成绩和数学成绩,而社会经济指标与男孩的字词成绩和数学成绩不具有统计相关性。这也就意味着社区环境对男孩和女孩的影响是存在群体差异的，社区环境各项指标对男孩和女孩学业成就的影响存在差异。

第二，在同等社区环境中，被调查女孩的字词成绩更好。研究结果显示，当在模型中纳入性别与社会经济指数、性别与人力资本指数、性别与社区类型的交互项之后，性别对被调查儿童字词成绩的影响不再具有统计显著性。但是交互项结果显示，如果使用社会经济指数作为社区环境的测量指标，在同样的社区环境中，男孩的字词成绩会显著低于女孩0.005个标准差。如果使用社区类型作为社区环境的测量指标，在同样的社区环境中，环境较好社区中的男孩的字词成绩比女孩显著更差，低出0.186个标准差。

第三，被调查男孩的数学成绩比女孩更好。研究结果显示，当在模型中纳入性别与社会经济指数、性别与人力资本指数、性别与社区类型的交互项之后，性别对被调查儿童数学成绩的影响仍然具有统计显著性，即在被调查儿童中，男孩的数学成绩比女孩更好。但是交互项结果显示，如果使用社会经济指数作为社区环境的测量指标，在同样的社区环境中，男孩的数学成绩显著低于女孩0.005个标准差。如果使用社区类型作为社区环境的测量指标，在同样的社区环境中，环境较好社区中的男孩的数学成绩比女孩显著更差，低出0.234个标准差。这表明男孩的数学成绩之所以比女孩更好，也可能是因为有更多的男孩生活在环境较好的社区中。

第五章 社区环境与学业成就：时间维度的邻里效应

根据国外教育领域中邻里效应的研究发现，社区环境对调查对象的教育获得会产生集聚效应和滞后效应（Crowder and South, 2011; Chetty et al., 2016; Hango, 2006; Wodtke, Harding, and Elwert, 2011; Wodtke, 2013），对调查对象的学业成就也会产生集聚效应和滞后效应（Anderson and Leventhal, 2014; Alvarado, 2016; Hicks et al., 2018; Sharkey and Elwert, 2011）。即如果调查对象曾经长时间生活在环境较差的社区，那么其教育获得和学业成就都将受到社区环境的负面影响，并且这种负面影响即便在调查对象离开当地以后仍然发挥作用。那么，中国城市儿童的学业成就是否也存在这样的集聚效应和滞后效应呢？本章将结合中国家庭追踪调查2010年和2014年的数据来进行假设检验。在本章第一节，笔者简要地描述了被调查儿童随着年龄的增长，其字词成绩和数学成绩的增长状况，并求得每个成功追踪到的被调查儿童的字词成绩和数学成绩的增长值；在第二节，笔者着重探讨社区环境对被调查儿童字词成绩的集聚效应；在第三节，笔者着重探讨社区环境对被调查儿童数学成绩的集聚效应；在第四节，笔者着重讨论本章的主要研究发现，以及利用中国家庭追踪调查数据探讨社区环境对被调查儿童字词成绩和数学成绩影响的滞后效应的未来研究方向。

第一节　生命历程与成绩提升

社区环境对学业成就的集聚效应是指调查对象出生地的社区环境对其学业成就的负面影响是否会因为其在当前社区生活时间的累积而日益严重。Wheaton 与 Clarke（2003）最早将时间的维度引入邻里效应研究，并指出缺少从生命历程视角的实证研究是邻里效应研究的一个盲点。Miltenburg 和 Van der Meer（2018）以及 South 等（2016）也指出邻里效应研究不能不考虑时间维度。Crowder 与 South（2011）、Wodtke 等（2011）、Chetty 等（2016）则从时间维度对美国居民的教育获得进行了研究，Anderson 和 Leventhal（2014）、Alvarado（2016）、Hicks 等（2018）、Sharkey 和 Elwert（2011）则从时间维度对学业成就进行了研究。在本章，笔者探讨社区环境对被调查儿童字词成绩和数学成绩影响的集聚效应，但与以往研究不同的是，笔者不是直接去检验被调查儿童在某个社区居住时间长短对其字词成绩和数学成绩的影响，而是在以往研究的基础上检验被调查儿童居住的某个社区的环境对其字词成绩和数学成绩增长的影响。因为国外研究发现，如果调查对象在学龄期长时间生活在同一个地方，而这个地方的社区环境较差，那么其获得教育的机会会越来越少。也就是说，环境较差社区中的儿童的字词成绩和数学成绩的增长值[①]会比环境一般或环境较好社区中的儿童的增长值更小。

[①] 本研究中，字词成绩增长值是指被调查儿童2014年的字词测试得分与2010年的字词测试得分之差；数学成绩增长值是指被调查儿童2014年的数学测试得分与2010年的数学测试得分之差。

一 字词成绩的增长

由于中国家庭追踪调查中儿童的字词测试和数学测试都与其教育阶段有着密切的关系,而教育阶段又与其年龄密切相关。也就是说,儿童的字词成绩和数学成绩会随其年龄的增长和教育阶段的不同而发生变化。当然,儿童字词成绩和数学成绩的增长空间并不完全取决于年龄和教育阶段两个因素,还会受到其他个体特征、家庭背景以及社区环境等因素的影响。正因如此,笔者根据中国家庭追踪调查 2010 年和 2014 年的数据计算出了成功追踪到的 6~15 周岁的儿童样本(共计 895 个)的字词成绩增长值和数学成绩增长值。同时,由于要考察社区环境的集聚效应,因此样本需要在特定社区生活相当长的时间,最后样本限定为没有居住流动①经历的儿童,共计 781 个儿童。

表 5-1 给出了被调查儿童的字词成绩和数学成绩增长值的描述统计结果。就字词成绩增长值而言,我们可以看到有超过 25% 的被调查儿童在 2010~2014 年的增长值为 0 分;有 25% 的被调查儿童在 2010~2014 年的增长值介于 0~1 分;有 25% 的被调查儿童在 2010~2014 年的增长值介于 1~6 分;有 20% 的被调查儿童在 2010~2014 年的增长值介于 6~15 分;只有 5% 的被调查儿童在这 4 年间字词成绩增长了 15 分以上。也就是说,几乎有一半的被调查儿童的字词成绩在这 4 年间没有增长或增长缓慢,有一半的被调查儿童的字词成绩在这 4 年间得到了较大的提高。

---

① 这里的居住流动严格被界定为社区之间的流动,如果儿童 2010 年所在社区的编码与 2014 年所在社区的编码不同,认为其存在居住流动的情况,反之,则认为其不存在居住流动。在 2014 年成功追踪到的 895 个儿童样本中,没有居住流动经历的儿童共计 781 个,有居住流动的儿童共计 114 个。

表 5-1　字词成绩与数学成绩增长值的分布情况

单位：分

百分比（%）	字词成绩增长值	数学成绩增长值
1	0	0
5	0	0
10	0	0
25	0	0
50	0.740	0.768
75	6.283	4.712
90	11	8
95	15	10
99	19	15

二　数学成绩的增长

从表 5-1 中数学成绩增长值的描述统计结果来看，也有超过 25% 的被调查儿童在 2010~2014 年的增长值为 0 分；有 25% 的被调查儿童在 2010~2014 年的增长值介于 0~1 分；有 25% 的被调查儿童在 2010~2014 年的增长值介于 1~5 分；有 20% 的被调查儿童在 2010~2014 年的增长值介于 5~10 分；只有 5% 的被调查儿童在这 4 年间数学成绩增长了 10 分以上。同样，有一半的被调查儿童的数学成绩在这 4 年间没有增长或增长缓慢，有一半的被调查儿童的数学成绩在这 4 年间得到了较大提高。此外，笔者绘制了被调查儿童字词成绩和数学成绩增长值的变化趋势（见图 5-1）。如图 5-1 所示，如果比较被调查儿童字词成绩和数学成绩的增长值，那么字词成绩比数学成绩增长更快，这在那些字词成绩和数学成绩都得到了较大提高的儿童身上表现得尤为明显。

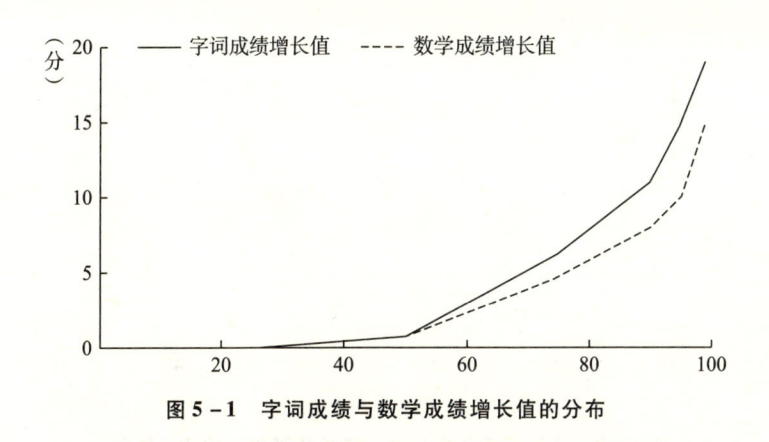

第五章　社区环境与学业成就：时间维度的邻里效应

图 5-1　字词成绩与数学成绩增长值的分布

三　字词成绩与数学成绩随年龄的变化趋势

考虑到被调查儿童的字词成绩和数学成绩会随其年龄和教育阶段的变化而发生变化，笔者给出了被调查儿童字词成绩与数学成绩增长值随年龄的变化趋势（见图 5-2）。从图 5-2 我们可以看到：第一，中国家庭追踪调查 2014 年成功追踪到的 2010 年调查时年龄介于 6~15 周岁的儿童在 2014 年仅剩下那些年龄介于 10~15 周岁的儿童；第二，无论是被调查儿童的字词成绩还是数学成绩，其得分都会随着年龄的增长而逐步提高；第三，无论是被调查儿童的字词成绩还是数学成绩，年龄越大的被调查儿童的得分的增长空间也会越大；第四，无论是哪个年龄段的被调查儿童，其字词成绩的增长值都会比数学成绩的增长值更大。这与我们的日常经验不同，主要有三个方面的原因：一是被调查儿童在 2010 年时数学成绩本身可能较高，所以提升空间较小；二是从 2010 年到 2014 年，被调查儿童的年龄由 6~11 周岁变为 10~15 周岁，属于认知发展较快的年龄段，其字词成绩确实有可能得到了较大的提高；三是本章字词成绩与数学成绩未进行标准化，字词成绩的取值范围本身要高于数学成绩的取值范围。因此，被调查儿童的字词成绩与数学成绩的增长值随年龄的变化趋势是比较合理的。

133

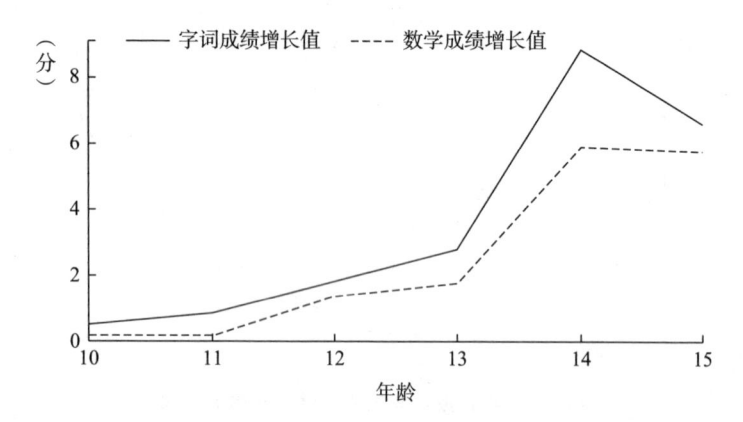

图 5-2 字词成绩与数学成绩增长值随年龄的变化趋势

第二节 字词成绩的集聚效应

在第三章，笔者将被调查儿童生活的社区进行了类型学的划分，根据被调查社区的社会经济指数和人力资本指数两个指标构建了社区环境较差、社区环境一般和社区环境较好三种社区类型。本节在检验社区环境较差对被调查儿童字词成绩影响的集聚效应时，除了使用社区环境较差这一社区类别，还将被调查社区的社会经济指数和人力资本指数是否高于均值作为判断社区环境好坏的指标，构建了社会经济指数低的社区、社会经济指数中/高的社区及人力资本指数低的社区、人力资本指数中/高的社区四个类别，并将社会经济指数低和人力资本指数低两个类别的社区作为环境较差的社区。因此，检验社区环境对被调查儿童字词成绩影响的集聚效应包括三个方面：一是社会经济指数低的社区是否对被调查儿童字词成绩的增长具有负面作用；二是人力资本指数低的社区是否对被调查儿童字词成绩的增长具有负面作用；三是社区环境较差是否对被调查儿童的字词成绩增长具有负面作用。

第五章　社区环境与学业成就：时间维度的邻里效应

一　基于社区环境指数的集聚效应

表 5-2 报告了社区环境对被调查儿童字词成绩增长值的影响的多层线性模型结果。其中，模型 1 是无条件平均模型，结果显示：第一，社区之间的变异、家庭之间的变异和个体之间的变异十分显著，这意味着被调查儿童的字词成绩增长值会因社区、家庭和个体而异，社区之间的变异、家庭之间的变异和个体之间的变异是被调查儿童字词成绩增长值差异的三个重要来源。因此，有必要将社区、家庭和个体随机变量纳入模型，以便得到更加精确的参数估计；第二，笔者根据社区之间的变异、家庭之间的变异和个体之间的变异，计算出了社区之间的关联度系数、家庭之间的关联度系数和个体之间的关联度系数，用它们来说明因变量能够在多大程度上由社区层面、家庭层面和个体层面的因素所解释。在模型 1 中，社区之间的关联度系数为 0.1454、家庭之间的关联度系数为 0.2225、个体之间的关联度系数为 0.6321。这意味着儿童字词成绩的增长值有 14.54% 的变异来自社区，有 22.25% 的变异来自家庭，有 63.21% 的变异来自儿童个体。

模型 2 是在模型 1 的基础上加入控制变量和社区的社会经济指数，模型 3 是在模型 1 的基础上加入控制变量和社区的人力资本指数，模型 4 是包含所有控制变量、社区的社会经济指数与人力资本指数的全模型。模型 2、模型 3 和模型 4 的回归结果如下。如果将社会经济指数作为社区环境的测量指标，那么社区环境对被调查儿童字词成绩的增长值不会产生显著影响，即被调查儿童字词成绩增长值的差异与社区环境状况无关；如果使用人力资本指数作为社区环境的测量指标，那么社区环境对被调查儿童的字词成绩增长值产生显著影响，与那些人力资本指数位于中/高水平的社区中的被调查儿童相比，人力资本指数低的社区中的被调查儿童的字词成绩增长值显著更低，低出 0.786 个标准差；当将社会经济指数和人力资本指数同时作为社区环境的测量指标时，社区环境对被调查儿童字词成绩的增长值的影响仍然只来自人力资本指数，与那些人力资本指数位于中/高水平的社区中的被调查儿童相比，人力资本指数低的社区中的被调查儿童的字词成绩增长值显著更低，低出0.787个标准差。

此外，对比模型1和模型4的随机效果可以发现，纳入儿童个体特征、家庭特征和社区环境变量以后，社区之间的变异、家庭之间的变异和个体之间的变异均减小了，社区之间的变异从1.096下降到1.048，即模型中社会经济指数和人力资本指数大约能够解释儿童字词成绩增长值在社区层次变异的4.38%。这表明社区环境是社区层面造成被调查儿童字词成绩增长差异的重要因素。

表5-2 社区环境对字词成绩集聚效应的多层线性模型

	模型1	模型2	模型3	模型4	模型5
性别（0=女）		-0.251 (0.302)	-0.224 (0.301)	-0.228 (0.301)	-0.214 (0.301)
民族（0=少数民族）		-0.651 (0.570)	-0.633 (0.565)	-0.642 (0.566)	-0.671 (0.567)
年龄		1.643*** (0.116)	1.663*** (0.116)	1.662*** (0.116)	1.651*** (0.116)
3岁时户口（0=城市户口）		-0.516 (0.372)	-0.562 (0.370)	-0.561 (0.370)	-0.527 (0.371)
父亲ISEI		-0.015 (0.014)	-0.017 (0.014)	-0.017 (0.014)	-0.015 (0.014)
父母受教育程度		-0.102* (0.054)	-0.100* (0.054)	-0.101* (0.054)	-0.097* (0.054)
兄弟姐妹数量		0.208 (0.317)	0.273 (0.314)	0.281 (0.315)	0.197 (0.314)
教育阶段（0=小学）					
初中		-0.350 (0.479)	-0.432 (0.479)	-0.434 (0.479)	-0.374 (0.478)

续表

	模型1	模型2	模型3	模型4	模型5
高中		-3.213 (1.963)	-3.334* (1.956)	-3.309* (1.959)	-3.449* (1.961)
教育期望（0=本科及以上）		1.975*** (0.320)	1.968*** (0.319)	1.967*** (0.319)	1.975*** (0.319)
社会经济指数（0=中/高）		0.078 (0.348)		0.083 (0.344)	
人力资本指数（0=中/高）			-0.786** (0.345)	-0.787** (0.345)	
社区环境（0=一般/较好）					-0.646* (0.379)
常数项	3.353*** (0.193)	-9.062*** (1.327)	-8.864*** (1.320)	-8.886*** (1.323)	-9.281*** (1.328)
社区随机效果	1.096 (0.411)	1.053 (0.264)	1.047 (0.266)	1.048 (0.266)	0.935 (0.271)
家庭随机效果	1.678 (0.881)	1.688 (0.585)	1.578 (0.632)	1.579 (0.639)	1.412 (0.576)
残差	4.766 (0.276)	3.723 (0.263)	3.760 (0.269)	3.763 (0.270)	3.721 (0.262)
AIC	4754.101	4491.122	4486.077	4488.018	4488.297
BIC	4772.744	4561.030	4555.985	4562.587	4558.205
N	781	781	781	781	781
家庭样本量	724	724	724	724	724
社区样本量	293	293	293	293	293

注：(1) 括号内为标准误；(2) 显著性水平：* $p<0.10$，** $p<0.05$，*** $p<0.001$。

二 基于社区类型的集聚效应

表5-2中模型5在模型1的基础上加入控制变量和社区类型变量的全模型。模型结果显示，如果将社区类型作为社区环境的测量指标，将社区环境较差作为一类，将社区环境一般/较好作为一类，那么社区环境对被调查儿童字词成绩的增长值产生显著影响，即被调查儿童字词成绩增长值的差异与社区环境状况密切相关。与环境一般/较好的社区中的被调查儿童相比，环境较差

的社区中的被调查儿童字词成绩的增长值显著更低，低出 0.646 个标准差。

与模型 1 和模型 4 的随机效果相比，当在模型 5 中将社会经济指数和人力资本指数替换为社区类型以后，社区之间的变异、家庭之间的变异和个体之间的变异均减小了，社区之间的变异从 1.096 下降到 0.935，即模型中的社区类型变量大约能够解释被调查儿童字词成绩增长值在社区层次变异的 14.59%。这一研究发现检验了模型 3 和模型 4 的研究结果，表明社区环境的确是社区层面造成被调查儿童字词成绩增长差异的重要因素。模型 5 的结果还表明，虽然模型 2 和模型 4 中社会经济指数对被调查儿童字词成绩增长值的影响不具有统计显著性，但它并非毫无作用，如果只将人力资本指数作为测量指标，将会高估社区环境对被调查儿童字词成绩增长值的影响。因此，根据社区类型对被调查儿童字词成绩增长值的影响，可以判定社区环境对被调查儿童字词成绩的影响存在集聚效应。

第三节　数学成绩的集聚效应

本节主要检验社区环境较差对被调查儿童数学成绩影响的集聚效应，同样将社区环境较差这一类别，以及社会经济指数和人力资本指数低于均值的类别作为社区环境较差的测量指标。社区环境对被调查儿童数学成绩影响的集聚效应也包括三个方面：一是社会经济指数低的社区是否对被调查儿童数学成绩的增长值具有负面作用；二是人力资本指数低的社区是否对被调查儿童数学成绩的增长值具有负面作用；三是环境较差的社区是否对被调查儿童数学成绩的增长值具有负面作用。

一　基于社区环境指数的集聚效应

表 5-3 报告了社区环境对被调查儿童数学成绩增长值的影

响的多层线性模型结果。模型6是无条件平均模型，根据模型结果，社区之间的变异、家庭之间的变异和个体之间的变异都是显著的。这意味着被调查儿童数学成绩的增长值因社区、家庭和个体而异，社区之间的变异、家庭之间的变异和个体之间的变异是被调查儿童数学成绩增长值存在差异的三个重要来源。因此，有必要将社区、家庭和个体随机变量纳入模型，以便得到更加精确的参数估计。笔者还根据模型6中社区之间的变异、家庭之间的变异和个体之间的变异，计算出了社区之间的关联度系数、家庭之间的关联度系数和个体之间的关联度系数，以此说明因变量能够在多大程度上由社区层面、家庭层面和个体层面的诸种因素所解释。在模型6中，社区之间的关联度系数为0.1119、家庭之间的关联度系数为0.0943、个体之间的关联度系数为0.7938。这意味着被调查儿童数学成绩有11.19%的变异来自社区，有9.43%的变异来自家庭，有79.38%的变异来自儿童个体。

模型7在模型6的基础上加入控制变量和社区的社会经济指数，模型8在模型6的基础上加入控制变量和社区的人力资本指数，模型9是包含所有控制变量、社区的社会经济指数与人力资本指数的全模型。模型7、模型8和模型9的回归结果显示，如果将社会经济指数作为社区环境的测量指标，那么社区环境对被调查儿童数学成绩的增长值不会产生显著影响，即被调查儿童数学成绩增长值的差异与社区环境状况无关；但如果将人力资本指数作为社区环境的测量指标，那么社区环境对被调查儿童数学成绩的增长值会产生显著影响，与那些人力资本指数位于中/高水平的社区中的被调查儿童相比，人力资本指数低的社区中的被调查儿童数学成绩的增长值显著更低，低出0.521个标准差；当将社会经济指数和人力资本指数同时作为社区环境的测量指标时，社区环境对被调查儿童数学成绩的增长值的影响仍然只来自人力资本指数，与那些人力资本指数位于中/高水平的社区中的被调查儿童相比，人力资本指数低的社区中的被调查儿童数学成绩的增长值显著更低，低出 0.521 个标准差。

从模型 6 和模型 9 的随机效果可以发现，纳入儿童个体特征、家庭背景和社区环境变量以后，社区之间的变异、家庭之间的变异和个体之间的变异均减小了，社区之间的变异从 0.506 下降到 0.425，即模型中的社会经济指数和人力资本指数大约能够解释被调查儿童数学成绩增长值在社区层次变异的 16%。这表明社区环境，特别是人力资本指数是社区层面造成被调查儿童数学成绩增长差异的重要因素。

表 5-3 社区环境对数学成绩集聚效应的多层线性模型

	模型 6	模型 7	模型 8	模型 9	模型 10
性别（0=女）		-0.611*** (0.194)	-0.602*** (0.193)	-0.601*** (0.193)	-0.588*** (0.194)
民族（0=少数民族）		-0.162 (0.353)	-0.136 (0.347)	-0.134 (0.348)	-0.176 (0.350)
年龄		1.507*** (0.075)	1.522*** (0.075)	1.522*** (0.075)	1.512*** (0.075)
3 岁时户口（0=城市户口）		-0.618*** (0.233)	-0.647*** (0.230)	-0.648*** (0.230)	-0.626*** (0.231)
父亲 ISEI		-0.001 (0.009)	-0.002 (0.009)	-0.002 (0.009)	-0.001 (0.009)
父母受教育程度		0.019 (0.034)	0.020 (0.034)	0.020 (0.034)	0.022 (0.034)
兄弟姐妹数量		0.100 (0.191)	0.147 (0.189)	0.145 (0.190)	0.101 (0.189)
教育阶段（0=小学）					
初中		-0.906*** (0.308)	-0.972*** (0.308)	-0.971*** (0.308)	-0.926*** (0.307)
高中		-0.923 (1.262)	-0.972 (1.255)	-0.978 (1.257)	-1.063 (1.259)
教育期望（0=本科及以上）		1.224*** (0.206)	1.215*** (0.205)	1.215*** (0.205)	1.223*** (0.205)

续表

	模型6	模型7	模型8	模型9	模型10
社会经济指数（0=中/高）		-0.025 (0.211)		-0.019 (0.207)	
人力资本指数（0=中/高）			-0.521** (0.207)	-0.521** (0.207)	
社区环境（0=一般/较好）					-0.453** (0.229)
常数项	2.557*** (0.132)	-9.719*** (0.839)	-9.638*** (0.832)	-9.633*** (0.834)	-9.902*** (0.838)
社区随机效果	0.506 (0.477)	0.467 (0.211)	0.423 (0.240)	0.425 (0.240)	0.380 (0.221)
家庭随机效果	0.426 (0.228)	0.293 (0.316)	0.212 (0.168)	0.209 (0.075)	0.141 (0.112)
残差	3.590 (0.102)	2.652 (0.075)	2.654 (0.075)	2.654 (0.075)	2.652 (0.076)
AIC	4229.491	3796.189	3790.005	3791.997	3792.339
BIC	4248.133	3866.097	3859.913	3866.566	3862.248
N	781	781	781	781	781
家庭样本量	724	724	724	724	724
社区样本量	293	293	293	293	293

注：(1) 括号内为标准误；(2) 显著性水平：* $p<0.10$，** $p<0.05$，*** $p<0.001$。

二 基于社区类型的集聚效应

表5-3中模型10在模型6的基础上加入控制变量和社区类型变量的全模型。结果显示，如果将社区类型作为社区环境的测量指标，将社区环境较差作为一类，将社区环境较一般/较好作为一类，那么社区环境对被调查儿童数学成绩的增长值产生显著影响，即被调查儿童数学成绩增长值的差异与社区环境状况密切相关。与环境一般/较好社区中的被调查儿童相比，数学环境较差社区中的被调查儿童数学成绩的增长值显著更低，低出0.453个标准差。

从模型6、模型9和模型10的随机效果可以发现，当把社会经济指数和人力资本指数替换为社区类型以后，社区之间的变异、家庭之间的变异和个体之间的变异均减小了，社区之间的变异从 0.506 下降到 0.380，即模型中的社区类型变量大约能够解释被调查儿童数学成绩增长值在社区层次变异的 24.9%。这一研究发现检验了模型 8 和模型 9 的研究结果，同时表明社区环境的确是社区层面造成被调查儿童数学成绩增长差异的重要因素。模型 10 的结果还表明，虽然模型 7 和模型 9 中社会经济指数对被调查儿童数学成绩增长值的影响不具有统计显著性，但它并非毫无作用，如果单以人力资本指数作为测量指标，将会高估社区环境对被调查儿童数学成绩增长值的影响。此外，模型 10 的结果表明社区环境对被调查儿童数学成绩影响的集聚效应比社区环境对其字词成绩影响的集聚效应更弱，即较差的社区环境对被调查儿童字词成绩的影响程度大于对其数学成绩的影响。

第四节　本章小结

基于美国和加拿大等国的社区环境的研究均发现，社区环境会对调查对象的学业成就产生集聚效应和滞后效应（Anderson and Leventhal，2014；Alvarado，2016；Hicks et al.，2018；Sharkey and Elwert，2011）。本章结合中国家庭追踪调查 2010 年和 2014 年的数据，对社区环境是否会影响中国城市儿童学业成就的问题进行了假设检验。但与西方学者不同的是，本研究没有检验调查对象在环境较差的社区生活的时间对其学业成就的影响，而是研究了社区环境对被调查儿童学业成绩增长的影响。基于西方学者的研究发现，笔者认为如果存在集聚效应，那么生活在环境较差的社区中的儿童的学业成绩的增长应该与那些生活在环境较一般/较好的社区中的儿童之间存在显著的差异。结果发现，社区环境对被调查儿童字词成绩和数学成绩的影响同样存在集聚效

第五章 社区环境与学业成就：时间维度的邻里效应

应。具体而言，本章的主要研究发现有以下几个方面。

第一，被调查儿童的字词成绩和数学成绩均会随年龄的增长而逐步提高，但是字词成绩的增长值大于数学成绩的增长值。字词成绩和数学成绩的描述统计结果显示，2010~2014年，有近半数的被调查儿童的字词成绩和数学成绩得到了一定程度的提高，其中字词成绩的增长值介于1~19分，数学成绩的增长值介于1~15分；但也有超过25%的被调查儿童的字词成绩和数学成绩在2010~2014年没有得到提高。同时，分年龄比较的结果显示，被调查儿童在10~13周岁时字词成绩和数学成绩的平均增长值较小，在13~15周岁时字词成绩和数学成绩的平均增长值较大。此外，对比字词成绩和数学成绩的增长趋势，发现无论是哪个年龄段的被调查儿童，其字词成绩的增长值都会比数学成绩的增长值更大。

第二，社区环境对被调查儿童字词成绩的影响存在集聚效应。研究发现，如果将社会经济指数作为社区环境的测量指标，那么社区环境对被调查儿童字词成绩的增长值不会产生显著影响，即被调查儿童字词成绩增长值的差异与社区环境状况无关；如果将人力资本指数作为社区环境的测量指标，那么社区环境对被调查儿童字词成绩的增长值产生显著影响，与那些人力资本指数位于中/高水平的社区中的被调查儿童相比，人力资本指数低的社区中的被调查儿童字词成绩的增长值显著更低，低出0.786个标准差；如果将社区类型作为社区环境的测量指标，将社区环境较差作为一类，将社区环境一般/较好作为一类，那么社区环境对被调查儿童字词成绩的增长值产生显著影响，与环境一般/较好的社区中的被调查儿童相比，环境较差的社区中的被调查儿童字词成绩的增长值显著更低，低出0.646个标准差。在纳入人力资本指数和社区类型变量的模型中，两者都能在一定程度上解释被调查儿童字词成绩增长值在社区层次的变异。这表明社区环境的确是社区层面造成被调查儿童字词成绩增长差异的重要因素。

第三，社区环境对被调查儿童数学成绩的影响存在集聚效应。研究结果显示，如果将社会经济指数作为社区环境的测量指标，那么社区环境对被调查儿童数学成绩的增长值不会产生显著影响，即被调查儿童数学成绩增长值的差异与社区环境状况无关；如果将人力资本指数作为社区环境的测量指标，那么社区环境对被调查儿童数学成绩的增长值产生显著影响，与那些人力资本指数位于中/高水平的社区中的被调查儿童相比，人力资本指数低的社区中的被调查儿童数学成绩的增长值显著更低，低出0.521个标准差；如果将社区类型作为社区环境的测量指标，将社区环境较差作为一类，将社区环境一般/较好作为一类，那么社区环境对被调查儿童数学成绩的增长值产生显著影响，即被调查儿童数学成绩增长值的差异与社区环境状况密切相关。与环境一般/较好的社区中的被调查儿童相比，环境较差的社区中的被调查儿童数学成绩的增长值显著更低，低出0.453个标准差。这些结果表明社区环境是社区层面造成被调查儿童数学成绩增长差异的重要因素。同时，研究还发现社区环境对被调查儿童数学成绩影响的集聚效应比它对字词成绩影响的集聚效应更弱，即较差的社区环境对被调查儿童字词成绩的影响程度要大于对数学成绩的影响。

此外，与西方学者的研究相比，从时间的维度检验社区环境对调查对象教育获得与结果的影响还需检验社区环境的滞后效应。由于中国家庭追踪调查至今只开展了4期，并且2012年和2016年的数据均为对社区进行追踪调查的数据，尚不足以为研究社区环境的滞后效应提供足够的数据支持。因而，本章没有对此展开讨论，未来的研究可以沿着本章的分析思路继续探讨社区环境对被调查儿童字词成绩和数学成绩影响的集聚效应和滞后效应。

第六章　学校效应：邻里效应的替代物？

从第三章至第五章的研究发现来看，无论是空间维度的层面还是群体异质性抑或时间维度的层面，社区环境都会对被调查儿童的字词成绩和数学成绩产生一定程度的影响。但是这些结果仍然不足以证明社区环境与学业成就之间存在的因果关系，因为儿童的学业成就往往还与学校环境状况存在更密切的相关，所以还需要检验学校环境和社区环境对被调查儿童字词成绩和数学成绩的影响是不是两种独立的环境效应。这是本章试图回答的主要问题。具体而言，第一节简要阐释学校环境测量指标的操作化及基本特征；第二节着重探讨学校环境对被调查儿童字词成绩和数学成绩的影响；第三节着重探讨学校环境和社区环境对被调查儿童字词成绩和数学成绩的影响，检验两者是不是两种独立的环境效应；第四节着重检验学校环境和社区环境对被调查儿童字词成绩和数学成绩影响的交互效应。

第一节　学校环境及其测量指标

芬兰学者 Kauppinen（2008）在探讨芬兰小学生的学校环境是否调节了社区环境对其选择进入高中或职业中学的研究中引入

了学校环境的概念。根据他的操作化，学校环境是指儿童就读学校中的儿童的父母为白领人的比例。这一操作化指标在Owens（2010）的研究中得到了进一步的发展，Owens将其操作化为学校中的儿童的父母的社会经济地位与教育期望、种族构成两个指标。随后，社区成员的社会经济地位和种族构成两个测量学校环境的指标也被学业成就邻里效应研究者所采用（Carlson and Cowen, 2015; Wodtke and Parbst, 2017）。这些学者对学校环境的操作化与社区环境的操作化较为接近，将由社区连接在一起的人群和由学校连接在一起的人群的社会经济特征作为测量指标。这具有一定的合理性，但是这种操作化也存在一个潜在的问题，即由社区连接在一起的人群和由学校连接在一起的人群可能会有很大比例的重合，难以区分学校环境对教育获得和学业成就的影响与社区环境对教育获得和学业成就的影响的差异。我国的教育实行属地化管理，学区与社区在成员构成上的重合度更大，出于这种原因考虑，本书对学校环境的操作化着重从学校自身的特征来进行。

一　学校环境的测量指标

简单地讲，学校环境就是学校质量，包括师资力量、硬件设施、学习氛围、学生构成等方面，但是由于中国家庭追踪调查没有详细询问每位调查对象求学阶段就读学校的师资力量、硬件设施、学习氛围和学生构成等内容，只是在少儿样本中询问了调查对象是否在寄宿学校就读、是否在重点学校就读、是否在重点班级就读等内容。所以，笔者选择使用重点学校、重点班级两个指标来代表调查对象就读学校的环境状况。实际上，重点学校和重点班级两个指标涵盖了学校质量的诸多信息，比如重点学校的师资力量、硬件设施和学习氛围都相对更好，重点班级则往往由那些成绩优异的学生组成，所以它们能够较好地代表学校环境的状况。

(1) 重点学校。根据调查问卷中"孩子就读的是哪种类型的学校?"这一问题,笔者将在重点学校就读和在私立学校就读的调查对象均视为在重点学校就读。在这里,将私立学校也作为重点学校是因为这些调查对象均是城市家庭的孩子,他们就读的是私立精英式的学校,与农民工家庭的孩子就读的民办学校不同,学校的环境状况甚至比重点学校更好。在进行数据处理时,将非重点学校赋值为"0",将重点学校赋值为"1"。

(2) 重点班级。根据调查问卷中"孩子所在班级是重点班吗?"这一问题,笔者将回答在重点班级就读的调查对象视为在重点班级就读。在进行数据处理时,将非重点班级赋值为"0",将重点班级赋值为"1"。

表6-1给出了被调查儿童在重点学校和重点班级就读的情况。从中我们可以看到,在重点学校就读的儿童占9.24%,在非重点学校就读的儿童占90.76%,在重点学校就读的儿童远远低于在非重点学校就读的儿童;在重点班级就读的儿童占8.55%,在非重点班级就读的儿童占91.45%。可见,在重点班级就读的儿童的占比与在重点学校就读的儿童的占比较为接近,在重点班级就读的儿童的数量要远远低于在非重点班级就读的儿童的数量。重点学校和重点班级都属于优质的教育资源,非常稀少,所以笔者认为这两种情况是比较符合社会现实的。

表6-1 学校环境的测量指标

		重点班级		合计
		否	是	
重点学校	否	84.28%	6.48%	90.76%
	是	7.17%	2.08%	9.24%
合计		91.45%	8.55%	100%

表6-1还显示如果仅仅使用重点学校、重点班级作为学校

环境的测量指标，结果会因为在非重点学校和非重点班级就读的儿童的占比较大而高估了学校环境对学业成就的负面影响。这是因为如果将既非重点学校又非重点班级的儿童就读的学校环境作为学校环境较差的一类，那么其占比将会由90%以上下降到84%。所以，笔者基于重点学校与否、重点班级与否两个指标，将非重点学校和非重点班级的儿童的学校环境作为学校环境较差的一类，反之则作为学校环境一般/较好的一类。在进行数据处理时，将学校环境较差的类别赋值为"0"，将学校环境一般/较好的类别赋值为"1"。

二 学校环境与测试成绩的基本特征

表6-2给出了学校环境与字词成绩、数学成绩的方差分析结果。第一，如果将重点学校作为学校环境的测量指标，那么重点学校儿童字词成绩的平均标准化得分为0.413，非重点学校儿童字词成绩的平均标准化得分为-0.042，重点学校和非重点学校儿童的字词成绩存在明显差异，重点学校儿童的字词成绩显著高于非重点学校儿童。重点学校儿童数学成绩的平均标准化得分为0.283，非重点学校儿童数学成绩的平均标准化得分为-0.029，重点学校和非重点学校儿童的数学成绩也存在明显差异，重点学校儿童的数学成绩也显著高于非重点学校儿童。第二，如果将重点班级作为学校环境的测量指标，那么重点班级儿童字词成绩的平均标准化得分与非重点班级儿童字词成绩的平均标准化得分也存在明显差异，重点班级儿童的字词成绩显著高于非重点班级儿童。重点班级儿童数学成绩的平均标准化得分与非重点班级儿童数学成绩的平均标准化得分也存在明显差异，重点班级儿童的数学成绩显著高于非重点班级儿童。根据重点学校和重点班级两个指标，我们可以看到学校环境越好，被调查儿童的字词成绩和数学成绩也越好。

表6-2 学校环境与字词成绩、数学成绩的 t 检验

	重点学校		p 值
	是	否	
字词成绩	0.413	-0.042	0.000
数学成绩	0.283	-0.029	0.000
	重点班级		p 值
	是	否	
字词成绩	0.545	-0.051	0.000
数学成绩	0.542	-0.051	0.000
	学校环境		p 值
	一般/较好	较差	
字词成绩	0.477	-0.089	0.000
数学成绩	0.423	-0.078	0.05

在此基础上，笔者对使用重点学校、重点班级两个指标构建的学校环境进行了检验。结果发现，环境一般/较好学校中的儿童字词成绩的平均标准化得分与环境较差学校中的儿童字词成绩的平均标准化得分存在明显差异，环境一般/较好学校中的儿童显著高于环境较差学校中的儿童；而环境一般/较好学校中的儿童数学成绩的平均标准化得分与环境较好学校中的儿童数学成绩的平均标准化得分同样存在明显差异，仍然是环境一般/较好学校中的儿童显著高于环境较差学校中的儿童。这些结果表明，学校环境可能是影响被调查儿童字词成绩和数学成绩的一个重要因素。

第二节　学校环境对城市儿童字词成绩和数学成绩的影响

学校环境是影响学业成就的最直接因素。在中国，家长们历来非常重视子女就读学校的环境状况，许多家长为了让子女能够

获得就读名校、重点学校的机会,不惜花重金购买学区房。因此,在评估社区环境对学业成就的影响时,就不可避免地要回答学校环境对学业成就的作用程度以及社区环境与学校环境对学业成就的影响是不是两种独立的环境效应。在这一节,笔者将字词成绩和数学成绩作为学业成就的测量指标,着重研究学校环境对字词成绩和数学成绩的影响及作用程度,为后文探讨社区环境与学校环境对学业成就的影响提供比较的基础。

一 学校环境对城市儿童字词成绩的影响

(一) 重点学校的影响

表6-3报告了学校环境对被调查儿童字词成绩影响的多层线性模型。其中,模型1将重点学校作为学校环境的测量指标,模型2将重点班级作为学校环境的测量指标,模型3则是在模型1和模型2的基础上同时纳入重点学校和重点班级两个指标的估计结果,用于检验重点学校和重点班级是否同时对被调查儿童字词成绩产生影响;模型4则研究的是基于重点学校和重点班级两个指标构建的学校环境变量对被调查儿童字词成绩的影响,用于检验模型1、模型2和模型3的估计结果的稳健性。

根据模型1的估计结果,在保持其他因素不变的情况下,重点学校对被调查儿童的字词成绩产生显著影响,与那些在非重点学校就读的被调查儿童相比,那些在重点学校就读的被调查儿童的字词成绩显著更好,高出0.175个标准差。这意味着如果以儿童就读学校是否为重点学校作为学校环境的测量指标去预测其字词成绩,那么在重点学校就读的儿童就可能获得较高的字词成绩。此外,与第三章社区环境对字词成绩影响的多层回归模型相比,将社区环境替换为学校环境后,控制变量中的性别、民族、父母受教育程度、教育期望以及被调查儿童的教育阶段对其字词成绩仍然有显著影响。

表6-3 学校环境对字词成绩影响的多层线性模型

	模型1	模型2	模型3	模型4
性别（0=女）	-0.192*** (0.038)	-0.181*** (0.038)	-0.184*** (0.038)	-0.185*** (0.038)
民族（0=少数民族）	0.224*** (0.081)	0.230*** (0.081)	0.231*** (0.080)	0.235*** (0.080)
年龄	-0.012 (0.011)	-0.013 (0.011)	-0.013 (0.011)	-0.012 (0.011)
3岁时户口（0=城市户口）	-0.079 (0.049)	-0.072 (0.049)	-0.069 (0.049)	-0.069 (0.049)
父亲ISEI	0.002 (0.002)	0.002 (0.002)	0.002 (0.002)	0.002 (0.002)
父母受教育程度	0.063*** (0.007)	0.063*** (0.007)	0.062*** (0.007)	0.062*** (0.007)
兄弟姐妹数量	-0.037 (0.042)	-0.044 (0.042)	-0.040 (0.042)	-0.038 (0.042)
教育阶段（0=幼儿园）				
小学	0.200*** (0.068)	0.194*** (0.068)	0.206*** (0.068)	0.213*** (0.068)
初中	0.631*** (0.104)	0.611*** (0.104)	0.597*** (0.104)	0.587*** (0.104)
高中	1.029*** (0.186)	1.052*** (0.184)	1.010*** (0.185)	0.994*** (0.185)
教育期望（0=本科及以上）	-0.223*** (0.039)	-0.222*** (0.039)	-0.219*** (0.039)	-0.217*** (0.039)
重点学校（0=否）	0.175** (0.069)		0.144** (0.069)	
重点班级（0=否）		0.284*** (0.070)	0.266*** (0.071)	
学校环境（0=较差）				0.262*** (0.055)
常数项	-0.560*** (0.165)	-0.561*** (0.164)	-0.558*** (0.164)	-0.567*** (0.164)
社区随机效果	0.268 (0.032)	0.191 (0.027)	0.195 (0.027)	0.184 (0.027)
家庭随机效果	0.145 (0.192)	0.103 (0.137)	0.098 (0.144)	0.101 (0.139)

续表

	模型1	模型2	模型3	模型4
残差	0.949 (0.032)	0.723 (0.022)	0.723 (0.022)	0.723 (0.022)
AIC	5141.119	5131.398	5129.035	5125.399
BIC	5230.916	5221.195	5224.445	5215.196
N	2023	2023	2023	2023
家庭样本量	1763	1763	1763	1763
社区样本量	293	293	293	293

注：(1) 括号内为标准误；(2) 显著性水平：$^*p<0.10$，$^{**}p<0.05$，$^{***}p<0.001$。

（二）重点班级的影响

模型2的回归结果显示，当替换模型1中的重点学校变量为重点班级变量以后，学校环境仍然会显著影响被调查儿童的字词成绩。在保持其他因素不变的情况下，与那些在非重点班级就读的被调查儿童相比，在重点班级就读的被调查儿童的字词成绩显著更好，高出0.284个标准差。这意味着如果以儿童就读班级是否为重点班级作为学校环境的测量指标去预测其字词成绩，那么在重点班级就读的儿童就可能获得较好的字词成绩。

模型3同时纳入重点班级和重点学校两个变量，与模型1和模型2相比，在纳入重点班级和重点学校两个变量以后，社区随机效果、家庭随机效果和个体随机效果均有一定程度的下降，模型的解释力有了较大的改善。与模型1和模型2相比，虽然重点学校和重点班级仍然会对被调查儿童的字词成绩产生显著影响，但是重点学校和重点班级的作用程度都有所减小。根据模型3的回归系数，在保持其他因素不变的情况下，如果被调查儿童在重点学校就读，那么其字词成绩会比非重点学校就读的被调查儿童显著高出0.144个标准差；如果被调查儿童在重点班级就读，那么其字词成绩会比非重点班级就读的被调查儿童显著高出0.266个标准差。这些结果意味着，如果以儿童就读学校是否为重点学校、就读班级是否为重点班级作为学校环境的测量指标去预测其字词成绩,那么在重点学校、重点班级就读的儿童就可能获得较好的字词成绩。

(三)学校环境的影响

为了检验重点学校和重点班级对字词成绩影响的稳健性,更准确地估计学校环境对字词成绩的作用程度,在模型4中,笔者将模型3中的重点学校和重点班级两个变量替换为学校环境变量。从表6-3各模型的随机效果来看,纳入重点学校和重点班级构建的学校环境变量以后,学校的随机效果进一步减小了,这说明被调查儿童字词成绩在社区和学校层面的差异能够被学校环境变量解释的部分变大,仅使用重点学校或者重点班级,甚至直接使用重点学校和重点班级都不能准确地估计出学校环境对被调查儿童字词成绩的作用程度,存在高估学校环境作用效果的风险。

根据模型4的回归系数,在保持其他因素不变的情况下,如果被调查儿童在环境一般/较好的学校就读,那么其字词成绩会比那些在环境较差的学校就读的被调查儿童显著更好,高出0.262个标准差。这意味着如果以儿童的就读学校环境去预测其字词成绩,那么在环境较好的学校就读的儿童就可能获得较好的字词成绩。即只要儿童在重点班级或者重点学校就读,其学业成绩就会比在非重点学校、非重点班级就读的儿童显著更好。虽然这一研究结果与我们的生活经验是非常吻合的,并且从模型4的回归结果来看,学校环境对调查对象字词成绩的影响甚至远远大于父母受教育程度对其字词成绩的影响,学校环境对学业成就的影响不容小觑。

二 学校环境对城市儿童数学成绩的影响

(一)重点学校的影响

表6-4报告了学校环境对被调查儿童数学成绩影响的多层

线性模型。与表6-3中的各模型相似，模型5将重点学校作为学校环境的测量指标，模型6将重点班级作为学校环境的测量指标，模型7则是在模型5和模型6的基础上同时纳入重点学校和重点班级两个指标的估计结果，用于检验重点学校和重点班级是否同时对被调查儿童数学成绩产生影响；模型8则研究的是基于重点学校和重点班级两个指标构建的学校环境变量对被调查儿童数学成绩的影响，用于检验模型5、模型6和模型7的估计结果的稳健性。

根据模型5的估计结果，在保持其他因素不变的情况下，重点学校对被调查儿童的数学成绩的影响不具有统计显著性，即与那些在非重点学校就读的被调查儿童相比，在重点学校就读的被调查儿童的数学成绩并不显著更好。这意味着如果以儿童就读学校是否为重点学校作为学校环境的测量指标去预测其数学成绩，那么在重点学校就读的儿童与在其他学校就读的儿童没有明显差异。与第三章社区环境对数学成绩影响的多层回归模型相比，将社区环境替换为学校环境后，控制变量中的性别、民族、年龄、父亲的社会经济地位、父母受教育程度、教育期望以及被调查儿童的教育阶段对其数学成绩都具有显著影响。这说明是否被调查儿童的数学成绩更多地受个体和家庭因素的影响，而与其是否在重点学校就读关联不大。

（二）重点班级的影响

模型6的回归结果显示，当替换模型5中的重点学校变量为重点班级变量以后，学校环境对被调查儿童数学成绩的影响具有统计显著性。在保持其他因素不变的情况下，与那些在非重点班级就读的被调查儿童相比，在重点班级就读的被调查儿童的数学测试成绩显著更好，高出0.167个标准差。这意味着如果以儿童就读班级是否为重点班级作为学校环境的测量指标去预测其数学成绩，那么在重点班级就读的儿童就可能获得较高的数学成绩。

模型 7 同时纳入了重点班级和重点学校两个变量，与模型 5 和模型 6 相比，在纳入重点班级和重点学校两个变量以后，社区随机效果、家庭随机效果和个体随机效果均有一定程度的下降，模型的解释力有了较大的改善。同时，与模型 5 和模型 6 一样，重点学校对被调查儿童数学成绩的影响仍然不具有统计显著性，而重点班级对被调查儿童数学成绩的影响仍然显著。根据模型 7 的回归系数，在保持其他因素不变的情况下，如果被调查儿童在重点班级就读，那么其数学成绩将会比在非重点班级就读的被调查儿童显著高出 0.167 个标准差。这些结果意味着以儿童就读学校是否为重点学校、就读班级是否为重点班级作为学校环境的测量指标去预测其数学成绩，那么仍然是那些在重点班级就读的儿童可能获得较高的数学成绩。

表 6-4 学校环境对数学成绩影响的多层线性模型

	模型 5	模型 6	模型 7	模型 8
性别（0=女）	0.063 *	0.067 **	0.067 **	0.065 *
	(0.033)	(0.033)	(0.033)	(0.033)
民族（0=少数民族）	0.200 ***	0.205 ***	0.205 ***	0.206 ***
	(0.070)	(0.070)	(0.070)	(0.070)
年龄	-0.038 ***	-0.039 ***	-0.039 ***	-0.038 ***
	(0.010)	(0.010)	(0.010)	(0.010)
3岁时户口（0=城市户口）	-0.052	-0.045	-0.045	-0.045
	(0.042)	(0.042)	(0.042)	(0.042)
父亲 ISEI	0.003 **	0.003 **	0.003 **	0.003 **
	(0.001)	(0.001)	(0.001)	(0.001)
父母受教育程度	0.036 ***	0.036 ***	0.036 ***	0.035 ***
	(0.006)	(0.006)	(0.006)	(0.006)
兄弟姐妹数量	-0.059 *	-0.060 *	-0.060 *	-0.057
	(0.035)	(0.035)	(0.035)	(0.035)
教育阶段（0=幼儿园）				
小学	0.240 ***	0.243 ***	0.244 ***	0.252 ***
	(0.060)	(0.059)	(0.060)	(0.060)

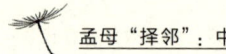

续表

	模型 5	模型 6	模型 7	模型 8
初中	1.231*** (0.092)	1.211*** (0.092)	1.211*** (0.092)	1.203*** (0.092)
高中	1.947*** (0.163)	1.937*** (0.162)	1.936*** (0.163)	1.912*** (0.163)
教育期望（0 = 本科及以上）	-0.284*** (0.035)	-0.282*** (0.035)	-0.282*** (0.035)	-0.280*** (0.035)
重点学校（0 = 否）	0.022 (0.060)		0.002 (0.060)	
重点班级（0 = 否）		0.167*** (0.062)	0.167*** (0.062)	
学校环境（0 = 较差）				0.124** (0.049)
常数项	-0.238* (0.143)	-0.237* (0.143)	-0.237* (0.143)	-0.242* (0.143)
社区随机效果	0.268 (0.032)	0.191 (0.027)	0.195 (0.027)	0.184 (0.027)
家庭随机效果	0.145 (0.192)	0.103 (0.137)	0.098 (0.144)	0.101 (0.139)
残差	0.949 (0.032)	0.723 (0.022)	0.723 (0.022)	0.723 (0.022)
AIC	4618.187	4611.045	4613.044	4611.88
BIC	4707.984	4700.843	4708.454	4701.678
N	2023	2023	2023	2023
家庭样本量	1763	1763	1763	1763
社区样本量	293	293	293	293

注：(1) 括号内为标准误；(2) 显著性水平：* $p < 0.10$，** $p < 0.05$，*** $p < 0.001$。

（三）学校环境的影响

为了检验基于重点学校和重点班级对被调查儿童数学成绩影响的稳健性，更准确地估计学校环境对被调查儿童数学成绩的作用程度，在模型 8 中，笔者将模型 7 中的重点学校和重点班级两个变量替换为学校环境变量。从表 6-4 各模型的随机效果来看，纳入基于重点学校和重点班级构建的学校环境变量以后，社区随机效果进一步减小了。这说明被调查儿童的数学成绩在社区和学校层面的差异能够被学校环境变量解释的部分变大了,仅使用重点学校或者重点班级,甚至直接使用重点学校和重点班级都不能准确地估计出学校环境对被调查儿童数学成绩的作用程度,存在高估学校环境作用程度的风险。

根据模型8的回归系数,在保持其他因素不变的情况下,如果被调查儿童在环境一般/较好的学校就读,那么其数学成绩会比那些在学校环境较差的被调查儿童显著更好,会高出0.124个标准差。这意味着如果以儿童就读的学校环境去预测其数学成绩,那么在环境较好的学校就读的儿童就可能获得较好的数学成绩。即与那些在非重点班级、非重点学校就读的儿童相比,在重点班级、重点学校或者重点学校中的重点班级就读的儿童的数学成绩会显著更好。这一研究结果与学校环境对被调查儿童字词成绩影响的估计结果较为相似,说明无论是字词成绩还是数学成绩,学校环境都会对其产生一定的影响,并且从模型8的回归结果来看,学校环境对被调查儿童数学成绩的影响甚至大于父母受教育程度的影响。可见,学校环境对儿童学业成就的影响在探讨社区环境对学业成就的研究中不应该被忽视。

第三节 学校环境与社区环境的叠加效应和交互效应

在本节,笔者着重探讨社区环境与学校环境对调查对象学业成就的影响是不是两种独立的环境效应。根据Cook(2003)提出的处理多元社会环境影响个体结果的分析框架,社区环境和学校环境是两种不同的社会环境因素,它们对调查对象学业成就的影响可能是一种叠加效应(additive effects),也可能是一种替代效应(substitutable effects),还可能是乘法效应(multiplicative effects)。

如果两者是叠加效应,那么社区环境和学校环境变量在模型中都将具有统计显著性;如果两者是替代效应,那么社区环境和学校环境变量在模型中将有一个不再显著;如果两者是乘法效应,那么社区环境与学校环境变量将会存在交互效应。Kauppinen（2008）和 Owens（2010）就曾借鉴 Cook（2003）的分析框架研究芬兰和美国多元社会环境对调查对象教育获得的影响,本研究也借鉴 Cook（2003）的分析框架来探讨学校环境与社区环境对调查对象字词成绩和数学成绩影响的关系属性。

一　学校环境与社区环境对城市儿童字词成绩的叠加效应

（一）重点学校与社区环境的影响

表 6-5 报告了学校环境与社区环境对被调查儿童字词成绩影响的估计结果。其中,模型 9 是将重点学校作为学校环境代理变量的回归模型,模型 10 是将重点班级作为学校环境代理变量的回归模型,模型 11 将重点学校和重点班级同时作为学校环境代理变量的回归模型,模型 12 则将使用基于重点学校和重点班级构建的学校环境变量来进行的回归估计。

模型 9 的结果显示,在保持其他因素不变的情况下,社区环境和学校环境对被调查儿童的字词成绩产生显著影响。与环境较差社区中的被调查儿童相比,环境一般/较好社区中的被调查儿童的字词成绩显著更好,这与第三章模型 20 中社区环境对被调查儿童字词成绩的影响一致,但与模型 20 相比,社区环境一般/较好对被调查儿童的字词成绩的作用程度有所减小。同时,与在非重点学校就读的被调查儿童相比,在重点学校就读的被调查儿童的字词成绩也显著更好,这与本章表 6-3 中模型 1 的估计结果一致,并且重点学校对被调查儿童字词成绩的作用程度没有发生变化。这意味着如果将使用基于社会经济指数和人力资本指数构建的社区类型作为社区环境的测量指标,将重点学校作为学校环境的测量指标,那么学校环境与社区环境共同对被调查儿童的字词成绩产生影响。

表6-5 学校环境与社区环境对字词成绩的影响

	模型9	模型10	模型11	模型12
性别(0=女)	-0.192*** (0.038)	-0.182*** (0.038)	-0.185*** (0.038)	-0.186*** (0.038)
民族(0=少数民族)	0.228*** (0.081)	0.234*** (0.081)	0.235*** (0.081)	0.239*** (0.080)
年龄	-0.012 (0.011)	-0.013 (0.011)	-0.013 (0.011)	-0.012 (0.011)
3岁时户口(0=城市户口)	-0.077 (0.049)	-0.071 (0.049)	-0.068 (0.049)	-0.068 (0.049)
父亲ISEI	0.002 (0.002)	0.002 (0.002)	0.002 (0.002)	0.002 (0.002)
父母受教育程度	0.062*** (0.007)	0.063*** (0.007)	0.062*** (0.007)	0.062*** (0.007)
兄弟姐妹数量	-0.038 (0.042)	-0.044 (0.042)	-0.041 (0.042)	-0.039 (0.042)
教育阶段(0=幼儿园)				
小学	0.197*** (0.068)	0.192*** (0.067)	0.203*** (0.068)	0.210*** (0.068)
初中	0.633*** (0.104)	0.614*** (0.104)	0.600*** (0.104)	0.589*** (0.104)
高中	1.021*** (0.185)	1.044*** (0.184)	1.002*** (0.185)	0.986*** (0.184)
教育期望(0=本科及以上)	-0.223*** (0.039)	-0.222*** (0.039)	-0.219*** (0.039)	-0.217*** (0.039)
社区环境(0=较差)				
一般	0.135** (0.059)	0.132** (0.059)	0.132** (0.059)	0.133** (0.058)
较好	0.132* (0.071)	0.125* (0.071)	0.124* (0.071)	0.124* (0.070)
重点学校(0=否)	0.175** (0.068)		0.144** (0.069)	

续表

	模型 9	模型 10	模型 11	模型 12
重点班级（0 = 否）		0.281*** (0.070)	0.263*** (0.071)	
学校环境（0 = 较差）				0.260*** (0.055)
常数项	-0.655*** (0.170)	-0.654*** (0.169)	-0.651*** (0.169)	-0.659*** (0.169)
社区随机效果	0.268 (0.032)	0.191 (0.027)	0.195 (0.027)	0.184 (0.027)
家庭随机效果	0.145 (0.192)	0.103 (0.137)	0.098 (0.144)	0.101 (0.139)
残差	0.949 (0.032)	0.723 (0.022)	0.723 (0.022)	0.723 (0.022)
AIC	5139.348	5129.972	5127.612	5123.891
BIC	5240.370	5230.995	5234.247	5224.913
N	2023	2023	2023	2023
家庭样本量	1763	1763	1763	1763
社区样本量	293	293	293	293

注：（1）括号内为标准误；（2）显著性水平：$^*p<0.10$，$^{**}p<0.05$，$^{***}p<0.001$。

（二）重点班级与社区环境的影响

在模型 10 中，当把重点学校替换为重点班级以后，得到的估计结果与模型 9 较为接近。结果显示，在保持其他因素不变的情况下，社区环境和学校环境对被调查儿童的字词成绩产生显著影响。与环境较差社区中的被调查儿童相比，环境一般/较好社区中的被调查儿童的字词成绩显著更好；同时，与本章表 6 - 3 中模型 2 的估计结果相比，虽然重点班级对被调查儿童字词成绩的作用程度相对减小了，但与在非重点班级就读的被调查儿童相比，在重点班级就读的被调查儿童的字词成绩仍然显著更好。这意味着如果将基于社会经济指数和人力资本指数构建的社区类型作为社区环境的测量指标，将重点班级作为学校环境的测量指标，那么学校环境与社区环境共同对被调查儿童的字词成绩产生影响。

根据模型 11 的估计结果，在保持其他因素不变的情况下，社区环境和学校环境仍然对被调查儿童的字词成绩产生显著影响。与环境较差社区中的被调查儿童相比，环境一般/较好社区中的被调查儿童的字词成绩显著更好；同时，与在非重点班级、非重点学校就读的被调查儿童相比，在重点班级、重点学校就读的被调查儿童的字词成绩也显著更好。由此可见，当把重点学校和重点班级同时纳入模型时，估计结果与模型9、模型10没有太大的差异，只是两个学校环境变量的作用程度相对减小了。这些结果表明，无论是将重点学校作为学校环境的代理变量，还是将重点班级作为学校环境的代理变量，抑或同时将重点班级和重点学校作为学校环境的代理变量，学校环境均会与基于社会经济指数和人力资本指数构建的社区类型共同作用于儿童的字词成绩，即学校环境与社区环境对被调查儿童字词成绩的影响是两种独立的环境效应。

（三）学校环境与社区环境的影响

在模型12中，当将重点学校、重点班级两个变量替换为基于两者构建的学校环境变量以后，得到的估计结果与模型11非常接近。结果显示，在保持其他因素不变的情况下，社区环境和学校环境对被调查儿童的字词成绩产生显著影响。与环境较差社区中的被调查儿童相比，环境一般/较好社区中的被调查儿童的字词成绩显著更好；同时，与环境较差学校中的被调查儿童相比，环境一般/较好学校中的被调查儿童的字词成绩仍然显著更好。这表明模型9、模型10、模型11的估计结果是稳健的，同时也说明无论是将重点学校作为学校环境的代理变量，还是将重点班级作为学校环境的代理变量，抑或同时将重点班级和重点学校作为学校环境的代理变量，学校环境均会与基于社会经济指数和人力资本指数构建的社区类型共同作用于被调查儿童的字词成绩，学校环境与社区环境对被调查儿童字词成绩的影响是两种独立的环境效应。

此外，从模型 9、模型 10 和模型 11 的随机效果可以看出，与模型 9 和模型 10 相比，当使用基于重点班级和重点学校构建的学校环境变量来检验学校环境对字词成绩的影响时，社区之间的变异由 0.268 和 0.191 变为 0.184，变化幅度大于模型 11。这表明基于重点班级和重点学校构建的学校环境变量能够很好地代表学校环境，用它可以测量学校环境对被调查儿童字词成绩的影响。根据模型 11 和模型 12 的社区随机效果，学校环境变量能够解释被调查儿童字词成绩在学校层次变异的比例甚至比使用重点学校和重点班级直接估计被调查儿童字词成绩在学校层次变化的比例更大。

二 学校环境与社区环境对城市儿童数学成绩的叠加效应

（一）重点学校与社区环境的影响

表 6-6 报告了学校环境与社区环境对被调查儿童数学成绩影响的估计结果。其中，模型 13 是将重点学校作为学校环境代理变量的回归模型，模型 14 是将重点班级作为学校环境代理变量的回归模型，模型 15 将重点学校和重点班级同时作为学校环境代理变量的回归模型，模型 16 则将由重点学校和重点班级构建的学校环境变量来进行的回归估计。

根据模型 13 的回归结果，在保持其他因素不变的情况下，社区环境对被调查儿童的数学成绩产生显著影响，而重点学校代表的学校环境变量对被调查儿童数学成绩的影响没有统计显著性。根据 Cook（2003）的分析框架，如果社区环境与学校环境对被调查儿童数学成绩的影响有一个不显著，那么社区环境与学校环境对其数学成绩的影响就可能存在替代效应。对比本章表 6-4 模型 5 可以发现，在没有纳入社区环境变量之前，重点学校变量事实上也对被调查儿童的数学成绩没有任何影响。这说明并非因为纳入的社区环境变量遮掩了学校环境变量的效应,而是它本身的作用程度就较低。此外,与环境较差社区中的被调查儿童相比,环境一般/较好社区中的被调查儿童的数学成绩显著更好,这与第三章模型 24 中社区环境对被调查儿童数学成绩的影响一致,并且与第三章的模型 24 相比,社区环境一般/较好对被调查儿童的数学成绩的作用程度没有变化。这一结果也验证了纳入重点班级变量并没有影响社区环境对数学成绩的作用程度和方向,说明如果将由社会经济指数和人力资本指数构建的社区类型作为社区环境的测量指标,将重点学校作为学校环境的测量指标,那么只有社区环境会对被调查儿童的数学成绩产生影响。

表 6-6 学校环境与社区环境对数学成绩的影响

	模型 13	模型 14	模型 15	模型 16
性别 (0=女)	0.062 * (0.033)	0.067 ** (0.033)	0.067 ** (0.033)	0.064 * (0.033)
民族 (0=少数民族)	0.206 *** (0.070)	0.210 *** (0.070)	0.210 *** (0.070)	0.212 *** (0.070)
年龄	-0.038 *** (0.010)	-0.039 *** (0.010)	-0.039 *** (0.010)	-0.038 *** (0.010)
3 岁时户口 (0=城市户口)	-0.051 (0.042)	-0.044 (0.042)	-0.044 (0.042)	-0.044 (0.042)
父亲 ISEI	0.003 ** (0.001)	0.003 ** (0.001)	0.003 ** (0.001)	0.003 ** (0.001)
父母受教育程度	0.035 *** (0.006)	0.035 *** (0.006)	0.035 *** (0.006)	0.035 *** (0.006)
兄弟姐妹数量	-0.059 * (0.035)	-0.061 * (0.034)	-0.061 * (0.034)	-0.057 * (0.034)
教育阶段 (0=幼儿园)				
小学	0.237 *** (0.060)	0.241 *** (0.059)	0.241 *** (0.060)	0.249 *** (0.060)
初中	1.233 *** (0.092)	1.213 *** (0.092)	1.213 *** (0.092)	1.205 *** (0.092)

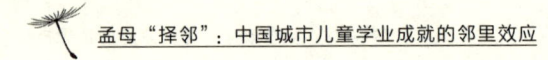

续表

	模型 13	模型 14	模型 15	模型 16
高中	1.939*** (0.163)	1.929*** (0.162)	1.928*** (0.163)	1.905*** (0.162)
教育期望（0=本科及以上）	-0.285*** (0.035)	-0.282*** (0.034)	-0.282*** (0.035)	-0.280*** (0.035)
社区环境（0=较差）				
一般	0.130*** (0.050)	0.128** (0.050)	0.128** (0.050)	0.128** (0.050)
较好	0.124** (0.060)	0.119* (0.061)	0.119* (0.061)	0.119* (0.061)
重点学校（0=否）	0.020 (0.060)		0.001 (0.060)	
重点班级（0=否）		0.163*** (0.062)	0.163*** (0.062)	
学校环境（0=较差）				0.121** (0.049)
常数项	-0.329** (0.147)	-0.327** (0.147)	-0.327** (0.147)	-0.331** (0.147)
社区随机效果	0.268 (0.032)	0.191 (0.027)	0.195 (0.027)	0.184 (0.027)
家庭随机效果	0.145 (0.192)	0.103 (0.137)	0.098 (0.144)	0.101 (0.139)
残差	0.949 (0.032)	0.723 (0.022)	0.723 (0.022)	0.723 (0.022)
AIC	4614.989	4608.154	4610.153	4608.945
BIC	4716.011	4709.176	4716.788	4709.967
N	2023	2023	2023	2023
家庭样本量	1763	1763	1763	1763
社区样本量	293	293	293	293

注：(1) 括号内为标准误；(2) 显著性水平：* $p<0.10$，** $p<0.05$，*** $p<0.001$。

（二）重点班级与社区环境的影响

在模型 14 中，当把重点学校替换为重点班级以后，估计结果显示，在保持其他条件不变的情况下，社区环境和学校环境对被调查儿童的数学成绩产生显著影响。与环境较差社区中的被调查儿童相比,环境一般/较好社区中的被调查儿童的数学成绩显著更好,并且与模型13中社区环境变量的估计结果相比,社区环境变量对被调查儿童数学成绩的作用程度减小了。与在非重点班级就读的被调查儿童相比,在重点班级就读的被调查儿童的数学成绩仍然显著更好。这意味着如果将基于社会经济指数和人力资本指数构建的社区类型作为社区环境的测量指标,将重点班级作为学校环境的测量指标,那么学校环境与社区环境共同对被调查儿童的数学成绩产生影响。

在模型15中,笔者将重点学校和重点班级同时作为学校环境的代理变量。估计结果显示,在保持其他因素不变的情况下,重点学校对被调查儿童的数学成绩仍然不具有统计显著性,而重点班级和社区环境对被调查儿童的数学成绩产生显著影响。与环境较差社区中的被调查儿童相比,环境一般/较好社区中的被调查儿童的数学成绩显著更好;同时,与在非重点班级就读的被调查儿童相比,在重点班级就读的被调查儿童的数学成绩显著更好。由此可见,当把重点学校和重点班级同时纳入模型时,估计结果与模型13、模型14没有发生太大的变化。这进一步表明是否在重点学校就读,被调查儿童的数学成绩均不会有太大差异。这些意味着,就学校环境对被调查儿童数学成绩的影响而言,重点班级的影响和作用程度要高于重点学校,即在重点班级就读比在重点学校就读更有助于被调查儿童提高数学成绩;就学校环境与社区环境的关系而言,如果将重点班级作为学校环境的代理变量,那么学校环境与基于社会经济指数和人力资本指数构建的社区类型共同作用于被调查儿童的数学成绩,即学校环境与社区环境对被调查儿童数学成绩的影响是两种独立的环境效应。

(三)学校环境与社区环境的影响

为了进一步检验学校环境与社区环境的关系,在模型16中,笔者将重点学校、重点班级两个变量替换为基于两者构建的学校环境变量重新来回归估计。得到的估计结果与模型15非常接近，与之相比，社区环境的作用程度和方向没有发生任何变化，而学校环境的作用程度相比重点班级的作用程度有所下降。根据估计结果，在保持其他因素不变的情况下，社区环境和学校环境都会对被调查儿童的数学成绩产生显著影响。与环境较差社区中的被调查儿童相比，环境一般/较好社区中的被调查儿童的数学成绩显著更好；同时，与环境较差学校中的被调查儿童相比，环境一般/较好学校中的被调查儿童的数学成绩显著更好。这说明基于重点班级和重点学校构建的学校环境变量与基于社会经济指数和人力资本指数构建的社区类型共同作用于被调查儿童的数学成绩，即学校环境与社区环境对被调查儿童数学成绩的影响也是两种独立的环境效应。

此外，对比模型13、模型14和模型15的随机效果可以发现，与模型13和模型14相比，当将基于重点班级和重点学校构建的学校环境变量来检验学校环境对数学成绩的影响时，模型16中被调查儿童数学成绩在社区之间的变异系数也减小了，并且变化幅度还大于模型15。这表明基于重点班级和重点学校构建的学校环境变量能够很好地代表学校环境，用它可以测量学校环境对被调查儿童数学成绩的影响。根据模型15和模型16的社区随机效果，学校环境变量能够解释被调查儿童数学成绩在学校层次变异的比例甚至比使用重点学校和重点班级直接估计被调查儿童数学成绩在学校层次变化的比例更大。

三 学校环境与社区环境对城市儿童字词成绩的交互效应

（一）重点学校与社区环境的影响

表6-7报告的是学校环境与社区环境对被调查儿童字词成

绩影响的交互效应模型。它在表 6-5 各模型的基础上纳入了重点学校与社区环境的交互项、重点班级与社区环境的交互项以及基于重点学校和重点班级构建的学校环境与社区环境的交互项。

模型 17 的回归结果显示,重点学校与社区环境的交互项对被调查儿童字词成绩的影响不具有统计显著性,并且纳入重点学校与社区环境的交互项以后,模型的随机效果与表 6-5 模型 9 几乎没有变化。这说明纳入重点学校与社区环境的交互项没有显著提高模型的解释力,重点学校与社区环境对被调查儿童的字词成绩的影响不存在交互效应。从交互项的作用方向来看,在同等社区环境中生活的调查对象如果在重点学校就读,其字词成绩反而较差。这一研究发现与 Davis(1996)的研究相似,他发现学校如同供养青蛙的池塘(frog ponds),一只大青蛙在一个小池塘会比一只小青蛙在一个大池塘获益更多。

对比模型 9 和模型 17 的估计结果可以发现,重点学校和社区环境对被调查儿童字词成绩的作用程度都变大了。在保持其他因素不变的情况下,在重点学校就读的被调查儿童的字词成绩比在非重点学校就读的被调查儿童的字词成绩显著高出 0.282 个标准差;与环境较差社区中的被调查儿童相比,环境一般/较好社区中的被调查儿童的字词成绩显著更好,分别高出 0.147 个标准差和 0.149 个标准差。这些结果再次表明如果将基于社会经济指数和人力资本指数构建的社区类型作为社区环境的测量指标,将重点学校作为学校环境的测量指标,那么两者对被调查儿童字词成绩的影响只存在叠加效应。

表 6-7　学校环境与社区环境对字词成绩影响的交互效应模型

	模型 17	模型 18	模型 19	模型 20
性别（0 = 女）	-0.193 *** (0.038)	-0.182 *** (0.038)	-0.185 *** (0.038)	-0.187 *** (0.038)

续表

	模型 17	模型 18	模型 19	模型 20
民族（0 = 少数民族）	0.230 *** (0.081)	0.229 *** (0.081)	0.232 *** (0.081)	0.239 *** (0.080)
年龄	-0.012 (0.011)	-0.013 (0.011)	-0.013 (0.011)	-0.012 (0.011)
3 岁时户口（0 = 城市户口）	-0.077 (0.049)	-0.071 (0.049)	-0.068 (0.049)	-0.067 (0.049)
父亲 ISEI	0.002 (0.002)	0.002 (0.002)	0.002 (0.002)	0.002 (0.002)
父母受教育程度	0.062 *** (0.007)	0.062 *** (0.007)	0.061 *** (0.007)	0.061 *** (0.007)
兄弟姐妹数量	-0.038 (0.042)	-0.045 (0.042)	-0.041 (0.042)	-0.040 (0.042)
教育阶段（0 = 幼儿园）				
小学	0.196 *** (0.068)	0.189 *** (0.067)	0.200 *** (0.068)	0.209 *** (0.068)
初中	0.630 *** (0.104)	0.616 *** (0.104)	0.599 *** (0.104)	0.588 *** (0.104)
高中	1.023 *** (0.186)	1.045 *** (0.184)	1.002 *** (0.185)	0.991 *** (0.185)
教育期望（0 = 本科及以上）	-0.222 *** (0.039)	-0.220 *** (0.039)	-0.217 *** (0.039)	-0.215 *** (0.039)
社区环境（0 = 较差）				
一般	0.147 ** (0.060)	0.131 ** (0.060)	0.142 ** (0.061)	0.142 ** (0.061)
较好	0.149 ** (0.073)	0.152 ** (0.073)	0.164 ** (0.075)	0.157 ** (0.075)
重点学校（0 = 否）	0.282 ** (0.135)		0.255 * (0.135)	
重点学校 × 社区环境一般	-0.128 (0.165)		-0.137 (0.166)	
重点学校 × 社区环境较好	-0.174 (0.188)		-0.155 (0.190)	
重点班级（0 = 否）		0.353 ** (0.149)	0.319 ** (0.150)	

第六章 学校效应：邻里效应的替代物？

续表

	模型 17	模型 18	模型 19	模型 20
重点班级×社区环境一般		0.000 (0.176)	0.024 (0.177)	
重点班级×社区环境较好		-0.270 (0.199)	-0.252 (0.201)	
学校环境（0=较差）				0.342*** (0.109)
学校环境×社区环境一般				-0.068 (0.131)
学校环境×社区环境较好				-0.190 (0.151)
常数项	-0.669*** (0.170)	-0.657*** (0.170)	-0.667*** (0.170)	-0.674*** (0.170)
社区随机效果	0.268 (0.032)	0.191 (0.027)	0.195 (0.027)	0.184 (0.027)
家庭随机效果	0.145 (0.192)	0.103 (0.137)	0.098 (0.144)	0.101 (0.139)
残差	0.949 (0.032)	0.723 (0.022)	0.723 (0.022)	0.723 (0.022)
AIC	5142.410	5130.929	5131.471	5126.250
BIC	5254.656	5243.176	5260.555	5238.497
N	2023	2023	2023	2023
家庭样本量	1763	1763	1763	1763
社区样本量	293	293	293	293

注：（1）括号内为标准误；（2）显著性水平：* $p<0.10$，** $p<0.05$，*** $p<0.001$。

（二）重点班级与社区环境的影响

模型18的回归结果显示，重点班级与社区环境的交互项对被调查儿童字词成绩的影响也不具有统计显著性。在纳入重点班级与社区环境的交互项以后，模型的随机效果与表6-5模型10几乎没有变化。这说明纳入重点班级与社区环境的交互项没有显著提高模型的解释力，重点班级与社区环境对被调查儿童字词成绩的影响也不存在交互效应。对比模型10和模型18的估计结果可以发现，重点班级和社区环境对被调查儿童字词成绩的作用程度同样变大了。在保持其他因素不变的情况下，在重点班级就读的被调查儿童的字词成绩比在非重点班级就读的被调查儿童的字词成绩显著高出 0.353 个标准差；与环境较差社区中的被调查儿童相比，环境一般/较好社区中的被调查儿童的字词成绩显著更好，分别高出 0.131 个标准差和 0.152 个标准差。

（三）学校环境与社区环境的影响

在模型 19 和模型 20 中，笔者分别纳入了重点学校与社区环境的交互项、重点班级与社区环境的交互项，以及基于重点学校和重点班级构建的学校环境与社区环境的交互项。根据估计结果，无论是将重点学校和重点班级直接作为学校环境的代理变量，还是使用基于两者构建的学校环境变量，学校环境与社区环境交互项对被调查儿童字词成绩影响均不存在交互效应。对比模型 17 和模型 18 的估计结果可以发现，模型 19 和模型 20 中社区环境变量的作用程度变大了，而学校环境的作用程度却变小了。

尽管如此，根据模型 19 和模型 20，仍然可以发现模型 17 和模型 18 的估计结果是稳健的，学校环境与社区环境共同作用于被调查儿童的字词成绩，但它们对被调查儿童字词成绩的影响不存在交互效应，两者对被调查儿童字词成绩的影响是一种叠加效应。

四 学校环境与社区环境对城市儿童数学成绩的交互效应

（一）重点学校与社区环境的影响

表 6-8 报告的是学校环境与社区环境对被调查儿童数学成绩影响的交互效应模型。它在表 6-6 各模型的基础上纳入重点学校与社区环境的交互项、重点班级与社区环境的交互项以及基于重点学校和重点班级构建的学校环境与社区环境的交互项。

模型 21 的回归结果显示，重点学校与社区环境的交互项对被调查儿童数学成绩的影响不具有统计显著性，并且纳入重点学校与社区环境的交互项以后，模型的随机效果与表 6-6 模型 13 几乎没有变化。这说明纳入重点学校与社区环境的交互项没有显著提高模型的解释力，重点学校与社区环境对被调查儿童的数学成绩的影响不存在交互效应。对比本章模型 5、模型 13 和模型 21 的估计结果，可以发现在没有纳入社区环境变量以及重点学校与社区环境交互项之前，重点学校变量实际上也对被调查儿童的数学成绩没有任何影响。这说明并非因为纳入的社区环境变量或者社区环境与重点学校交互项遮掩了学校环境变量的效应，而是它本身的作用程度就较低。

社区环境对被调查儿童数学成绩的作用程度和方向与模型 13 相比几乎没有发生变化。在保持其他因素不变的情况下，与环境较差社区中的被调查儿童相比，环境一般/较好社区中的被调查儿童的数学成绩显著更好，分别高出 0.132 个标准差和 0.122 个标准差。这些结果表明如果将基于社会经济指数和人力资本指数构建的社区类型作为社区环境的测量指标，将重点学校作为学校环境的测量指标，那么两者对被调查儿童数学成绩的影响只存在叠加效应。

表 6-8 学校环境与社区环境对数学成绩影响的交互效应模型

	模型 21	模型 22	模型 23	模型 24
性别（0＝女）	0.062*	0.067**	0.067**	0.065*
	(0.033)	(0.033)	(0.033)	(0.033)
民族（0＝少数民族）	0.206***	0.211***	0.211***	0.213***
	(0.070)	(0.070)	(0.070)	(0.070)
年龄	-0.038***	-0.039***	-0.039***	-0.038***
	(0.010)	(0.010)	(0.010)	(0.010)
3 岁时户口（0＝城市户口）	-0.051	-0.045	-0.045	-0.046
	(0.042)	(0.042)	(0.042)	(0.042)

续表

	模型 21	模型 22	模型 23	模型 24
父亲 ISEI	0.003** (0.001)	0.003** (0.001)	0.003** (0.001)	0.003** (0.001)
父母受教育程度	0.035*** (0.006)	0.035*** (0.006)	0.035*** (0.006)	0.035*** (0.006)
兄弟姐妹数量	-0.059* (0.035)	-0.060* (0.034)	-0.060* (0.035)	-0.057* (0.034)
教育阶段（0=幼儿园）				
小学	0.237*** (0.060)	0.243*** (0.059)	0.243*** (0.060)	0.251*** (0.060)
初中	1.232*** (0.092)	1.211*** (0.092)	1.211*** (0.092)	1.202*** (0.092)
高中	1.937*** (0.163)	1.930*** (0.162)	1.929*** (0.163)	1.899*** (0.162)
教育期望（0=本科及以上）	-0.285*** (0.035)	-0.282*** (0.035)	-0.282*** (0.035)	-0.281*** (0.035)
社区环境（0=较差）				
一般	0.132** (0.052)	0.136*** (0.051)	0.137*** (0.053)	0.143*** (0.053)
较好	0.122* (0.063)	0.119* (0.062)	0.119* (0.064)	0.112* (0.064)
重点学校（0=否）	0.028 (0.118)		0.008 (0.119)	
重点学校×社区环境一般	-0.023 (0.144)		-0.015 (0.145)	
重点学校×社区环境较好	0.016 (0.165)		-0.001 (0.167)	
重点班级（0=否）		0.223* (0.131)	0.222* (0.132)	
重点班级×社区环境一般		-0.103 (0.154)	-0.101 (0.156)	
重点班级×社区环境较好		-0.025 (0.175)	-0.025 (0.177)	
学校环境（0=较差）				0.163* (0.095)

续表

	模型 21	模型 22	模型 23	模型 24
学校环境 × 社区环境一般				-0.095 (0.115)
学校环境 × 社区环境较好				0.024 (0.133)
常数项	-0.331** (0.148)	-0.334** (0.147)	-0.335** (0.148)	-0.342** (0.148)
社区随机效果	0.268 (0.032)	0.191 (0.027)	0.195 (0.027)	0.184 (0.027)
家庭随机效果	0.145 (0.192)	0.103 (0.137)	0.098 (0.144)	0.101 (0.139)
残差	0.949 (0.032)	0.723 (0.022)	0.723 (0.022)	0.723 (0.022)
AIC	4618.909	4611.587	4617.573	4611.598
BIC	4731.156	4723.834	4746.657	4723.845
N	2023	2023	2023	2023
家庭样本量	1763	1763	1763	1763
社区样本量	293	293	293	293

注：(1) 括号内为标准误；(2) 显著性水平：$^* p<0.10$，$^{**} p<0.05$，$^{***} p<0.001$。

（二）重点班级与社区环境的影响

根据模型 22 的估计结果，重点班级与社区环境的交互项对被调查儿童数学成绩的影响也不具有统计显著性，并且纳入重点班级与社区环境的交互项以后，模型的随机效果与表 6-6 模型 14 相比也没有发生变化。这说明纳入重点班级与社区环境的交互项没有显著提高模型的解释力，重点班级与社区环境对被调查儿童的数学成绩的影响不存在交互效应。

对比模型 14 和模型 22 的估计结果，可以发现在纳入重点学校与社区环境交互项之后，重点班级对被调查儿童的数学成绩的影响仍然具有统计显著性，并且其作用程度变大了。与在非重点班级就读的被调查儿童相比，在重点班级就读的被调查儿童的数学成绩也会显著更好，高出 0.223 个标准差。而社区环境对被调查儿童数学成绩的影响和作用程度没有发生变化。在保持其他因素不变的情况下，与环境较差社区中的被调查儿童相比，环境一般/较好社区中的被调查儿童的数学成绩虽然显著更好，分别高出 0.136 个标准差和 0.119 个标准差。这些结果表明如果将基于社会经济指数和人力资本指数构建的社区类型作为社区环境的测量指标，将重点班级作为学校环境的测量指标，那么两者对被调查儿童数学成绩的影响只存在叠加效应。

（三）学校环境与社区环境的影响

在模型 23 和模型 24 中，笔者分别纳入了重点学校与社区环境的交互项、重点班级与社区环境的交互项，以及基于重点学校和重点班级构建的学校环境与社区环境的交互项。根据估计结果，无论是将重点学校和重点班级直接作为学校环境的代理变量，还是将基于两者构建的学校环境变量，学校环境与社区环境交互项对被调查儿童数学成绩影响均不存在交互效应。

但是社区环境和学校环境对被调查儿童的数学成绩仍然具有显著影响。在模型 23 中，虽然重点学校变量对被调查儿童数学成绩的影响不具有统计显著性，但从交互项的作用方向来看，在同等社区环境中生活的被调查儿童如果在重点学校就读，其数学成绩反而较差。这一研究发现与 Davis（1996）的研究也相似。此外，重点班级和社区环境变量的作用程度相比于未纳入交互项之前的模型变大了。与在非重点班级就读的被调查儿童相比，在重点班级就读的被调查儿童的数学成绩显著更好，高出 0.222 个标准差；与环境较差社区中的被调查儿童相比，环境一般/较好社区中的被调查儿童的数学成绩显著更好，分别高出 0.137 个标准差和 0.119 个标准差。

在模型 24 中，当把学校环境的测量指标替换为基于重点班级和重点学校构建的综合变量时，学校环境对被调查儿童数学成绩的作用程度变小了，社区环境对被调查儿童数学成绩的作用程度变大了。与在非重点班级就读的被调查儿童相比，在重点班级就读的被调查儿童的数学成绩也会显著更好，高出 0.163 个标准差；与环境较差社区中的被调查儿童相比，环境一般/较好社区中的被调查儿童的数学成绩显著更好，分别高出 0.143 个标准差和 0.112 个标准差。这些结果表明模型 21 和模型 22 的估计结果是稳健的，也表明学校环境与社区环境共同作用于被调查儿童数学成绩，但它们对被调查儿童数学成绩的影响不存在交互效应，两者对被调查儿童数学成绩的影响是一种叠加效应。

第四节 本章小结

本章试图在中国社会情境中来回答社区环境对城市儿童学业成就的影响与学校环境有没有关系。借助 Cook（2003）提出的分析框架，笔者将该问题拆解为三个问题：一是学校环境是否会影响被调查儿童的字词成绩和数学成绩；二是学校环境与社区环境对被调查儿童字词成绩和数学成绩的影响是叠加效应还是替代效应；三是学校环境与社区环境对被调查儿童字词成绩和数学成绩的影响是否存在乘法效应。研究发现，学校环境是影响被调查儿童字词成绩和数学成绩的一个重要因素，并且学校环境与社区环境对被调查儿童字词成绩和数学成绩的影响是叠加效应，而不是替代效应和乘法效应。具体的研究发现有以下四个方面。

第一，重点学校和重点班级是测量学校环境的良好指标。在中国，重点学校和重点班级的划分是非常普遍的现象。根据中国家庭追踪调查 2010 年的数据，在重点学校就读的儿童占 9.24%，在非重点学校就读的儿童占 90.76%，在重点学校就读的儿童远远少于在非重点学校就读的儿童；在重点班级就读的儿童占 8.55%，在非重点班级就读的儿童占 91.45%，在重点班级就读儿童的占比与在重点学校就读儿童的占比较为接近，在重点班级就读儿童的数量也远远少于在非重点班级就读儿童的数量。重点学校和重点班级都属于优质的教育资源，在重点学校就读和在重点班级就读学生人数较少是比较符合社会现实的，因而将重点学校和重点班级作为学校环境的测量指标也是比较合适的。

第二，学校环境对被调查儿童的字词成绩和数学成绩产生显著影响。首先，学校环境对被调查儿童字词成绩的影响。研究发现，无论是将重点学校作为学校环境的代理变量，还是将重点班级作为学校环境的代理变量，抑或是基于重点学校和重点班级构建的学校环境变量，在重点学校、重点班级以及学校环境综合情况一般或较好的学校就读的儿童的字词成绩均比在其他学校或班级就读的儿童的字词成绩显著更好。其次，学校环境对被调查儿童数学成绩的影响。研究发现，重点班级和基于重点学校、重点班级构建的学校环境变量也对被调查儿童的数学成绩产生影响，在重点班级以及在学校环境综合情况一般或较好的学校就读的儿童的数学成绩同样比其他儿童的数学成绩显著更好。但是重点学校对被调查儿童数学成绩的影响不具有统计显著性，这是学校环境对被调查儿童字词成绩、数学成绩产生的影响的最大不同之处。

第三，学校环境与社区环境对被调查儿童字词成绩和数学成绩的影响属于叠加效应，而不是替代效应。按照Cook（2003）提出的处理多元社会环境影响个体结果的分析框架，本章还检验了社区环境和学校环境对被调查儿童字词成绩和数学成绩影响的关系属性。研究发现，当在模型中同时纳入学校环境和社区环境变量，学校环境对被调查儿童字词成绩和数学成绩的影响与第二节的研究发现一致，在学校环境的三个测量指标中，只有重点学校对被调查儿童数学成绩的影响仍然不具有统计显著性，而重点班级和学校环境综合情况对被调查儿童的字词成绩和数学成绩则产生了显著影响。同时，与第三章社区环境对被调查儿童字词成绩和数学成绩影响的估计结果相比，社区环境对被调查儿童字词成绩和数学成绩的影响也没有发生变化，与环境较差社区中的被调查儿童相比，环境一般/较好社区中的被调查儿童的字词成绩和数学成绩依然会显著更好。因而，学校环境与社区环境对被调查儿童字词成绩和数学成绩的影响是叠加效应，而不是替代效应。

第四，学校环境与社区环境对被调查儿童字词成绩和数学成绩的影响不存在乘法效应。依据 Cook（2003）提出的分析框架，本章还进一步检验了学校环境与社区环境对被调查儿童字词成绩和数学成绩的影响是否存在乘法效应。结果发现，与第三节未纳入交互项的模型相比，当在模型中纳入重点学校与社区环境的交互项、重点班级与社区环境的交互项、学校环境与社区环境的交互项以后，估计结果出现了两个重要的变化：一是各模型的交互项都不具有统计显著性，即学校环境与社区环境对被调查儿童字词成绩和数学成绩的影响不存在乘法效应；二是社区环境和学校环境对被调查儿童字词成绩和数学成绩的作用程度都有所提高。这些研究结果进一步表明，如果将重点学校、重点班级或者基于两者构建的学校环境综合情况作为学校环境的测量指标，将基于社会经济指数和人力资本指数构建的社区类型作为社区环境的测量指标，那么社区环境与学校环境对被调查儿童字词成绩和数学成绩的影响不存在交互效应，也不存在替代效应，而是一种叠加效应。

第七章　邻里选择对城市儿童学业成就的影响

在当前这个以流动为主旋律的时代，跨地域的居住流动已成为一个非常普遍的社会现象。就本书的研究对象而言，处于学龄期的儿童更可能因为教育而发生居住流动，那么儿童的居住流动是否有助于其获得更高的学业成就呢？吴琼（2017）基于中国家庭追踪调查数据的研究发现，儿童早期的流动经历对其青年期的教育成就有正向影响；同时，根据本书第六章的研究发现，社区环境与学校环境也会对儿童的字词成绩和数学成绩产生显著的影响，那么，居住流动对儿童教育成就的影响是否源于学校环境和社区环境的改善呢？也就是说，社区环境对儿童学业成就的影响是否会通过居住流动（邻里选择）发挥中介作用呢？这是本章试图回答的问题。在第一节，笔者着重探讨邻里选择对儿童字词成绩的影响；在第二节，笔者着重探讨邻里选择对儿童数学成绩的影响；在第三节，笔者运用索博尔-古德曼（Sobel-Goodman）中介分析来检验邻里选择在社区环境和学业成就间的中介作用。

第一节　邻里选择对城市儿童字词成绩的影响

邻里选择是指儿童因居住地改变而变换社区和社区环境的现

第七章　邻里选择对城市儿童学业成就的影响

象。在本书中，只要被调查儿童 2010 年的社区编码和 2014 年的社区编码不一样，就认为该儿童存在居住流动和邻里选择。值得注意的是：第一，由于中国家庭追踪调查数据无法进一步甄别被调查儿童随家庭的居住流动是主动还是被动，因而本研究在进行数据分析时，不判断调查对象的居住流动是主动选择还是被动选择。这是因为即使像征地拆迁这样被动的居住流动，政府也会考虑将居民安置在容纳能力较强、环境状况较好的社区，这与调查对象主动变更居住社区具有相似的逻辑。第二，被调查儿童随家庭的居住流动的邻里选择与农民工群体的流动不同，农民工流动主要是就业驱动的居住流动，他们会随工作转换而不断变换居住场所，并且通常不会有户籍的迁移。邻里选择主要是为了谋求更好的生活环境而引发的居住流动，并且主要是人户同时迁移，是真正意义上的人口迁移。就本章的研究对象而言，中国家庭追踪调查 2014 年成功追踪到的 895 个儿童样本中，2010~2014 年有居住流动经历的儿童的比例为 12.7%，即年龄在 6~16 周岁的城市儿童在 2010~2014 年发生了邻里选择的比例约为 12.7%。

一　居住流动对城市儿童字词成绩的影响

表 7-1 报告了居住流动对被调查儿童字词成绩影响的估计结果。本章以中国家庭追踪调查 2014 年成功追踪到的儿童样本作为研究对象，而不是 2010 年调查时的所有儿童样本，即在本章中用于分析的所有变量均来自 2014 年的追踪数据。因而，在进行分析时笔者重新建立了字词测试成绩的无条件平均模型，以估计 2014 年成功追踪到的儿童的字词成绩在社区之间的变异、家庭之间的变异和个体之间的变异。根据模型 1 的估计结果，社区之间的关联度系数为 0.2556、家庭之间的关联度系数为 0.2592、个体之间的关联度系数为 0.4852。这意味着被调查儿童字词成绩有 25.56% 的变异来自社区，有 25.92% 的变异来自家庭，有 48.52%

的变异来自儿童自身。与第三章 2010 年被调查儿童字词成绩在社区之间的变异相比,被调查儿童字词成绩之间的差异能被社区因素解释的比例有所提升,由 21.6% 提高到 25.56%。

模型 2 中,笔者纳入了与第三章相同的控制变量和居住流动变量,回归结果显示:第一,性别、年龄、3 岁时户口、父母受教育程度、兄弟姐妹数量、教育阶段以及教育期望等控制变量都会对被调查儿童的字词成绩产生一定程度的影响。这表明个体特征和家庭背景等仍然是影响被调查儿童教育成就的重要因素,因性别和家庭背景等先赋性因素而造成的教育机会不平等在当代中国仍然存在。第二,居住流动是影响被调查儿童字词成绩的重要因素。估计结果显示,居住流动会对被调查儿童的字词成绩产生正向作用,在保持其他因素不变的条件下,与那些没有居住流动经历的被调查儿童相比,有居住流动经历的被调查儿童的字词成绩显著更好,高出 0.263 个标准差。在纳入居住流动变量以后,社区随机效果发生了较大的变化,由 0.422 变为 0.152。这意味着居住流动变量大约能够解释被调查儿童字词成绩在社区层次变异的 63.98%。

表 7-1 居住流动对字词成绩影响的多层线性模型

	模型 1	模型 2	模型 3	模型 4	模型 5	模型 6
性别(0=女)		-0.219*** (0.054)	-0.220*** (0.054)	-0.225*** (0.054)	-0.225*** (0.054)	-0.220*** (0.054)
民族(0=少数民族)		0.067 (0.104)	0.061 (0.102)	0.071 (0.103)	0.065 (0.101)	0.056 (0.101)
年龄		0.135*** (0.026)	0.136*** (0.026)	0.134*** (0.026)	0.134*** (0.026)	0.135*** (0.026)
3 岁时户口(0=城市户口)		-0.186*** (0.067)	-0.191*** (0.067)	-0.184*** (0.067)	-0.188*** (0.066)	-0.197*** (0.066)
父亲 ISEI		-0.001 (0.002)	-0.002 (0.002)	-0.002 (0.002)	-0.002 (0.002)	-0.002 (0.002)
父母受教育程度		0.047*** (0.010)	0.047*** (0.010)	0.047*** (0.010)	0.048*** (0.010)	0.048*** (0.010)

第七章 邻里选择对城市儿童学业成就的影响

续表

	模型1	模型2	模型3	模型4	模型5	模型6
兄弟姐妹数量		-0.164*** (0.061)	-0.170*** (0.060)	-0.162*** (0.060)	-0.168*** (0.060)	-0.167*** (0.060)
教育阶段（0=小学）						
初中		0.473*** (0.091)	0.472*** (0.091)	0.479*** (0.091)	0.477*** (0.091)	0.473*** (0.091)
高中		0.745*** (0.162)	0.740*** (0.162)	0.741*** (0.162)	0.737*** (0.162)	0.741*** (0.162)
教育期望（0=本科及以上）		0.112* (0.058)	0.114** (0.058)	0.104* (0.058)	0.107* (0.058)	0.108* (0.058)
居住流动（0=否）		0.263*** (0.086)	0.179* (0.093)	0.191* (0.092)	0.119 (0.097)	0.197** (0.087)
社会经济指数（0=低）			0.142** (0.064)		0.131** (0.064)	
人力资本指数（0=低）				0.133** (0.064)	0.123* (0.063)	
社区类型（0=较差）						0.182*** (0.063)
常数项	0.033 (0.043)	-2.112*** (0.357)	-2.153*** (0.356)	-2.145*** (0.356)	-2.180*** (0.356)	-2.202*** (0.357)
社区随机效果	0.422 (0.051)	0.152 (0.075)	0.128 (0.086)	0.131 (0.085)	0.105 (0.103)	0.095 (0.115)
家庭随机效果	0.428 (0.106)	0.553 (0.055)	0.553 (0.056)	0.550 (0.057)	0.550 (0.057)	0.552 (0.057)
残差	0.801 (0.056)	0.589 (0.046)	0.592 (0.047)	0.593 (0.047)	0.596 (0.047)	0.596 (0.048)
AIC	2504.952	2202.349	2199.594	2200.040	2197.860	2196.581
BIC	2524.139	2274.301	2276.343	2276.789	2279.406	2273.331
N	895	895	895	895	895	895
家庭样本量	833	833	833	833	833	833
社区样本量	252	252	252	252	252	252

注：（1）括号内为标准误；（2）显著性水平：$^* p<0.10$，$^{**} p<0.05$，$^{***} p<0.001$；（3）由于索博尔-古德曼中介分析要求自变量为0-1变量，为了与后文中介分析结果做比较，本章将社会经济指数、人力资本指数按第三章划分社区类型时的处理办法处理为0-1变量，0代表社会经济指数、人力资本指数低，1代表社会经济指数、人力资本指数高。同时，将社区类型中的社区环境一般和社区环境较好的类别合并，将社区环境较差赋值为0，将社区环境一般/较好赋值为1。

二 居住流动和社区环境指数对城市儿童字词成绩的影响

为什么居住流动能够以这么高的比例解释被调查儿童字词成绩在社区层面变异呢？笔者认为，一个合理的解释就是居住流动涵盖了因居住流动而获得的更好的社区环境和学校环境的部分效应。也就是说，社区环境会通过居住流动对被调查儿童的字词成绩产生中介作用的假设可能是成立的。为了进一步对其进行检验，笔者在模型2的基础上，分别纳入社区的社会经济指数、人力资本指数。其中，模型3在模型2的基础上纳入社会经济指数；模型4在模型2的基础上纳入人力资本指数；模型5则是在模型2的基础上同时纳入社会经济指数和人力资本指数两个变量。

模型3的回归结果显示，当在模型2的基础上纳入社区的社会经济指数以后，居住流动对被调查儿童字词成绩仍然具有显著的正向作用，但其作用程度减小了许多。由模型2中的0.263变为0.179，即与没有居住流动经历的被调查儿童相比，有居住流动经历的被调查儿童的字词成绩显著高出0.179个标准差。而由社会经济指数代表的社区环境也对被调查儿童字词成绩产生显著的正向影响，并且它对被调查儿童字词成绩的影响不仅削减了居住流动的作用程度，而且使社区随机效果进一步减小了。模型4与模型3相似，当在模型2的基础上纳入社区的人力资本指数以后，居住流动对被调查儿童字词成绩仍然具有显著的正向作用，但其作用程度也减小了；而人力资本指数代表的社区环境也对被调查儿童的字词成绩产生正向影响。这些结果表明，居住流动对被调查儿童字词成绩的影响的确有一部分来自社区环境因素的影响。

模型5则在模型2的基础上同时纳入社区的社会经济指数和人力资本指数。从估计结果来看，居住流动和社区环境指数均会对被调查儿童的字词成绩产生显著的正向作用，并且社区随机效果也减小了。这一研究结果验证了模型2、模型3和模型4的研

第七章　邻里选择对城市儿童学业成就的影响

究发现，也进一步表明，如果对社区环境加以控制，那么居住流动对被调查儿童字词成绩的影响会进一步缩小。

但是当在模型中同时纳入居住流动和社区环境变量以后，社区环境对被调查儿童字词成绩的影响是否也发生了变化呢？由于索博尔－古德曼中介分析要求自变量为0-1变量，表7-1中的社区环境变量对被调查儿童字词成绩的影响无法直接与第三章的模型进行比较，所以笔者重新估计了二分类的社区环境变量对被调查儿童字词成绩的影响（见表7-2）。结果显示，当未纳入居住流动变量时，社区环境对被调查儿童的字词成绩产生显著影响，在模型中纳入居住流动变量以后，社会经济指数、人力资本指数、社区类型等社区环境变量对被调查儿童字词成绩的作用程度都减小了。

表7-2　社区环境对字词成绩影响的多层线性模型

	模型7	模型8	模型9	模型10
性别（0=女）	-0.223*** (0.054)	-0.230*** (0.054)	-0.228*** (0.054)	-0.223*** (0.054)
民族（0=少数民族）	0.067 (0.103)	0.081 (0.103)	0.069 (0.101)	0.063 (0.102)
年龄	0.138*** (0.026)	0.135*** (0.026)	0.135*** (0.026)	0.137*** (0.026)
3岁时户口（0=城市户口）	-0.196*** (0.067)	-0.186*** (0.067)	-0.191*** (0.066)	-0.204*** (0.067)
父亲ISEI	-0.002 (0.002)	-0.002 (0.002)	-0.002 (0.002)	-0.002 (0.002)
父母受教育程度	0.048*** (0.010)	0.047*** (0.010)	0.048*** (0.010)	0.048*** (0.010)
兄弟姐妹数量	-0.171*** (0.060)	-0.161*** (0.061)	-0.168*** (0.060)	-0.167*** (0.060)
教育阶段（0=小学）				
初中	0.466*** (0.091)	0.475*** (0.091)	0.474*** (0.091)	0.466*** (0.091)

续表

	模型7	模型8	模型9	模型10
高中	0.740*** (0.162)	0.741*** (0.163)	0.736*** (0.162)	0.742*** (0.162)
教育期望（0=本科及以上）	0.115** (0.058)	0.101* (0.058)	0.106* (0.058)	0.107* (0.058)
社会经济指数（0=低）	0.193*** (0.059)		0.159*** (0.060)	
人力资本指数（0=低）		0.183*** (0.059)	0.147** (0.060)	
社区类型（0=较差）				0.219*** (0.061)
常数项	-1.987*** (0.358)	-1.985*** (0.359)	-1.894*** (0.359)	-2.014*** (0.357)
社区随机效果	0.137 (0.082)	0.140 (0.082)	0.108 (0.102)	0.105 (0.106)
家庭随机效果	0.551 (0.057)	0.548 (0.058)	0.548 (0.058)	0.551 (0.058)
残差	0.593 (0.047)	0.598 (0.048)	0.598 (0.048)	0.598 (0.048)
AIC	2201.281	2202.356	2197.350	2199.653
BIC	2273.234	2274.309	2274.099	2271.605
N	895	895	895	895
家庭样本量	833	833	833	833
社区样本量	252	252	252	252

注：(1) 括号内为标准误；(2) 显著性水平：* $p<0.10$，** $p<0.05$，*** $p<0.001$。

三 居住流动和社区类型对城市儿童字词成绩的影响

为了检验居住流动、社区环境与被调查儿童字词成绩之间关系的稳健性，在表7-1和表7-2中，笔者将社区环境指数替换为社区类型，更加直观地讨论了居住流动和社区环境对被调查儿童字词成绩的影响。

模型6和模型10的回归结果如下。第一，居住流动依然会对被调查儿童的字词成绩产生显著的正向作用,有居住流动经历的被调查儿童的字词成绩会显著更好。当纳入社区类型变量以后,居住流动对被调查儿童字词成绩的作用程度相比于模型 2 有所减小,尽管与模型 3、模型 4 和模型 5 相比,居住流动对被调查儿童字词成绩作用程度的下降幅度比较有限。第二,社区类型代表的社区环境也会对被调查儿童的字词成绩产生显著影响,生活的社区环境一般/较好的被调查儿童的字词成绩会显著更好。当纳入居住流动变量以后,社区类型对被调查儿童字词成绩的作用程度也减小了。第三,居住流动和社区类型变量能够解释被调查儿童字词成绩在社区层面的变异占比变大。与模型 1 相比,模型 10 中社区随机效果变为 0.105,而模型 6 中社区随机效果变为 0.095。上述研究发现表明,居住流动对被调查儿童字词成绩的影响部分来自社区的社会经济指数、人力资本指数和社区类型等社区环境变量的作用,居住流动是社区环境和被调查儿童字词成绩的中介变量。

第二节 邻里选择对城市儿童数学成绩的影响

根据吴琼(2017)对中国家庭追踪调查中 23～35 周岁的青年样本早期流动经历与青年时期教育成就的研究发现,调查对象早期的居住流动经历对其青年期的教育成就有显著的正向影响,而且这种影响不仅有助于调查对象获得更好的字词成绩,还有助于其获得更好的数学成绩。本节将在吴琼(2017)研究的基础上,进一步讨论居住流动对被调查儿童数学成绩的正向影响是否源于其社区环境的改善。与邻里选择对被调查儿童字词成绩的影响分析思路相似,笔者先讨论居住流动对被调查儿童数学成绩的影响,然后分别纳入社区环境指数和社区类型,检验在同时纳入居住流动和社区环境变量后,社区环境对被调查儿童数学成绩的影响是否发生了变化。

一 居住流动对城市儿童数学成绩的影响

表7-3报告了居住流动对被调查儿童数学成绩影响的估计结果。笔者同样建立了数学成绩的无条件平均模型来估计2014年成功追踪到的儿童的数学成绩在社区之间的变异、家庭之间的变异和个体之间的变异。模型11的估计结果显示，社区之间的关联度系数为0.2809、家庭之间的关联度系数为0.0846、个体之间的关联度系数为0.6345。这意味着被调查儿童数学成绩有28.09%的变异来自社区，有8.46%的变异来自家庭，有63.45%的变异来自儿童自身。与第三章2010年被调查儿童的数学成绩在社区之间的变异相比，被调查儿童数学成绩之间的差异能被社区因素解释的比例有所提升，由19.68%提高到28.09%。

模型12纳入了所有的控制变量和居住流动变量，回归结果如下。第一，年龄、3岁时户口、父母受教育程度、教育阶段等控制变量对被调查儿童的数学成绩产生显著的影响，而性别、民族、父亲的社会经济地位以及教育期望等控制变量的影响不具有统计显著性。第二，居住流动是影响被调查儿童数学成绩的重要因素。估计结果显示，居住流动对被调查儿童的数学成绩产生正向作用，在保持其他因素不变的情况下，与那些没有居住流动经历的被调查儿童相比，有居住流动经历的被调查儿童的数学成绩显著更好，高出0.320个标准差。并且在纳入居住流动变量以后，社区随机效果发生了较大的变化，由0.402变为0.237。这意味着居住流动变量能够解释被调查儿童数学成绩在社区层次变异的比例达到41.04%。

表7-3 居住流动对数学成绩影响的多层线性模型

	模型11	模型12	模型13	模型14	模型15	模型16
性别（0=女）		-0.050 (0.054)	-0.050 (0.054)	-0.052 (0.054)	-0.053 (0.054)	-0.051 (0.054)

续表

	模型 11	模型 12	模型 13	模型 14	模型 15	模型 16
民族（0=少数民族）		-0.047 (0.106)	-0.047 (0.106)	-0.045 (0.106)	-0.045 (0.106)	-0.048 (0.106)
年龄		0.186*** (0.026)	0.187*** (0.026)	0.186*** (0.026)	0.187*** (0.026)	0.187*** (0.026)
3岁时户口（0=城市户口）		-0.191*** (0.068)	-0.193*** (0.068)	-0.190*** (0.068)	-0.193*** (0.068)	-0.196*** (0.068)
父亲ISEI		-0.001 (0.002)	-0.001 (0.002)	-0.001 (0.002)	-0.001 (0.002)	-0.001 (0.002)
父母受教育程度		0.043*** (0.010)	0.043*** (0.010)	0.043*** (0.010)	0.043*** (0.010)	0.043*** (0.010)
兄弟姐妹数量		-0.026 (0.059)	-0.028 (0.059)	-0.025 (0.059)	-0.027 (0.059)	-0.026 (0.059)
教育阶段（0=小学）						
初中		0.379*** (0.090)	0.377*** (0.090)	0.379*** (0.090)	0.378*** (0.090)	0.376*** (0.090)
高中		0.478*** (0.161)	0.475*** (0.161)	0.475*** (0.161)	0.472*** (0.161)	0.473*** (0.161)
教育期望（0=本科及以上）		-0.028 (0.058)	-0.028 (0.058)	-0.031 (0.058)	-0.030 (0.058)	-0.030 (0.058)
居住流动（0=否）		0.320*** (0.086)	0.286*** (0.095)	0.290*** (0.093)	0.262*** (0.101)	0.294*** (0.090)
社会经济指数（0=低）			0.055 (0.068)		0.051 (0.069)	
人力资本指数（0=低）				0.055 (0.068)	0.050 (0.068)	
社区环境（0=较差）						0.070 (0.068)
常数项	0.026 (0.042)	-2.770*** (0.354)	-2.735*** (0.356)	-2.732*** (0.357)	-2.703*** (0.359)	-2.740*** (0.355)
社区随机效果	0.402 (0.049)	0.237 (0.048)	0.233 (0.049)	0.234 (0.049)	0.231 (0.049)	0.232 (0.049)
家庭随机效果	0.121 (0.442)	0.437 (0.083)	0.437 (0.083)	0.436 (0.084)	0.437 (0.084)	0.436 (0.084)

续表

	模型11	模型12	模型13	模型14	模型15	模型16
残差	0.908 (0.061)	0.647 (0.053)	0.647 (0.053)	0.648 (0.053)	0.648 (0.053)	0.648 (0.053)
AIC	2513.438	2187.723	2189.077	2189.076	2190.535	2188.683
BIC	2532.625	2259.675	2265.826	2265.825	2272.081	2265.432
N	895	895	895	895	895	895
家庭样本量	833	833	833	833	833	833
社区样本量	252	252	252	252	252	252

注：(1) 括号内为标准误；(2) 显著性水平：$^*p<0.10$，$^{**}p<0.05$，$^{***}p<0.001$。

二 居住流动与社区环境指数对城市儿童数学成绩的影响

居住流动对被调查儿童数学成绩的影响是否也会像其对被调查儿童字词成绩的影响那样随社区环境变量的纳入而发生变化呢？为了对其进行检验，笔者在模型12的基础上分别纳入社区的社会经济指数和人力资本指数。其中，模型13在模型12的基础上纳入社会经济指数，模型14在模型12的基础上纳入人力资本指数，模型15则在模型12的基础上同时纳入社会经济指数和人力资本指数。

模型13的估计结果显示，在纳入社区的社会经济指数以后，居住流动对被调查儿童的数学成绩仍然具有显著的正向作用，其作用程度却减小了，由模型12中的0.320变为0.286，即与没有居住流动经历的被调查儿童相比，有居住流动经历的被调查儿童的数学成绩显著高出0.286个标准差。但是由社会经济指数代表的社区环境对被调查儿童数学成绩的影响不具有统计显著性，并且与模型12相比，它对被调查儿童数学成绩的影响也没有使社区随机效果得到削减。模型14与模型13相似，当在模型12的基础上纳入人力资本指数以后，居住流动对被调查儿童的数学成绩仍然具有显著的正向作用，其作用也有一定程度的减小；但是人力资本指数代表的社区环境对被调查儿童的数学成绩的影响不具有统计显著性。

模型15则在模型12的基础上同时纳入社区的社会经济指数和人力资本指数。从估计结果来看,居住流动对被调查儿童的数学成绩仍然会产生显著的正向作用,但社会经济指数和人力资本指数对被调查儿童数学成绩的影响仍然不具有统计显著性,并且社区随机效果与模型12相比也并没得到较大程度的削减。这一研究发现与模型13和模型14的研究发现一致,表明居住流动与被调查儿童数学成绩呈正相关,而社会经济指数和人力资本指数代表的社区环境与被调查儿童数学成绩之间可能不存在相关关系。

上述结果与第一节中"居住流动和社区环境指数对城市儿童字词成绩影响"的研究发现存在较大的差异,产生这种情况的原因有三个:一是社会经济指数和人力资本指数本身对被调查儿童数学成绩的影响不具有统计显著性;二是社会经济指数或人力资本指数的类别变量不是测量社区环境影响被调查儿童数学成绩的代理变量;三是社会经济指数和人力资本指数代表的社区环境对被调查儿童数学成绩的影响完全由居住流动替代了。为了排除第一种情况和第二种情况,笔者建立了社区环境对被调查儿童数学成绩影响的多层线性模型(见表7-4),结果发现:无论是社会经济指数还是人力资本指数,抑或是由两者构建的社区类型,都会对被调查儿童的数学成绩产生显著影响,并且社会经济指数、人力资本指数和社区类型代表的社区环境都与被调查儿童的数学成绩呈正相关。也就是说,社会经济指数、人力资本指数和社区类型代表的社区环境本身对被调查儿童数学成绩是会产生显著影响的,社会经济指数和人力资本指数的类别变量也是社区环境的良好代理变量,而表7-3中社区环境指数代表的社区环境对被调查儿童数学成绩的影响消失与纳入居住流动变量有一定的关系。

表 7-4 社区环境对数学成绩影响的多层线性模型

	模型 17	模型 18	模型 19	模型 20
性别（0=女）	-0.054 (0.054)	-0.058 (0.054)	-0.058 (0.054)	-0.054 (0.054)
民族（0=少数民族）	-0.037 (0.107)	-0.031 (0.107)	-0.034 (0.106)	-0.037 (0.107)
年龄	0.189*** (0.026)	0.187*** (0.026)	0.188*** (0.026)	0.189*** (0.026)
3岁时户口（0=城市户口）	-0.200*** (0.068)	-0.193*** (0.068)	-0.198*** (0.068)	-0.204*** (0.068)
父亲ISEI	-0.001 (0.002)	-0.001 (0.002)	-0.001 (0.002)	-0.001 (0.002)
父母受教育程度	0.044*** (0.010)	0.043*** (0.010)	0.044*** (0.010)	0.044*** (0.010)
兄弟姐妹数量	-0.030 (0.059)	-0.022 (0.060)	-0.026 (0.059)	-0.025 (0.059)
教育阶段（0=小学）				
初中	0.370*** (0.091)	0.377*** (0.091)	0.373*** (0.091)	0.370*** (0.091)
高中	0.476*** (0.162)	0.477*** (0.162)	0.471*** (0.162)	0.476*** (0.162)
教育期望（0=本科及以上）	-0.026 (0.058)	-0.035 (0.058)	-0.032 (0.058)	-0.031 (0.058)
社会经济指数（0=低）	0.144** (0.062)		0.118* (0.064)	
人力资本指数（0=低）		0.137** (0.063)	0.107* (0.064)	
社区环境（0=较差）				0.134** (0.066)
常数项	-2.684*** (0.358)	-2.680*** (0.358)	-2.625*** (0.359)	-2.721*** (0.357)
社区随机效果	0.244 (0.048)	0.244 (0.048)	0.237 (0.049)	0.243 (0.048)

续表

	模型17	模型18	模型19	模型20
家庭随机效果	0.432 (0.087)	0.429 (0.088)	0.431 (0.088)	0.429 (0.089)
残差	0.654 (0.055)	0.655 (0.055)	0.654 (0.055)	0.656 (0.056)
AIC	2196.043	2196.630	2195.287	2197.317
BIC	2267.995	2268.583	2272.036	2269.27
N	895	895	895	895
家庭样本量	833	833	833	833
社区样本量	252	252	252	252

注：(1) 括号内为标准误；(2) 显著性水平：$^* p<0.10$，$^{**} p<0.05$，$^{***} p<0.001$。

三 居住流动与社区类型对城市儿童数学成绩的影响

如果社区环境指数对被调查儿童数学成绩影响的消失与居住流动有关，那么社区环境的测量指标替换为社区类型后，居住流动、社区环境对被调查儿童数学成绩的影响是否具有稳健性呢？在表7-3和表7-4中，笔者从这个角度更加直观地讨论了居住流动和社区环境对被调查儿童数学成绩的影响。

模型16和模型20的回归结果如下。第一，居住流动依然对被调查儿童的数学成绩产生显著的正向作用，有居住流动经历的被调查儿童的数学成绩显著更好。在纳入社区类型变量以后，居住流动对被调查儿童数学成绩的作用程度相比于模型8也有所减小，但居住流动对被调查儿童数学成绩作用程度的下降幅度比较有限，由0.320下降到0.294。第二，在未纳入居住流动变量的情况下，社区类型代表的社区环境对被调查儿童的数学成绩产生显著影响，而在纳入居住流动变量以后，社区类型代表的社区环境对被调查儿童的数学成绩的影响也不再具有统计显著性。第三，居住流动和社区类型变量能够解释被调查儿童的数学成绩在社区层面的变异占比变大。与模型11相比，模型16中的社区随机效果变为 0.232。这意味着居住流动变量大约能够解释被调查儿童数学成绩在社区层次变异的 42.29%。这些研究发现表明，居住流动对被调查儿童数学成绩的影响有很大部分来自社区的社会经济指数、人力资本指数和社区类型等社区环境变量的作用，居住流动是社区环境和被调查儿童数学成绩的中介变量。

第三节 邻里选择对城市儿童学业成就的中介效应

根据邻里选择对被调查儿童字词成绩和数学成绩影响的研究结果可知，居住流动会显著影响被调查儿童的字词成绩和数学成绩，当在模型中同时纳入居住流动和社区环境变量以后，社区环境对被调查儿童字词成绩的影响减小了，对被调查儿童数学成绩的影响消失了，这表明居住流动是社区环境与被调查儿童的字词成绩和数学成绩间的中介变量。那么，邻里选择（居住流动）是否真的起到了中介于社区环境与被调查儿童字词成绩和数学成绩的作用呢？本节将使用索博尔－古德曼中介分析（Mackinnon、Warsi and Dwyer, 1995）来对其进行检验。

一 索博尔－古德曼中介分析

索博尔－古德曼中介分析是 Mackinnon、Warsi 和 Dwyer（1995）在索博尔（Sobel, 1982、1986）、古德曼（Goodman, 1960）以及 McGuigan 和 Langholtz（1988）的研究基础上提出的一种检验中介效应的方法。它的估计思路非常简单，整个过程如图 7－1 所示。以邻里选择中介于社区环境和学业成就为例，即按照中介效应检验的四个步骤，首先估计出社区环境对调查对象的邻里选择影响的回归系数，然后估计出邻里选择对调查对象的学业成就影响的回归系数，再估计出社区环境对调查对象的学业成就影响的回归系数，由此便可求得社区环境对调查对象学业成就的直接效应、邻里选择的中介效应，两者的总和便是整体效应。然后使用中介效应除以整体效应，便可求得中介变量对于整体效应的解释比例。但值得注意的是，索博尔－古德曼中介分析要求自变量必须是 0－1 变量，由于前文的分析步骤虽然与索博尔－古德曼中介分析一样，但社区环境状况是一个分类变量，所以不能依据前文的回归系数直接估计邻里选择在社区环境和学业成就间的中介效应。

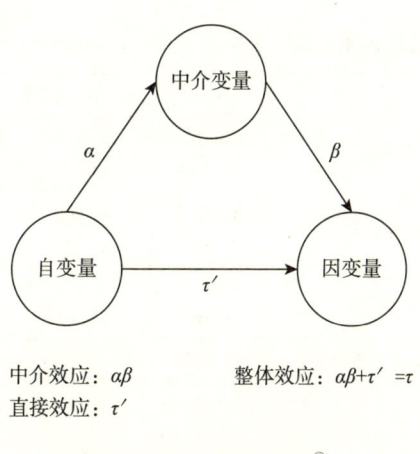

中介效应：$\alpha\beta$　　　整体效应：$\alpha\beta+\tau' =\tau$
直接效应：τ'

图 7－1　中介变量模型[①]

二　邻里选择对城市儿童字词成绩的中介效应

邻里选择在社区环境和被调查儿童字词成绩间的中介效应包括三个方面的内容。一是当将社区类型作为社区环境的测量指标时，邻里选择是否中介于社区环境和被调查儿童的字词成绩。根据中介变量路径分析的模型结果，社区类型会显著影响被调查儿童的字词成绩（$p<0.001$），也会显著影响被调查儿童的居住流动（$p<0.001$）；社区类型和居住流动会共同作用于被调查儿童

---

① 资料来源：MacKinnon, Warsi and Dwyer, 1995。

的字词成绩（$p < 0.05$），并且在纳入居住流动变量以后，社区类型对被调查儿童字词成绩的作用程度下降了。索博尔－古德曼中介分析结果显示，无论是索博尔中介分析还是古德曼中介分析，邻里选择都会在 0.1 的置信水平上中介于社区环境和被调查儿童的字词成绩，并且邻里选择对整体效果的解释比例达 13.15%。也就是说，不仅社区类型代表的社区环境会显著影响被调查儿童的字词成绩，而且社区环境对被调查儿童字词成绩的影响有 13.15% 是通过居住流动发挥作用的。

表 7－5　字词成绩的索博尔－古德曼（Sobel-Goodman）中介分析结果

	社区类型	社会经济指数	人力资本指数
索博尔中介分析	0.032* (0.016)	0.042* (0.024)	0.041* (0.023)
古德曼中介分析 I	0.032* (0.016)	0.042* (0.024)	0.041* (0.023)
古德曼中介分析 II	0.032* (0.016)	0.042* (0.024)	0.041* (0.022)
中介变量对整体效果的解释比例	13.15%	20.89%	20.88%

注：(1) 括号内为标准误；(2) 显著性水平：* $p < 0.10$，** $p < 0.05$，*** $p < 0.001$。

二是当将社会经济指数作为社区环境测量指标时，邻里选择是否中介于社区环境和被调查儿童的字词成绩。中介变量路径分析的模型结果与将社区类型作为社区环境测量指标时一致，只是同时纳入社会经济指数和居住流动后，两者对被调查儿童字词成绩的影响在 0.1 的置信水平上显著。索博尔－古德曼中介分析结果显示，无论哪种中介分析，邻里选择都会在 0.1 的置信水平上中介于社区环境和被调查儿童的字词成绩，并且在将社会经济指数作为社区环境测量指标的中介分析结果中，邻里选择对整体效果的解释比例达到 20.89%。

三是当将人力资本指数作为社区环境测量指标时，邻里选择是否中介于社区环境和被调查儿童的字词成绩。中介变量路径分析的模型结果与将社会经济指数作为社区环境测量指标时一致,并且索博尔-古德曼中介分析结果显示,无论哪种中介分析,邻里选择都会在0.1的置信水平上中介于社区环境和被调查儿童的字词成绩,并且在将人力资本指数作为社区环境测量指标的中介分析结果中,邻里选择对整体效果的解释比例达到20.88%。

三 邻里选择对城市儿童数学成绩的中介效应

邻里选择对社区环境和被调查儿童数学成绩的中介效应也包括三个方面的内容。一是当将社区类型作为社区环境测量指标时,邻里选择是否中介于社区环境和被调查儿童的数学成绩。根据中介变量路径分析的模型结果,社区类型会显著影响被调查儿童的数学成绩($p<0.01$),也会显著影响被调查儿童的居住流动($p<0.001$);社区类型和居住流动会共同作用于被调查儿童的数学成绩($p<0.1$),并且在纳入居住流动变量以后,社区类型对被调查儿童数学成绩的作用程度下降了。索博尔-古德曼中介分析结果显示,无论是索博尔中介分析还是古德曼中介分析,邻里选择都会在0.05的置信水平上中介于社区环境和被调查儿童的数学成绩,并且邻里选择对整体效果的解释比例达到33.18%。也就是说,不仅社区类型代表的社区环境会显著影响被调查儿童的数学成绩,而且社区环境对被调查儿童数学成绩的影响有33.18%是通过居住流动发挥作用的。

表7-6 数学成绩的索博尔-古德曼(Sobel-Goodman)中介分析结果

	社区类型	社会经济指数	人力资本指数
索博尔中介分析	0.050** (0.017)	0.071** (0.025)	0.067** (0.023)
古德曼中介分析Ⅰ	0.050** (0.017)	0.071** (0.025)	0.067** (0.023)

续表

	社区类型	社会经济指数	人力资本指数
古德曼中介分析 II	0.050** (0.017)	0.071** (0.025)	0.067** (0.023)
中介变量对于整体效果的解释比例	33.18%	48.82%	47.92%

注：(1) 括号内为标准误；(2) 显著性水平：$^*p<0.10$，$^{**}p<0.05$，$^{***}p<0.001$。

二是当将社会经济指数作为社区环境测量指标时，邻里选择是否中介于社区环境和被调查儿童的数学成绩。中介变量路径分析的模型结果与将社区类型作为社区环境测量指标时基本一致，社会经济指数会显著影响被调查儿童的数学成绩（$p<0.01$），也会显著影响被调查儿童的居住流动（$p<0.001$）；但是在同时纳入居住流动和社会经济指数变量以后，社会经济指数对被调查儿童数学成绩的作用消失了，这验证了本章第二节的研究结果。索博尔-古德曼中介分析结果显示，无论哪种中介分析，邻里选择都会在0.05的置信水平上中介于社区环境和被调查儿童的数学成绩，并且在将社会经济指数作为社区环境测量指标的中介分析结果中，邻里选择对整体效果的解释比例达到48.82%。

三是当将人力资本指数作为社区环境测量指标时，邻里选择是否中介于社区环境和被调查儿童的数学成绩。中介变量路径分析的模型结果与将社会经济指数作为社区环境测量指标时一致。并且索博尔-古德曼中介分析结果显示，无论哪种中介分析，邻里选择都会在0.05的置信水平上中介于社区环境和被调查儿童的数学成绩，并且在将人力资本指数作为社区环境测量指标的中介分析结果中，邻里选择对整体效果的解释比例达到47.92%。上述研究结果表明，无论使用哪一种社区环境测量指标，邻里选择都会对社区环境与被调查儿童的字词成绩和数学成绩产生中介作用。

第四节 本章小结

本章着重探讨了邻里选择对被调查儿童字词成绩和数学成绩的影响是否存在中介效应，即邻里选择对被调查儿童字词成绩和数学成绩的影响是否源于通过居住流动获得的更好的社区环境。对此，笔者主要从两个方面进行了检验：一是直接检验居住流动对被调查儿童字词成绩和数学成绩的影响，以及在同时纳入居住流动和社区环境以后，社区环境对被调查儿童字词成绩和数学成绩影响的变化情况，如果社区环境的作用程度减小或者消失，则可以判定居住流动是潜在的中介变量；二是使用索博尔－古德曼中介分析来检验社区环境、居住流动和被调查儿童字词成绩与数学成绩的关系。研究发现，无论使用哪种社区环境测量指标，居住流动均会对社区环境与被调查儿童的字词成绩和数学成绩发挥中介作用。具体而言，本章的研究发现如下。

第一，居住流动是社区环境与被调查儿童字词成绩间的潜在中介变量。研究发现，在未同时纳入居住流动和社区环境变量时，居住流动和社区环境各自会对被调查儿童的字词成绩产生显著影响，有居住流动经历的被调查儿童字词成绩显著更好，社区环境越好的被调查儿童字词成绩显著更好。在模型中同时纳入社区环境和居住流动变量以后，社区环境对被调查儿童字词成绩的作用程度和居住流动对被调查儿童字词成绩的作用程度都减小了。这一结果表明，如果在研究居住流动对被调查儿童字词成绩影响时忽视了社区环境变量，那么我们将会高估居住流动对被调查儿童字词成绩的影响；居住流动对被调查儿童字词成绩的影响部分来自社区环境，它是社区环境与被调查儿童字词成绩间的潜在中介变量。

第二，居住流动是社区环境与被调查儿童数学成绩间的潜在中介变量。研究发现，在未同时纳入居住流动和社区环境变量时，居住流动和社区环境各自会对被调查儿童的数学成绩产生显著影响，有居住流动经历的被调查儿童数学成绩显著更好，社区环境越好的调查儿童数学成绩显著更好。在模型中同时纳入社区环境和居住流动变量以后，社区环境对被调查儿童数学成绩的作用消失了，居住流动对被调查儿童字词成绩的作用程度减小了。这同样表明，如果在研究居住流动对被调查儿童数学成绩影响时忽视了社区环境变量，那么我们将会高估居住流动对被调查儿童数学成绩的影响；居住流动对被调查儿童数学成绩的影响有很大一部分来自社区环境，它是社区环境与被调查儿童数学成绩间的潜在中介变量。

第三，居住流动对被调查儿童字词成绩和数学成绩影响的中介效应。首先，居住流动对被调查儿童字词成绩影响的中介分析结果显示，无论是索博尔中介分析，还是古德曼中介分析，居住流动都会在 0.1 的置信水平上中介于社区环境和被调查儿童的字词成绩。并且在将社区的社会经济指数、人力资本指数和社区类型作为社区环境变量的测量指标时，居住流动对整体效果的解释比例分别达到 20.89%、20.88% 和 13.15%。其次，居住流动对被调查儿童数学成绩影响的中介分析结果显示，无论是索博尔中介分析，还是古德曼中介分析，居住流动都会在 0.05 的置信水平上中介于社区环境和被调查儿童的数学成绩。并且在使用社区的社会经济指数、人力资本指数和社区类型作为社区环境变量的测量指标时，居住流动对整体效果的解释比例分别高达 48.82%、47.92% 和 33.18%。因而，居住流动是社区环境与被调查儿童字词成绩和数学成绩间的中介变量，居住流动对被调查儿童教育成就的影响部分来自社区环境的改善。

第八章 结论与讨论

本研究利用中国家庭追踪调查 2010 年和 2014 年的少儿数据与社区数据，从空间维度、群体异质性、时间维度、社区环境与学校环境的相互关系以及中介效应等层面检验了社区环境对城市儿童学业成就（字词成绩和数学成绩）的影响，得到了诸多有价值的研究发现。特别是邻里选择在社区环境与字词成绩和数学成绩间的中介效应，它是不同于国外学业成就邻里效应研究的一个重要维度，对当今中国的"孟母择邻"现象具有较好的理论解释力。本章进一步阐释社区环境对学业成就的影响机制、作用程度及社会后果。第一节着重回顾主要的研究发现，回答哪些研究假设得到了证实，哪些研究假设被证伪了，哪些研究发现与国外学业成就的邻里效应一致；第二节结合研究发现进一步讨论社区环境对学业成就影响的社会后果，以及相关研究发现对于增进教育公平的启示；第三节讨论本研究的不足和未来研究的方向。

第一节 基本结论

社区环境与学业成就的因果关系一直是国外邻里效应研究的重要学术议题。本研究利用中国家庭追踪调查 2010 年和 2014 年的少儿数据与社区数据，在中国社会情境中评估了社区环境对城市儿童字词成绩和数学成绩的影响。结果发现，被调查儿童居住社区的环境越好，其字词成绩和数学成绩就越好；社区环境对被调查儿童字词成绩和数学成绩的这种影响不仅因其性别而产生群体异质性，还因被调查儿童在该社区居住的时长而产生集聚效应；社区环境与学校环境共同影响被调查儿童的字词成绩和数学成绩；社区环境对被调查儿童字词成绩和数学成绩的这种影响通过邻里选择发挥中介作用。当然，这些结论需要谨慎地加以说明和限定。

一 社区异质性及其对城市儿童学业成就的影响

在第二章，笔者给出了社区环境的操作化定义，即社区的社会经济环境，结合中国家庭追踪调查的社区数据和国外邻里效应的研究经验，选取非低保户比率、劳动力人口比率、本地人口比率、人均纯收入、访员对社区经济状况的评分五个指标来对其测量；并借鉴South等（2003）和Owens等（2010）的方法将上述指标进行因子分析，提取社会经济指数和人力资本指数两个公因子，社会经济指数和人力资本指数越高，就表示社区环境越好。第三章描述了社区环境的基本特征，从中可以看到，无论是以社区的社会经济指数还是人力资本指数，抑或是两者构建的社区类型作为衡量标准，计划经济时代遗留下来的同质性社区已经发生了较大程度的改变，城市社区正在朝着异质性方向发展。

本研究使用字词成绩和数学成绩作为学业成就的测量指标。第三章的描述统计结果显示，被调查儿童的字词成绩和数学成绩不仅与教育阶段密切相关，还与社区环境密切相关。被调查儿童的教育阶段越高，其字词成绩和数学成绩就越好；被调查儿童居住的社区环境越好，其字词成绩和数学成绩也越好，但是社区环境中的社会经济指数对被调查儿童字词成绩和数学成绩的作用程度要大于人力资本指数的作用程度。

社区环境与学业成就的关系是否与描述统计结果一致,是否真的与国外学业成就的邻里效应研究结果(Carlson and Cowen,2015;Sanbonmatsu et al.,2011;Wodtke and Parbst,2017;Owens,2018;Sanbonmatsu et al.,2006)一致?本研究从三个方面来回答这个问题:一是社会经济指数是否会显著影响被调查儿童的字词成绩和数学成绩;二是人力资本指数是否会显著影响被调查儿童的字词成绩和数学成绩;三是基于社会经济指数和人力资本指数建构的社区类型是否会显著影响被调查儿童的字词成绩和数学成绩。在本书第三章,笔者着重对其进行了探讨,第四章、第五章、第六章以及第七章也不同程度地涉及该问题。

根据第三章的估计结果,社区环境对被调查儿童的字词成绩会产生显著的正面效应。社区的社会经济指数越高,被调查儿童的字词成绩就越好;社区的人力资本指数越高,被调查儿童的字词成绩也越好;社区的社会经济指数和人力资本指数能够解释被调查儿童字词成绩在社区层面变异的31.38%。当以社会经济指数和人力资本指数构建的社区类型作为社区环境的测量指标时,社区环境仍对被调查儿童的字词成绩产生显著的正面效应。也就是说,与环境较差的社区中的被调查儿童相比,环境一般和环境较好的社区中的被调查儿童的字词成绩也显著更好,并且社区类型变量能够解释被调查儿童字词成绩在社区层次变异的比例达到30.46%。

同时,社区环境对被调查儿童的数学成绩也产生显著的正面效应。社区的社会经济指数越高,被调查儿童的数学成绩越好;社区的人力资本指数越高,被调查儿童的数学成绩也越好;社区的社会经济指数和人力资本指数能够解释被调查儿童数学成绩在社区层面变异的31.34%。当以社区的社会经济指数和人力资本指数构建的社区类型作为社区环境的测量指标时，社区环境仍对被调查儿童的数学成绩产生显著的正面效应。与环境较差的社区中的被调查儿童相比，环境一般和环境较好的社区中的被调查儿童的数学成绩显著更好，并且社区类型变量能够解释被调查儿童数学成绩在社区层次变异的比例达到27.98%。可见，社区环境显著影响被调查儿童的学业成就这一研究假设是成立的，这一研究发现与国外学者的研究发现是一致的。

二 社区环境对城市儿童学业成就影响的群体异质性

工业化理论否认性别、族群等先天禀赋的重要性，但是国内学者的实证研究却发现，性别和民族等因素是影响中国居民教育获得的关键因素（陈建伟，2015；李春玲，2009；Hannum，2002；洪岩壁，2010；谭敏、周作栩，2011；吴愈晓，2012；郑磊，2013）。并且国外学业成就的邻里效应研究发现，社区环境对被调查者学业成就的影响存在性别差异和族群差异（Ainsworth，2010；Entwise et al.，1994；Legewie and Diprete，2012；Sykes and Kuyper，2009）。第四章就社区环境对被调查儿童学业成就的影响是否存在群体异质性的问题进行了探讨，结果发现在中国的社会情境中同样发现了群体异质性，这表明学业成就的性别不平等在当前中国仍然存在。

社区环境对被调查儿童字词成绩和数学成绩的影响存在性别差异。研究发现，在同样的社区环境中，女孩的字词成绩比男孩更好，当在模型中纳入性别与社会经济指数、性别与人力资本指数、性别与社区类型等交互项之后，虽然性别本身对被调查儿童的字词成绩不再具有统计显著性，但交互项结果显示，男孩的字词成绩显著低于女孩。就数学成绩而言，男孩的数学成绩比女孩显著更好，当在模型中纳入性别与社会经济指数、性别与人力资本指数、性别与社区类型的交互项之后，性别对被调查儿童的数学成绩仍然具有统计显著性,即在被调查儿童中,男孩的数学成绩比女孩更好。但是交互项结果显示,在同样的社区环境中,男性的数学成绩比女孩显著更低。这表明男孩的数学成绩比女孩显著更好可能是由于有更多的男孩生活在环境较好的社区中。

三 社区环境对城市儿童学业成就影响的聚集效应

时间维度是最晚被引入邻里效应研究领域的。如果说第三章和第四章是从单一时间点探讨社区环境与学业成就的关系,那么第五章则是基于邻里效应的时间维度去探讨社区环境对学业成就影响的中长期效应。根据国外学者的研究,社区环境对学业成就的影响存在集聚效应和滞后效应(Anderson and Leventhal, 2014; Alvarado, 2016; Hick et al., 2018; Sharkey and Elwert, 2011),但是由于使用的数据的限制,在第五章笔者重点探讨了社区环境对学业成就的集聚效应。具体的研究发现两个方面。

一是社区环境对被调查儿童字词成绩的影响存在集聚效应。研究发现,社区的人力资本指数和基于社区社会经济指数、人力资本指数构建的社区类型对被调查儿童的字词成绩增长值产生显著影响。与那些人力资本指数位于中/高水平的社区中的被调查儿童相比,人力资本指数低的社区中的被调查儿童字词成绩增长值显著更低;与环境一般或者较好的社区中的被调查儿童相比,环境较差的社区中的被调查儿童的字词成绩增长值显著更低。在纳入人力资本指数和社区类型变量的模型中,两者都能在一定程度上解释被调查儿童字词成绩增长值在社区层次的变异。这表明社区环境的确是社区层面造成被调查儿童字词成绩增长差异的重要因素。

二是社区环境对被调查儿童数学成绩的影响也存在集聚效应。研究发现,社区的人力资本指数和基于社区社会经济指数、人力资本指数构建的社区类型对被调查儿童的数学成绩增长值产生显著影响。与那些人力资本指数位于中/高水平的社区中的被调查儿童相比，人力资本指数低的社区中的被调查儿童数学成绩增长值显著更低；与环境一般或者较好的社区中的被调查儿童相比，环境较差的社区中的被调查儿童字词成绩的增长值显著更低。这些结果说明社区环境是社区层面造成被调查儿童数学成绩增长差异的重要因素。同时，对比社区环境对被调查儿童字词成绩和数学成绩影响的集聚效应，还可以发现社区环境对被调查儿童数学成绩影响的集聚效应要比社区环境对其字词成绩影响的集聚效应更弱，即较差的社区环境对被调查儿童字词成绩的作用程度要大于对其数学成绩的作用程度。

四 社区环境与学校环境的叠加效应

关于社区环境对学业成就的影响，一直都有学者提出质疑。笔者认为以往研究没有放在多元社会环境中来探讨这一问题，因为如果不将社区环境放在多元的社会环境中去检验，我们就无法判断社区环境与其他环境对学业成就的影响究竟是一种相互独立的环境效应还是相互替代的环境效应（Kauppinen，2008）。在第六章，笔者借鉴 Owens（2010）的研究经验，对社区环境与学校环境的影响进行了研究，检验了社区环境与学校环境对被调查儿童学业成就的影响是不是两种独立的环境效应。研究主要从两个方面展开。

一是学校环境对被调查儿童字词成绩和数学成绩的影响。研究发现，重点学校和重点班级是测量学校环境的良好指标，无论是以重点学校作为学校环境的代理变量，还是以重点班级作为学校环境的代理变量，抑或是基于重点学校和重点班级构建的学校环境综合情况变量，在重点学校、重点班级以及环境综合情况一般或较好的学校就读的儿童的字词成绩均比在其他学校或班级就读的儿童的字词成绩显著更好。而只有重点班级和基于重点学校、重点班级构建的学校环境综合变量对被调查儿童的数学成绩产生影响,即在重点班级以及在环境综合情况一般或较好的学校就读的儿童的数学成绩才比其他儿童的数学成绩显著更好。

二是依据 Cook(2003)提出的处理多元社会环境影响个体结果的分析框架,分析学校环境与社区环境的关系属性。研究发现,当在模型中同时纳入学校环境和社区环境变量以后,重点班级和学校环境综合情况仍然对被调查儿童的字词成绩和数学成绩产生显著影响,在重点班级以及环境综合情况一般或较好的学校就读的儿童的数学成绩同样比其他儿童的字词成绩和数学成绩显著更好;社区环境对被调查儿童字词成绩和数学成绩的影响也没有消失,与环境较差社区中的被调查儿童相比,环境一般或环境较好的社区中被调查儿童的字词成绩和数学成绩依然显著更好。而当在模型中纳入学校环境与社区环境的交互项时,社区环境和学校环境对被调查儿童字词成绩和数学成绩的作用程度都提高了,但是模型的交互项不具有统计显著性。这些研究结果表明,如果将重点学校、重点班级或者基于两者构建的学校环境综合情况作为学校环境的测量指标,基于社区社会经济指数和人力资本指数构建的社区类型作为社区环境的测量指标,那么社区环境与学校环境对被调查儿童字词成绩和数学成绩的影响既不存在交互效应,也不存在替代效应,而是一种叠加效应。

五 社区环境影响学业成就的中介机制

本书第七章是在第六章的基础上对社区环境与学业成就之间关系的进一步探讨,既然社区环境对学业成就的影响不是由学校环境引起,那么社区环境对学业成就的影响有没有可能会通过其他因素发挥作用呢？笔者主要关注的是邻里选择，这是因为：一方面从战国时期的"孟母择邻"到现当代的"学区房"热潮，我们都可以看到人们有选择居所的能动性；另一方面吴琼（2017）的研究发现，儿童早期的居住流动对其青年期的教育成就有正向影响。

本研究发现，邻里选择在社区环境和被调查儿童的学业成就间发挥中介作用，居住流动是社区环境与被调查儿童字词成绩和数学成绩的潜在中介变量。这是因为在未同时纳入居住流动和社区环境变量时，居住流动和社区环境各自对被调查儿童的字词成绩和数学成绩产生显著影响；在模型中同时纳入社区环境和居住流动变量以后，社区环境对被调查儿童字词成绩的作用程度和居住流动对被调查儿童字词成绩的作用程度都减小了；在模型中同时纳入社区环境和居住流动变量以后，社区环境对被调查儿童数学成绩的作用消失了。这些结果表明，如果在研究居住流动对被调查儿童字词成绩和数学成绩的影响时忽视了社区环境变量，那么我们将会高估居住流动对被调查儿童字词成绩的影响，居住流动对被调查儿童字词成绩和数学成绩的影响部分来自社区环境，它是社区环境与被调查儿童字词成绩和数学成绩的潜在中介变量。

居住流动对被调查儿童的字词成绩影响的中介分析结果显示，无论是索博尔中介分析，还是古德曼中介分析，居住流动都会在0.1的置信水平上中介于社区环境和被调查儿童的字词成绩；在将社区的社会经济指数、人力资本指数和社区类型作为社区环境变量的测量指标时，居住流动对整体效果的解释比例分别达到20.89%、20.88%和13.15%。同样的，居住流动对被调查儿童数学成绩影响的中介分析结果显示，无论是索博尔中介分析，还是古德曼中介分析，居住流动都会在0.05的置信水平上中介于社区环境和被调查儿童的数学成绩；在将社区的社会经济指数、人力资本指数和社区类型作为社区环境变量的测量指标时,居住流动对于整体效果的解释比例分别高达 48.82%、47.92% 和 33.18%。因而,居住流动是社区环境与被调查儿童字词成绩和数学成绩的中介变量,居住流动对被调查儿童学业成就的影响部分来自社区环境的改善。

表 8-1 总结了本研究的主要研究发现。从中可以看出"社区环境显著影响儿童学业成就"这个命题在中国的社会情境中也是成立的,即中国城市儿童的学业成就也存在邻里效应——良好的社区环境有助于其获得更高的教育成就,而恶劣的社区环境则对教育成就产生显著的负面作用。与国外学业成就的邻里效应研究一致,本研究同样发现,社区环境是影响中国城市儿童学业成就的一个重要因素,社区环境对城市儿童学业成就的影响存在集聚效应和群体异质性,社区环境与学校环境对学业成就的影响是两种独立的环境效应。但与国外学业成就的邻里效应研究不同的是,本研究进一步探讨了社区环境影响学业成就的作用机制,发现社区环境不仅直接作用于儿童的学业成就,而且通过邻里选择影响儿童的学业成就。邻里选择这一影响学业成就的中介机制的发现对于理解教育机会不平等具有重要的价值。在居住流动的时代背景下,那些有条件进行邻里选择的家庭中的儿童将会取得更高的学业成就,而那些没有条件改变居所的家庭中的儿童会因长期生活在恶劣的社区环境中而得到越来越差的学业成就。如果这种局面得不到改善,那么教育领域也将不可避免地出现"马太效应"。

表 8-1 社区环境与学业成就的关系小结

社区环境		学业成就		是否存在性别差异		是否存在集聚效应	是否存在叠加效应	是否存在中介效应
		字词成绩	数学成绩	字词成绩	数学成绩			
社区环境	社会经济指数	正向	正向	女孩好于男孩	女孩好于男孩	不存在	—	存在
	人力资本指数	正向	正向	无显著差异	无显著差异	存在	—	存在
社区类型（0=社区环境较差）	社区环境一般	正向	正向	无显著差异	无显著差异	存在	存在	存在
	社区环境较好	正向	正向	女孩好于男孩	女孩好于男孩	存在	存在	
参见		第三章 表 3-3 和 表 3-8	第三章 表 3-5 和 表 3-9	第四章 表 4-3	第四章 表 4-6	第五章 表 5-2 和 表 5-3	第六章 表 6-5 和 表 6-6	第七章 表 7-4 和 表 7-5

注：(1) 无论是字词成绩还是数学成绩，第三章、第四章、第五章、第六章和第七章中的研究结果均具有很强的稳健性；(2) 出于研究需要，在第五章和第七章，笔者将社区环境一般和社区环境较好的社区类型合并为一个类别，与社区环境与学校环境作类型作比较；(3) "—"表示在第六章没有使用社会经济指数和人力资本指数作为社区环境测量指标来探讨社区环境与学校环境之间的关系。

第二节　进一步的讨论

基于上述研究发现，社区环境不仅是影响中国城市儿童学业成就的一个重要因素，而且在居住流动的时代背景下它甚至有可能造成教育领域的"马太效应"。虽然"孟母三迁"的故事妇孺皆知，但是在本研究展开之前，社区环境对学业成就的影响尚未引起国内学者的广泛关注。笔者认为，现阶段正是应该重视社区环境因素的时候了。这是因为根据美国社会学家 Wilson（1987）的观点，社会转型会加速城市内部的社会分化和隔离，使弱势群体不断集中。而弱势群体的集中会给身处其中的个体的生活际遇带来较为负面的影响，这种负面影响不仅存在于本研究提及的学业成就等领域，还存在于社会流动、职业流动、失学率、失范行为、社会排斥以及健康等诸多领域（Ellen and Turner, 1997; Galster, 2001; Dietz, 2002; Durlauf, 2004; Van Ham et al., 2012）。当前中国正处于社会转型的关键时期，如果我们对社区环境影响的关注不够，那么中国社会未来也将出现各种邻里效应迸发的现象。

一　社区环境与教育机会不平等的趋势

就学业成就的邻里效应而言，我们应该如何理解社区环境的重要性呢？笔者认为，社区环境因素的重要性在于它对学业成就的影响是多维度的，这是它与先天禀赋、家庭背景以及制度与结构性因素的最大差别。

首先，从空间的维度看，探讨社区环境对学业成就的影响是在回答儿童身处社区的社会环境特征如何影响其学业成就。该层面的社区环境特征与先天禀赋层面的性别特征、民族特征、出生队列，家庭背景层面的社会经济地位、父母受教育程度，制度和结构层面的户籍身份、高校扩招政策等因素较为相似，它是一个既定的客观事实，本研究使用社区的社会经济指数和人力资本指数来反映。在不考虑居住流动的情况下，我们每一个人从一出生就从属于某一社区，而每一个社区都有各自不同的环境特征，根据研究结果，社会经济指数越高，被调查儿童的字词成绩和数学成绩就越好；人力资本指数越高，被调查儿童的字词成绩和数学成也越好。所以，因社区的社会经济指数和人力资本指数的差异而导致的学业成就差异是环境差异本身造成的教育机会不平等。

其次，从群体异质性的维度看，社区环境对学业成就的影响是在学业成就的环境不平等基础上，进一步探讨在同等环境状况下，这种影响是否存在群体差异。这与教育获得的性别不平等的第二个议题——教育获得的性别不平等是否会因家庭背景和户籍身份而异相似。根据研究结果，社区环境对学业成就的影响会因被调查儿童的性别而存在群体异质性。在同样的社区环境中，女孩的字词成绩和数学成绩都比男孩更好。这一研究发现表明现实中男孩的成绩比女孩好，有很大可能是因为男孩生活在环境较好的社区中。那些身处环境较差的社区中的女孩的学业成就会较低。这是笔者判定社区环境会加剧教育机会不平等趋势的第一个缘由。

再次，从时间的维度看，社区环境对学业成就的影响是在学业成就环境不平等基础上，进一步探讨社区环境对被调查儿童字词成绩和数学成绩的影响是否会因为在当前社区累计居住时间的增长而日益严重。这与先天禀赋、家庭背景、制度与结构性因素不同，先天禀赋、家庭背景、制度与结构性因素对教育机会与结果的影响都是恒定不变的，而社区环境对学业成就的影响存在集聚效应。根据研究结果，在相同的时间里，社区环境对被调查儿童字词成绩增长值和数学成绩增长值的影响因社区环境状况的差异而不同。这一研究发现表明社区环境不仅会影响被调查儿童的学业成就，而且还会影响其学业成就的提高。即被调查儿童的学业成就会因较差的社区环境而提高缓慢，会因较好的社区环境而提升较快，环境较差与环境较好的社区中的被调查儿童的学业成就会产生越来越大的差距。这是笔者判定社区环境会加剧教育机会不平等趋势的第二个缘由。

最后，从邻里选择的维度看，既然社区环境会显著影响被调查儿童的学业成就，那么人们是否可以尽可能地增加社区环境对教育结果的正面影响，或者尽可能地减少社区环境对教育结果的负面影响呢？答案是肯定的。根据研究结果，有居住流动经历的被调查儿童更有可能获得更好的字词成绩和数学成绩，并且居住流动对被调查儿童学业成就的这种影响有很大部分来自社区环境。对于字词成绩而言，索博尔－古德曼中介分析表明居住流动对整体效果的解释比例为13%~20%；对于数学成绩而言，索博尔－古德曼中介分析表明居住流动对整体效果的解释比例为33%~48%。这一研究发现表明在居住流动的时代背景下，那些有条件进行邻里选择的家庭中的儿童将会取得更高的学业成就，而那些没有条件改变居所的家庭中的儿童将会因长期生活在恶劣的社区环境中而得到更低的学业成就。也就是说，那些处于社会优势地位的群体能通过邻里选择拉大与社会弱势群体的学业成就差距。这是笔者判定社区环境会加剧教育机会不平等趋势的第三个缘由。

二 增进教育公平的政策建议

虽然社区环境是造成中国城市儿童教育机会不平等的一个重要因素，但是社区环境与学业成就之间的因果关系也揭示了一个增进教育公平的途径，即通过混合居住改变社区环境的空间异质性。然而，社区环境对教育结果的影响是多维度的，混合居住也仅仅是增进教育公平的起点，还应该出台其他旨在改善社区环境和增进教育公平的配套政策。

第一，提倡混合居住，减少城市的空间分异。混合居住的思想并非一个新鲜事物,它源于英国工业革命初期。由于工业化引发人口大量涌入城市,过度拥挤、喧闹以及住房和卫生设施较差等问题使社会中层和上层居民开始搬离城市内城区,而工人阶层逐渐在内城区集中。内城区居住质量的下降和阶层间的空间隔离引起了英国社会活动家的关注,不同社会阶层混合居住的设想被构思了出来,以减少阶层间的空间隔离,避免发生社会冲突。英国的邦威尔村(Bournville Village)便是混合居住思想指导下的首次实践(Sarkissian,1976)。随后,混合居住的思想逐步传入欧洲其他国家和美国。事实上,当前提倡混合居住已经成为欧美等国家房地产政策的重要方向,美国、法国、荷兰、瑞典以及英国还出台了旨在实现混合居住的社会混合政策。

就混合居住与教育结果的关系而言,美国社会学家 Gans(1961)就曾指出街区层面混合不同人群的模式不仅能够丰富居民的生活,还有利于下一代的教育和个人发展,甚至能够加深不同阶层之间的相互理解,增进人们对阶层差异的容忍度。美国经济学者 Chetty 等(2016)曾使用美国旨在实现社会混合的 MTO 实验项目的数据研究了混合居住对儿童获得大学教育机会的影响,结果发现良好的社区环境会显著提高儿童的教育获得,而且越早迁离贫困社区环境的儿童获得大学教育的可能性也会越高。对于那些 13 岁以前就迁往中等条件的社区的儿童,其获得大学教育的可能性会比没有迁移的儿童显著更高;而对于那些 13~18 岁迁往中等条件社区的儿童,其获得大学教育的机会反而比没有迁移的儿童显著更低。

那么,混合居住在中国是否可行呢?笔者认为是可行的。一方面,混合居住具有良好的现实条件。当前,中国有面向城市低收入住房困难户的安居工程,有面向城市中低收入阶层的经济适用房,有面向中高收入阶层的商品住房(单文慧,2001)。政府在进行城市建设规划时,如果能够将安居工程、经济适用房和商品住房混合建设，那么将会避免因安居工程、经济适用房的大规模集中而产生的居住隔离，从而减少城市社区环境的异质性。另一方面，混合居住具有诸多现实益处。本研究发现，社区环境会显著提高城市儿童的学业成就，混合居住能够改善低收入阶层的社区环境，有助于低收入阶层子女获得更高的教育成就，进而增进教育公平。此外，清华大学课题组2004年在重庆市南岸区回龙社区进行的调查还发现，混合居住有助于低收入阶层居民获得社会资本，有助于降低住区内低收入阶层居民与其他收入阶层居民的社会距离，也有助于缓解低收入阶层居民的自我孤立和自我隔离，所以他们也认为混合居住在中国具有一定的优势和可行性（田野、栗德祥、毕向阳，2006）。即便混合居住没有这样的好处，它也没有丝毫的坏处（Cheshire，2012）。因而，可以在中国试行具有中国特色的混合居住模式，比如城市研究学者们提倡的"大混居、小聚居"模式等。

第二，创新社会救助，消除滋生教育机会不平等的社区环境因素。虽然混合居住能够起到调节社区环境、增进教育公平的作用，但要根本上解决中国城市空间分异的趋势尚需要一定的时间。在社会转型不断加速的历史阶段，如何避免出现因社区环境恶化而加剧教育机会不平等的现象呢？笔者认为，还应该创新社会救助制度，从根源消除滋生教育机会不平等的社区环境因素。

本书用于衡量社区环境的指标主要包括非低保户比率、劳动力人口比率、本地人口比率、人均纯收入、访员对社区经济状况的评分五个指标。研究发现，基于非低保户比率、人均纯收入和社区经济状况三个指标提取的社区环境公因子——社会经济指数与学业成就的关系呈正相关；基于本地人口比率和劳动力人口比率两个指标提取的社区环境公因子——人力资本指数与学业成就的关系也呈正相关。也就是说，社区的低保户比率越低、人均纯收入越高、社区经济状况越好、外来人口越多、劳动力人口越多，生活在其中的儿童的字词成绩和数学成绩就会越好。那么，针对那些社会弱势群体集中居住的社区，如果能够从贫困、失业、社会低保和人口构成的角度着手改善社区的社会环境，也会增进教育公平。

社会救助是一种重要的社会保障制度。现阶段中国的社会救助内容不仅包括专门的教育救助，而且包括最低生活保障、特困人员供养、失业救助、受灾人员救助、医疗救助、住房救助和临时救助等八大内容（国务院办公厅，2014）。从社会救助的内容来看，贫困和失业是社会救助的两个重要内容，也是衡量社区环境的两个重要指标，虽然贫困救助和失业救助有助于改善社区环境，但是救助并不能从根本上消除社区的贫困和失业，也不能降低社区的贫困率、失业率和低保户比率，所以应该创新社会救助制度，将工作重心从"托底线"转向"助发展"，从而扭转社区环境恶化的趋势，改善个体的生活际遇，增进教育公平。

第三，整合学校构成，多渠道保障教育机会均等化。社区环境与学校环境之间的关系表明，社区环境和学校环境都会显著影响儿童的学业成就，无论是将社会经济指数还是将人力资本指数作为社区环境的测量指标，社区环境越好，儿童的字词成绩和数学成绩也会更好；无论是将重点学校还是将重点班级作为学校环境的测量指标，学校环境越好，儿童的字词成绩和数学成绩也越好。这一研究结果表明增进教育机会公平不仅可以从影响教育获得的各种因素（比如社区环境）入手，还可以从教育本身（比如学校环境）入手。

从教育本身入手增进教育公平，并不是说在环境较差的街区修建重点学校、建设重点班级，而是应该打破就近入学的规则，让来自贫困社区的学生和来自富裕社区的学生拥有同样的机会进入重点学校和重点班级。这是因为现阶段中国的教育资源还相对有限，要保障各个地方都拥有同等质量的教育资源几乎不可能，但如果能够从学校构成的层面保障不同社会阶层学生，甚至不同性别、不同民族的学生拥有同等的教育机会进入重点学校和重点班级，那么也能改善低收入阶层子女的教育获得机会。因此，提倡混合居住、创新社会救助和整合学校构成是与社区环境密切相关的增进教育公平的三个政策调整方向。

第三节 本研究的不足与展望

本研究运用中国家庭追踪调查数据比较详细地讨论了社区环境与城市儿童学业成就的关系，研究发现社区环境对城市儿童学业成就的影响是真实存在的，这也验证了邻里效应的普适性观点。但在开展研究的过程中，笔者也认识到本研究存在诸多不足，比如社区环境影响学业成就的因果机制，社区环境对字词成绩和数学成绩的影响与社区环境对学业成绩、受教育年限、高中学历和大学学历获得的影响是否存在差异。此外，社区环境对学业成就影响的长期效应等还有待进行深入的讨论。

第一，社区环境影响学业成就的因果机制。虽然本研究详细地讨论了社区环境对被调查儿童的字词成绩和数学成绩的影响及作用程度，但社区环境是如何影响被调查儿童学业成就的呢？在学业成就的邻里效应研究文献中，学者们提到社区环境影响学业成就的社会机制有社会网络机制、社会互动/集体社会化机制、制度资源机制、环境机制、地理机制以及社会控制、社会资本、感知的机会等（Ainsworth，2002；Galster，2011；Goldsmith et al.，2017；Hicks et al.，2018；Miltenburg et al.，2018；Sampson，2013；Vam Ham et al.，2012）。但学者们共同提到的社会机制主要有三个。一是社会网络机制。该种机制认为与环境状况较好的社区相比，环境状况较差的社区会给当地居民带来严重的社会孤立（social isolation），在这种社区中生活的居民难以从社会网络中获取超地方的信息、机会、服务和外部性的观念。就儿童的学业成就而言，在这种社区中生活的居民可能会难以获得儿童教育方面的资源。二是社会互动/集体社会化机制。这是学者们最为关注的一种社会机制，该机制假设当人们在某个社区长时间居住以后就会因互相熟识而频繁互动，并在社会互动中形成共同的规范、价值、态度和行为，比如高教育期望、高成就动机和自觉学习等价值与行为。三是制度资源机制。就学业成就而言，最主要的制度就是学校和学区，而学校和学区的质量与社区的社会经济状况密切相关。正如威尔逊在《真正的穷人：内城区、底层阶级和公共政策》（2007）一书中所描述的，美国中产阶级从内城区迁出，加速了内城区的衰落，并导致了内城区学校教育质量下降，从而降低了学生的学业成就。在这些理论解释的基础上，未来研究还需要对社区环境如何通过这些机制影响儿童的学业成就进行经验研究。

第二，教育结果的其他测量指标。本研究对被调查儿童教育结果的测量指标来自中国家庭追踪调查问卷中的识字能力测试和数学能力测试，虽然以往研究表明它们能够很好地代表被调查儿童的学业成就（吴琼，2017；张月云、谢宇，2015），但以往研究和本研究都没有将其与被调查儿童的在校学习成绩进行比较分析，社区环境对被调查儿童在校学习成绩的影响、社区环境对其字词成绩和数学成绩的影响与社区环境对其在校学习成绩的影响是否存在一定的差异，这是今后研究需要探讨的一个问题。同时，在国外教育领域邻里效应的研究文献中，学者们更为关注的是儿童的受教育年限或者高中学历、大学学历的获得情况（Mare，1980）。社区环境对儿童字词成绩和数学成绩的影响与社区环境对儿童受教育年限、高中学历和大学学历获得的影响是否有所不同呢？这也是本研究没有探讨的一个问题。当然，这两个遗留的问题都与本研究使用的是二手调查数据有关，由于中国家庭追踪调查没有考察被调查儿童的在校学习表现，所以导致了前一个问题的出现；由于中国家庭追踪调查到目前也只开展了四期，基线调查的儿童都还尚未结束整个教育阶段，所以导致了后一个问题的出现。在今后的研究中，笔者将试图结合中国教育追踪调查和中国家庭追踪调查来讨论前一个问题，当中国家庭追踪调查积累了一定年限后，再讨论社区环境对被调查儿童受教育年限、高中学历和大学学历获得的影响。

第三，社区环境对城市儿童学业成就影响的长期效应。本研究对社区环境与学业成就之间关系的讨论在时间维度上主要集中在社区环境对被调查儿童当前字词成绩和数学成绩的影响，与国外学者的相关研究相比，本研究缺乏对"社区环境影响学业成就的长期效应"的考察。这种长期效应既包括社区环境对被调查儿童学业成就影响的集聚效应，也包括社区环境对其学业成就影响的滞后效应。一方面，在第五章，本研究虽然讨论了社区环境对被调查儿童字词成绩和数学成绩影响的集聚效应，但时间跨度也只是从 2010 年到 2014 年，而国外学者对集聚效应的考察往往关注的是儿童 0～18 岁整个时间段（Chetty, Hendren, and Katz, 2016; Crowder and South, 2011; Hango, 2006）。对于社区环境集聚效应的检验，如果时间跨度较短将无法回答社区环境对学业成就影响的集聚效应在何时显现的问题。另一方面，本研究缺少有关社区环境对学业成就影响的滞后效应的讨论，如果在探讨社区环境与学业成就之间的关系时忽视了社区环境影响的滞后性，将存在低估社区环境对被调查儿童学业成就作用程度的风险（Wodtke, Harding, and Elwert, 2011）。因此，未来研究还需要从时间维度深入地探讨社区环境对城市儿童学业成就影响的集聚效应和滞后效应，只有这样才能全面地评估社区环境与学业成就的因果关系。

参考文献

〔美〕埃里克·克里纳伯格，2014，《热浪：芝加哥灾难的社会剖析》，徐家良、孙龙、王彦玮译，商务印书馆。

〔美〕奥斯卡·刘易斯，2014，《桑切斯的孩子们：一个墨西哥家庭的自传》，李雪顺译，上海译文出版社。

蔡栋梁、孟晓雨、马双，2016，《家庭背景与教育获得的性别不平等》，《财经科学》第 10 期。

蔡蔚萍，2016，《家庭背景中母亲对子代教育获得和社会地位获得的影响》，《广州大学学报》（社会科学版）第 4 期。

陈彬莉，2008，《教育获得之中的路径依赖》，《北京大学教育评论》第 4 期。

陈宏胜、刘晔、李志刚，2015，《中国大城市保障房社区的邻里效应研究——以广州市保障房周边社区为例》，《人文地理》第 4 期。

陈建伟，2015，《民族身份对少数民族教育获得的影响研究》，《民族研究》第 4 期。

陈强，2014，《高级计量经济学及 Stata 应用》，高等教育出版社。

仇立平、肖日葵，2011，《文化资本与社会地位获得——基于上海市的实证研究》，《中国社会科学》第 6 期。

单文慧，2001，《不同收入阶层混合居住模式——价值评判与实施策略》,《城市规划》第2期。

〔加拿大〕道格·桑德斯著,2012,《落脚城市:最后的人类大迁移与我们的未来》,陈信宏译,上海译文出版社。

丁小浩,2006,《规模扩大与高等教育入学机会均等化》,《北京大学教育评论》第2期。

都阳、John Giles,2006,《城市劳动力市场上的就业冲击对家庭教育决策的影响》,《经济研究》第4期。

国家统计局,2017,《2016年农民工监测调查报告》,http://www.stats.gov.cn/tjsj/zxfb/201704/t20170428_1489334.html,最后访问日期:2019年9月30日。

国务院办公厅,2014,《社会救助暂行办法》,http://www.gov.cn/zhengce/2014-02/28/content_2625652.htm,最后访问日期:2019年9月30日。

郝大海,2007,《中国城市教育分层研究(1949-2003)》,《中国社会科学》第6期。

洪岩璧,2010,《族群与教育不平等——我国西部少数民族教育获得的一项实证研究》,《社会》第2期。

侯利明,2015,《地位下降回避还是学历下降回避——教育不平等生成机制再探讨(1978-2006)》,《社会学研究》第2期。

黎煦、刘华,2016,《同胞数量与教育获得的性别差异》,《人口与经济》第3期。

李春玲,2003,《社会政治变迁与教育机会不平等——家庭背景及制度因素对教育获得的影响(1940-2001)》,《中国社会科学》第3期。

李春玲,2009,《教育地位获得的性别差异——家庭背景对男性和女性教育地位获得的影响》,《妇女研究论丛》第1期。

李春玲,2010,《高等教育扩张与教育机会不平等——高校扩招的平等化效应考查》,《社会学研究》第3期。

李春玲，2014，《教育不平等的年代变化趋势（1940－2010）——对城乡教育机会不平等的再考察》，《社会学研究》第2期。

李涛、周开国，2006，《邻里效应、满意度与博彩参与》，《金融研究》第9期。

李逸安译注，2009，《三字经》，中华书局。

李煜，2006，《制度变迁与教育不平等的产生机制——中国城市子女的教育获得（1966－2003）》，《中国社会科学》第4期。

李忠路，2016，《家庭背景、学业表现与研究生教育机会获得》，《社会》第3期。

梁在、陈耀波、方铮，2006，《农村－城市迁移对流动儿童教育的影响》，《世界经济文汇》第1期。

刘伯红、李亚妮，2011，《中国高等教育中的社会性别现实》，《云南民族大学学报》（哲学社会科学版）第1期。

刘浩、钱民辉，2015，《谁获得了教育——中国教育获得影响因素研究述评》，《高等教育研究》第8期。

刘精明，2006，《高等教育扩展与入学机会差异：1978～2003》，《社会》第3期。

刘精明，2007，《扩招时期高等教育机会的地区差异研究》，《北京大学教育评论》第4期。

刘精明，2008，《中国基础教育领域中的机会不平等及其变化》，《中国社会科学》第5期。

刘精明，2014，《能力与出身：高等教育入学机会分配的机制分析》，《中国社会科学》第8期。

刘向，1990，《列女传》，载张涛《列女传译注》，山东大学出版社。

罗凯、周黎安，2010，《子女出生顺序和性别差异对教育人力资本的影响——一个基于家庭经济学视角的分析》，《经济科学》第3期。

参考文献

罗力群，2007，《对美欧学者关于邻里效应研究的述评》，《社会》第 4 期。

马洪杰，2012，《政策干预亦或资源传递——中国教育获得机制研究（1950 - 1996）》，《兰州学刊》第 9 期。

〔法〕皮埃尔·布迪厄、帕斯隆，2002，《再生产》，邢克超译，商务印书馆。

〔美〕乔舒亚·安格里斯特、约恩 - 斯特芬·皮施克，2012，《基本无害的计量经济学：实证研究者指南》，郎金焕、李井奎译，格致出版社、上海三联书店、上海人民出版社。

〔美〕乔舒亚·安格里斯特、约恩 - 斯特芬·皮施克，2012，《基本无害的计量经济学》，郎金焕、李井奎译，格致出版社、上海三联书店、上海人民出版社。

乔天宇、狄雷，2014，《农村中小学教育中寄宿制影响的因果推断研究》，《社会发展研究》第 2 期。

〔美〕R. E. 帕克、E. N. 伯吉斯、R. D. 麦肯齐，2012，《城市社会学——芝加哥学派城市研究》，宋俊岭、郑也夫译，商务印书馆。

上海统计局，2010，《上海统计年鉴（2001 - 2010）》，http://www.stats-sh.gov.cn/html/sjfb/2018011001529.html，最后访问日期：2019 年 9 月 30 日。

邵岑，2015，《教育扩张与教育获得性别差异（1978 - 2008）》，《青年研究》第 2 期。

盛明洁，2017，《欧美邻里效应研究进展及对我国的启示》，《国际城市规划》第 6 期。

史春玉、邹伟，2016，《从社区效应到社会混居政策：西方国家城市集中性贫困治理经验回顾》，《广东行政学院学报》第 6 期。

孙远太，2010，《家庭背景、文化资本与教育获得——上海城镇居民调查》，《青年研究》第 2 期。

谭敏、谢作栩，2011，《家庭背景、族群身份与我国少数民族的高等教育获得》，《高等教育研究》第 10 期。

唐俊超，2015，《输在起跑线——再议中国社会的教育不平等（1978-2008）》，《社会学研究》第 3 期。

唐翔，2008，《"富人社区效应"还是巴拉萨-萨缪尔森效应？——一个基于外生收入的实际汇率理论》，《经济研究》第 5 期。

田野、栗德祥、毕向阳，2006，《不同阶层居民混合居住及其可行性分析》，《建筑学报》第 4 期。

汪毅，2013，《欧美邻里效应的作用机制及政策响应》，《城市问题》第 5 期。

王甫勤、时怡雯，2014，《家庭背景、教育期望与大学教育获得：基于上海市调查数据的实证研究》，《社会》第 1 期。

〔美〕威廉·朱利叶斯·威尔逊，2007，《真正的穷人：内城区、底层阶级和公共政策》，成伯清、鲍磊、张戌凡译，上海人民出版社。

巫锡炜，2014，《中国教育不平等的变动趋势：队列视角的考察》，《人口研究》第 6 期。

吴琼，2017，《早期的流动经历与青年时期教育成就》，《中国青年研究》第 1 期。

吴晓刚，2009，《1990-2000 年中国的经济转型、学校扩招和教育不平等》，《社会》第 5 期。

吴愈晓，2012，《中国城乡居民教育获得的性别差异研究》，《社会》第 4 期。

吴愈晓，2013a，《教育分流体制与中国的教育分层（1978-2008）》，《社会学研究》第 4 期。

吴愈晓，2013b，《中国城乡居民的教育机会不平等及其演变

（1978－2008）》，《中国社会科学》第 3 期。

吴愈晓、吴晓刚，2009，《城镇的职业性别隔离与收入分层》，《社会学研究》第 4 期。

肖日葵，2016，《家庭背景、文化资本与教育获得》，《教育学术月刊》第 2 期。

谢宇，2010，《回归分析》，社会科学文献出版社。

谢宇、胡婧炜、张春泥，2014，《中国家庭追踪调查：理念与实践》，《社会》第 2 期。

谢宇、张晓波、涂平、任强、孙妍、吕萍、丁华、胡婧炜、吴琼，2017，《中国家庭追踪调查用户手册（第三版）》，http://www.isss.pku.edu.cn/cfps/wd/jsbg/2010jsbg/，最后访问日期：2019 年 9 月 30 日。

邢春冰，2013，《教育扩展、迁移与城乡教育差距——以大学扩招为例》，《经济学（季刊）》第 1 期。

薛海平，2017，《家庭资本与教育获得：影子教育的视角》，《教育科学研究》第 2 期。

晏艳阳、邓嘉宜、文丹艳，2017，《邻里效应对家庭社会捐赠活动的影响——来自中国家庭追踪调查（CFPS）数据的证据》，《经济学动态》第 2 期。

杨菊华，2011，《父母流动、家庭资源与高中教育机会》，《学海》第 2 期。

杨菊华，2012，《数据管理与模型分析：STATA 软件应用》，中国人民大学出版社。

杨菊华，2015，《中国流动人口的社会融入研究》，《中国社会科学》第 2 期。

杨菊华、段成荣，2008，《农村地区流动儿童、留守儿童和其他儿童教育机会比较研究》，《人口研究》第 1 期。

叶华、吴晓刚，2011，《生育率下降与中国男女教育的平等化趋势》,《社会学研究》第 5 期。

袁梦、郑筱婷,2016,《父母外出对农村儿童教育获得的影响》,《中国农村观察》第 3 期。

张春泥,2017,《当代中国青年父母离婚对子女发展的影响——基于 CFPS 2010—2014 的经验研究》,《中国青年研究》第 1 期。

张月云、谢宇,2015,《低生育率背景下儿童的兄弟姐妹数、教育资源获得与学业成绩》,《人口研究》第 4 期。

张兆曙、陈奇,2013,《高校扩招与高等教育机会的性别平等化——基于中国综合社会调查(CGSS2008)数据的实证分析》,《社会学研究》第 2 期。

赵延东、洪岩璧,2012,《社会资本与教育获得——网络资源与社会闭合的视角》,《社会学研究》第 5 期。

赵颖、石智雷,2017,《城镇集聚、户籍制度与教育机会》,《金融研究》第 3 期。

郑磊,2013,《同胞性别结构、家庭内部资源分配与教育获得》,《社会学研究》第 5 期。

郑磊,2015,《教育中的社区效应和同伴效应:方法、证据及政策启示》,《教育学报》第 5 期。

周雪光,2014,《国家与生活机遇:中国城市中的再分配与分层(1949 - 1994)》,中国人民大学出版。

Aaronson, Daniel. 1998. "Using Sibling Data to Estimate the Impact of Neighborhoods on Children's Educational Outcomes." *The Journal of Human Resources* 4: 915 - 946.

Ainsworth, James W. 2002. "Why Does It Take a Village? The Mediation of Neighborhood Effects on Educational Achievement." *Social Forces* 1: 117 - 152.

Ainsworth, James W. 2010. "Does the Race of Neighborhood Role

参考文献

Models Matter? Collective Socialization Effects on Educational Achievement." *Urban Education* 45: 401 – 423.

Alba, Richard D. and John R. Logan. 1993. "Minority Proximity to Whites in Suburbs: An Individual-Level Analysis of Segregation." *American Journal of Sociology* 6: 1388 – 1427.

Allard, Scott W. and Mario L. Small. 2013. "Reconsidering the Urban Disadvantaged the Role of Systems, Institutions, and Organizations." *Annals of the American Academy of Political and Social Science* 1: 6 – 20.

Alvarado, Steven Elías. 2016. "Delayed Disadvantage: Neighborhood Context and Child Development." *Social Forces* 4: 1847 – 1877.

Anderson, Eva K and Bo Malmberg. 2015. "Contextual Effects on Educational Attainment in Individualised, Scalable Neighbourhoods: Differences Across Gender and Social Class." *Urban Studies* 12: 2117 – 2133.

Anderson, Sara and Tama Leventhal. 2014. "Exposure to Neighborhood Affluence and Poverty in Childhood and Adolescence and Academic Achievement and Behavior." *Applied Developmental Science* 3: 123 – 138.

Becker, Gary S. 1962. "Investment in Human Capital: A Theoretical Analysis." *Journal of Political Economy* 5: 9 – 49.

Becker, Jacob H. 2016. "The Dynamics of Neighborhood Structural Conditions: the Effects of Concentrated Disadvantage on HomicideOver Time and Space." *City & Community* 1: 64 – 82.

Becker, S. O. and A. Ichino. 2002. "Estimation of Average Treatment Effects Based On Propensity Scores." *Stata Journal* 4: 358 – 377.

Blake, Judith. 1981. "Family Size and the Quality of Children." *Demography* 4: 421 – 442.

Blau, Peter M. and Otis Dudley Duncan. 1967. *The American Occupational Structure*. Wiley: New York.

Bourdieu, Pierre. 1977. "Cultural and Social Reproductions." In J. Karabel and A. H. Halsey (Eds.). *Power and Ideology in Education*. New York: Oxford University Press.

Bowles, S. and H. Gintis. 1976. *Schooling in Capitalist American*. New York: Basic Books.

Brattbakk, Ingar and Terje Wessel. 2013. "Long-term Neighbourhood Effects on Education, Income and Employment among Adolescents in Oslo." *Urban Studies* 12: 391 - 406.

Breen, Richard and John H. Goldthorpe. 1997. "Explaining Educational Differentials: Towards A Formal Rational Action Theory." *Rationality & Society* 3: 275 - 305.

Briggs, Xavier De Souza and Benjamin J. Keys. 2009. "Has Exposure to Poor Neighbourhoods Changed in America? Race, Risk and Housing Locations in Two Decades." *Urban Studies* 2: 49 - 458.

Bronzaft Arline L. and Dennis P. McCarthy. 1975. "The Effect of Elevated Train Noise on Reading Ability." *Environment & Behavior* 4: 517 - 527.

Brännström, Lars. 2004. "Poor Places, Poor Prospects? Counterfactual Models of Neighbourhood Effects on Social Exclusion in Stockholm, Sweden." *Urban Studies* 13: 2515 - 2537.

Brännström, Lars. 2008. "Making Their Mark: The Effects of Neighbourhood and Upper Secondary School on Educational Achievement." *European Sociological Review* 4: 463 - 478.

Bursik, Robert J. 1988. "Socal Disorganization and Theories of Crime and Delinquency: Problems and Prospects." *Criminology* 35: 677 - 703.

Bursik, Robert J. and Harold Grasmick. 1993. *Neighborhoods and Crime: The Dimensions of Effective Community Control.* New York: Lexington Books.

Bygren, Magnus and Ryszard Szulkin. 2010. "Ethnic Environment During Childhood and the Educational Attainment of Immigrant Children in Sweden. " *Social Forces* 3: 1305 – 1330.

Cardak, Buly A. and James Ted McDonald. 2004. " Neighbourhood Effects, Preference Heterogeneity and Immigrant Educational Attainment. " *Applied Economics* 6: 559 – 572.

Carlson, Deven and Joshua M. Cowen. 2015. "Student Neighborhoods, Schools, and Test Score Growth: Evidence from Milwaukee, Wisconsin. " *Sociology of Education* 1: 38 – 55.

Carnoy, M. 1974. *Education as Cultural Imperialism.* New York: David Mckay.

Casciano Rebecca and Douglas S. Massey. 2012. "Neighborhood Disorder and Individual Economic Self-Sufficiency: New Evidence from a Quasi-Experimental Study. " *Social Science Research* 4: 802 – 819.

Charles, Camille Zubrinsky. 2003. "The Dynamics of Racial Residential Segregation. " *Annual Review of Sociology* 29: 167 – 207.

Chen, Duan-Rung and Tzai-Hung Wen. 2010. " Socio-Spatial Patterns of Neighborhood Effects on Adult Obesity in Taiwan: A Multi-Level Model. " *Social Science & Medicine* 70: 823 – 833.

Cheshire, Paul. 2007. *Are Mixed Communities the Answer to Segregation and Poverty?* York: Joseph Rowntree Foundation.

Cheshire, Paul. 2012. "Are Mixed Community Policies Evidence Based? A Review of the Research on Neighbourhood Effects. " In Maarten Van Ham, David Manley, Nick Bailey, Ludi Simpson and Duncan Maclennan Ed. , *Neighbourhood Effects Research*: *New Perspectives*. Springer.

Chetty Raj and Nathaniel Hendren. 2016. "The Effects of Neighborhoods on Intergenerational Mobility: Childhood Exposure Effects and County Level Estimates. " Working Paper, The Equality of Opportunity Project.

Chetty Raj, Nathaniel Hendren and Lawrence Katz. 2016. "The Effects of Exposure to Better Neighborhoods on Children: New Evidence From the Moving to Opportunity Experiment. " *American Economic Review* 4: 855 – 902.

Clampet-Lundquist, Susan and Douglas S. Massey. 2008. "Neighborhood Effects on Economic Self-Sufficiency: A Reconsideration of the Moving to Opportunity Experiment. " *American Journal of Sociology* 1: 107 – 143.

Cohen, Sheldon, Gary W. Evans, David S. Krantz and Daniel Stokols. 1980. "Physiological, Motivational, and Cognitive Effects of Aircraft Noise on Children: Moving from the Laboratory to the Field. " *American Psychologist* 3: 231 – 243.

Coleman James S. 1966. "Equality of Educational Opportunity Study, Codebook and Study Report. " ICPSR06389.

Collins R. 1971. "Functional and Conflict Theories of Educational Stratification. " American Sociologican Review 6: 1002 – 1019.

Connell, James P. and Bonnie L. Halpern-Felsher. 1997. "How Neighborhoods Affect Educational Outcomes in Middle Childhood and Adolescence: Conceptual Issues and an Empirical Example. " In *Neighborhood Poverty*: *Context and Consequences for Children*. edited by J. Brooks-Gunn, G. J. Duncan and J. L. Aber. New York: Russell Sage.

参考文献

Cook, Thomas D. 2003. "The Case for Studying Multiple Contexts Simultaneously." *Addiction* 98: 151 – 155.

Cordes, Sarah A, Amy Ellen Schwartz, Leanna Stiefel and Jeffrey Zabel. 2016. "Is Neighbourhood Destiny? Exploring the Link Between Neighbourhood Mobility and Student Outcomes." *Urban Studies* 2: 400 – 417.

Crowder, Kyle and Liam Downey. 2010. "Interneighborhood Migration, Race, and Environmental Hazards: Modeling Microlevel Processes of Environmental Inequality." *American Journal of Sociology* 4: 1110 – 1149.

Crowder, Kyle and Scott J. South. 2003. "Neighborhood Distress and School Dropout: the Variable Significance of Community Context." *Social Science Research* 4: 659 – 698.

Crowder, Kyle and Scott J. South. 2011. "Spatial and Temporal Dimensions of Neighborhood Effects on High School Graduation." *Social Science Research* 1: 87 – 106.

Crowder, Kyle, JeremyPais and Scott J. South. 2012. "Neighborhood Diversity, Metropolitan Constraints, and Household Migration." *American Sociological Review* 3: 325 – 353.

Crowder, Kyle, Scott J. South and Erick Chavez. 2006. "Wealth, Race, and Inter-Neighborhood Migration." *American Sociological Review* 1: 72 – 94.

Currie, Janet, SamanthaHeep Ray and Matthew Neidell. 2011. "Quasi-Experimental Studies Suggest That Lowering Air Pollution Levels Benefits Infants' and Children's Health." *Health Affairs* 12: 2391 – 2399.

Davis, James A. 1966. "The CampusAs A Frog Pond: An Application of The Theory of Relative Deprivation to Career Decisions of College Men." *American Journal of Sociology* 1: 17 –31.

Deluca, Stefanie andElizabeth Dayton. 2009. "Switching Social Contexts: The Effects of Housing Mobility and School Choice Programs on Youth Outcomes." *Annual Review of Sociology* 35: 457 –491.

Dietz R. D. 2002. "The Estimation of Neighborhood Effects in the Social Sciences: An Interdisciplinary Approach." *Social Science Research* 4: 539 –575.

Dong, Yan, Li Gan and Yingning Wang. 2015. "Residential Mobility, Neighborhood Effects, and Educational Attainment of Blacks and Whites." *Econometric Reviews* 34: 763 –798.

Downey, Liam. 2006. "Environmental Racial Inequality in Detroit." *Social Forces* 2: 771 –796.

Durlauf, S. N. 2004. Neighborhood Effects in J. V. Henderson & J. F. Thisse (Eds.) Handbook of Regional and Urban Economics. Volume 4 Cities and Geography. Amsterdam: Elsevier.

Ellen, Ingrid Gould and Margery Austin Turner. 1997. "Does Neighborhood Matter? Assessing Recent Evidence." *Housing Policy Debate* 4: 833 –866.

Entwisle, Barbara. 2007. "Putting People into Place." *Demography* 4: 687 –703.

Entwisle, Doris R. , Karl L. Alexander and Linda Steffel Olson. 1994. "The Gender Gap in Math: Its Possible Origins in Neighborhood Effects." *American Sociological Review* 6: 822 –838.

Evans, Gary W. 2006. "Child Development and the Physical Environment." *Annual Review of Psychology* 57: 423 –451.

Evans, Gary W. and Elyse Kantrowitz. 2002. "Socioeconomic Status and Health: The Potential Role of Environmental Risk Exposure." *Annual Review of Public Health* 23: 303 –331.

Evans, Gary W. and Lorraine Maxwell. 1997. "Chronic Noise Exposure and Reading Deficitsthe Mediating Effects of Language Acquisition." *Environment & Behavior* 5: 638 – 656.

Farkas, George, Paula England, Keven Vicknair, and Barbara Stanek Kilbourne. 1997. "Cognitive Skill, Skill Demands of Jobs, and Earnings among Young European American, African American, and Mexican American Workers." *Social Forces* 3: 913 – 38.

Feliciano, Cynthia and Yader R. Lanuza. 2017. "An Immigrant Paradox? Contextual Attainment and Intergenerational Educational Mobility." *American Sociological Review* 1: 211 – 241.

Galster, George C. 2008. "Quantifying the Effect of Neighbourhood on Individuals: Challenges, Alternative Approaches, and Promising Directions." *Schmollers Jahrbuch* 1: 7 – 48.

Galster, George C. 2011. "The Mechanism (s) of Neighbourhood Effects: Theory, Evidence, and Policy Implications." In *Neighbourhood Effects Research: New Perspectives*. edited by Maarten van Ham, David Manley, Nick Bailey, Ludi Simpson and Duncan Maclennan. Springer.

Galster, George, Anna Santiago, Jessica Lucero and Jackie Cutsinger. 2016. "Adolescent Neighborhood Context and Young Adult Economic Outcomes for Low-Income African Americans and Latinos." *Journal of Economic Geography* 2: 471 – 503.

Galster, George. 2007. "Should Policy Makers Strive for Neighborhood Social Mix? An Analysis of the Western European Evidence Base." *Housing Studies* 4: 523 – 545.

Gans, Herbert J. 1961. "The Balanced Community: Homogeneity or Heterogeneity in Residential Areas." *Journal of the American Planning Association* 3: 176 – 184.

Goldberger, J. , G. A. Wheeler and E. Sydenstrycker. 1920. "A St-udy of the Relation of Family Income and Other Economic Factors to Pellagra Incidence in Seven Cotton Mill Villages of South Carolina in 1916. " *Public Health Reports* 35: 2673 – 2714.

Goldsmith, Pat Rubio, Maureen Pylman and William VÉLez. 2017. "Are There Neighborhood Effects on Young Adult Neighborhood Attainment? Evidence From Mixed-Logit Models. " *Social Science Research* 64: 25 – 42.

Goldsmith, Pat Rubio. 2009. "Schools or Neighborhoods or Both? Race and Ethnic Segregation and Educational Attainment. " *Social Forces* 4: 1913 – 1942.

Goldsmith, PatRubio, Marcus L. Britton, Bruce Reese and William Velez. 2016. "Will Moving to A Better Neighborhood Help? Teenage Residential Mobility, Change of Context, and Young-Adult Educational Attainment. " *Urban Affairs Review* 2: 305 – 337.

Goodman, Leo A. 1960. "On the Exact Variance of Products. " *Publications of the American Statistical Association* 292: 708 – 713.

Graif, Corina, Mariana C. Arcaya and Ana V. Diez Roux. 2016. "Moving to Opportunity and Mental Health: Exploring the Spatial Context of Neighborhood Effects. " *Social Science & Medicine* 162: 50 – 58.

Green Mark A. , Mariana Arcaya and S. V. Subramanian. 2017. "Using Internal Migration to Estimate The Causal Effect of Neighborhood Socioeconomic Context on Health: A Longitudinal Analysis, England, 1995 – 2008. " *Annals of the American Association of Geographers* 6: 1266 – 1278.

Greenman, Emily, Katerina Bodovski and Katherine Reed. 2011. "Neighborhood Characteristics, Parental Practices and Children's

Math Achievement in Elementary School. " *Social Science Research* 5: 1434 - 1444.

Guerry, André-Michel. 1983. *Essai sur la statistique morale de la France.* Paris: Grochard.

Hambrick-Dixon, Priscilla J. 1986. "Effects of Experimentally Imposed Noise on Task Performance of Black Children Attending Day Care Centers Near Elevated Subway Trains. " *Developmental Psychology* 2: 259 - 264.

Hango Darcy W. 2006. "The Long-Term Effect of Childhood Residential Mobility on Educational Attainment. " *Sociological Quarterly* 4: 631 - 664.

Hannum E. 2002. "Educational stratification by ethnicity in China: enrollment and attainment in the early reform years. " *Demography* 1: 95 - 117.

Hannum, Emily and Yu Xie. 1994. "Trends in Educational Gender Inequality in China: 1949 - 1985. " *Research in Social Stratification and Mobility* 13: 73 - 98.

Hanushek, Eric A. , John F. Kain, Jacob M. Markman and Steven G. Rivkin, 2003, Does Peer Ability Affect Student Achievement?, *Journal of Applied Econometrics*, Vol. 18, No. 5, pp. 527 - 544.

Harding David J. , LisaGennetian, Christopher Winship, Lisa Sanbonmatsu and Jeffrey R. Kling. 2010. "Unpacking Neighborhood Influences on Education Outcomes: Setting the Stage for Future Research. " NBER Working Paper, No. 16055.

Harding, David J. 2009a. "Collateral Consequences of Violence in Disadvantaged Neighborhoods. " *Social Forces* 2: 757 - 784.

Harding, David J. 2009b. "Violence, Older Peers, and the Socialization of Adolescent Boys in Disadvantaged Neighborhoods. " *American *Sociological Review* 3: 445 - 464.

Hauser, Robert M., et al. 2000. "Occupational Status, Education, and Social Mobility in the Meritocracy." pp. 179 - 229 in *Meritocracy and Inequality*, edited by K. Arrow, S. Bowles and S. Durlauf. Princeton: Princeton University Press.

Hicks, Andrew L., Mark S. Handcock, Narayan Sastry and Anne R. Pebley. 2018. "Sequential Neighborhood Effects: the Effect of Long-Term Exposure to Concentrated Disadvantage on Children's Reading and Math Test Scores." *Demography* 1: 1 - 31.

Hipp, John R. 2007. "Block, Tract, and Levels of Aggregation: Neighborhood Structure and Crime and Disorder As a Case in Point." *American Sociological Review* 5: 659 - 680.

Jennings, Jennifer L., David Deming, Christopher Jencks, MayaLopuch and Beth E. Schueler. 2015. "Do Differences in School Quality Matter More Than We Thought? New Evidence on Educational Opportunity in the Twenty-first Century." *Sociology of Education* 1: 56 - 82.

Johnston, William R. 2017. "Assessing the Benefits of a Rising Tide: Educational Attainment and Increases in Neighborhood Socioeconomic Advantage." *Social Science Research* 62: 335 - 349.

Kauppinen, Timo M. 2008. "Schools As Mediators of Neighbourhood Effects on Choice Between Vocational and Academic Tracks of Secondary Education in Helsinki." *European Sociological Review* 3: 379 - 391.

Kerckhoff, Alan C., Stephen W. Raudenbush, and Elizabeth Glennie. 2001. "Education, Cognitive Skill, and Labor Force Outcomes." *Sociology of Education* 1: 1 - 24.

Kim, Ann H. and Michael J. White. 2010. "Panethnicity, Ethnic Diversity, and Residential Segregation." *American Journal of Sociology* 5: 1158 – 1196.

Kleinhans, Reinout. 2004. "Social Implications of Housing Diversification in Urban Renewal: A Review of Recent Literature." *Journal of Housing and the Built Environment* 19: 367 – 390.

Kling, Jeffrey R., Jens Ludwig and Lawrence F. Katz. 2005. "Neighborhood Effects on Crime for Female and Male Youth: Evidence from a Randomized Housing Voucher Experiment." *Quarterly Journal of Economics* 1: 87 – 130.

Kornhauser, Ruth Rosner. 1978. *Social Source of Delinquency: An Appraisal of Analytic Model* Chicago: University Of Chicago Press.

Leckie, George. 2010. "The Complexity of School and Neighbourhood Effects and Movements of Pupils on School Differences in Models of Educational Achievement." *Journal of the Royal Statistical Society* 3: 537 – 554.

Legewie, Joscha and Thomas A. Diprete. 2012. "School Context and the Gender Gap in Educational Achievement." *American Sociological Review* 3: 463 – 485.

Lenski, Gerhard E. 1966. *Power and Privilege: A Theory of Social Stratification.* New York: McGraw-Hill Book Co.

Lichter, Daniel T., Domenico Parisi and Michael C. Taquino. 2015. "Toward a New Macro-Segregation? Decomposing Segregation within and between Metropolitan Cities and Suburbs." *American Sociological Review* 4: 843 – 873.

Lu, Yao and Donald J. Treiman. 2008. "The Effect of Sibship Size on Educational Attainment in China: Period Variations." *American Sociological Review* 5: 813 – 834.

Lucas, Samuel R. 2001. "Effectively Maintained Inequality: Education

Transitions, Track Mobility, and Social Background Effects." *American Journal of Sociology* 6: 1642 – 1690.

Ludwig, Jens, Greg J. Duncan, Lisa A. Gennetian, Lawrence F. Katz, Ronald C. Kessler, Jeffrey R. Kling and Lisa Sanbonmatsu. 2012. "Neighborhood Effects on the Long-Term Well-Being of Low-Income Adults." *Science* 337: 1505 – 1510.

Lupton, Ruth. 2003. "Neighbourhood Effects: Can We Measure Them and Does It Matter?" *Social Science Electronic Publishing* 1: 1 – 24.

Maarten van Ham and David Manley. 2010. "The effect of Neighbourhood Housing Tenure Mix on Labour Market Outcomes: A Longitudinal Investigation of Neighbourhood Effects." *Journal of Economic Geography* 2: 257 – 282.

Maccini, Sharon and Dean Yang. 2008. "Under the Weather: Health, Schooling, and Economic Consequences of Early-Life Rainfall." *American Economic Review* 3: 1006 – 1026.

MacKinnon, David P., Ghulam Warsi and James H. Dwyer. 1995. "A Simulation Study of Mediated Effect Measures." *Multivariate Behavioral Research* 1: 41 – 62.

Malia, Jones and Anne R. Pebley. 2014. "Redefining Neighborhoods Using Common Destinations: Social Characteristics of Activity Spaces and Home Census Tracts Compared." *Demography* 3: 727 – 752.

Mare, Robert D. 1980. "Social Background and School Continuation Decisions." *Publications of the American Statistical Association* 370: 295 – 305.

Mare, Robert D. 1981. "Change and Stability in Educational Stratification." *American Sociological Review* 1: 72 – 87.

参考文献

Mario Luis Small and Katherine Newman. 2001. "Urban Poverty after the Truly Disadvantaged: the Rediscovery of the Family, the Neighborhood, and Culture. " *Annual Review of Sociology* 27: 23 - 45.

Massey, Douglas S. and NancyDenton. 1993. *American Apartheid: Segregation and the Marking of the Underclass.* Cambridge, MA: Harvard University Press.

Mayhew, Henry. 1961. *London Labor and the London Poor: the Condition and Earnings of Those That Will Work, Cannot Work, and Will Not Work.* London: C. Griffin and Company.

McCulloch, Andrew. 2006. "Variation in Children's Cognitive andBehavioural Adjustment between Different Types of Place in the British National Child Development Study. " *Social Science & Medicine*, 8: 1865 - 1879.

McGuigan, K. and Langholtz B. 1987. "A Note on Testing Mediation Paths Using Ordinary Least-Squares Regression. " Unpublished note.

Miltenburg, Emily M and Tom W G Van der Meer. 2018. "Lingering Neighbourhood Effects: A Framework to Account for Residential Histories and Temporal Dynamics. " *Urban Studies* 1: 151 - 174.

Morris, Terrence M. 1958. *The Criminal Area*, London: Routledge and Kegan Paul Ltd.

Musterd, Sako and Roger Andersson. 2005. "Housing Mix, Social Mix, and Social Opportunities. " *Urban Affairs Review* 6: 761 - 790.

Musterd, Sako and Roger Andersson. 2006. "Employment, Social Mobility and Neighbourhood Effects: the Case of Sweden. " *International Journal of Urban and Regional Research* 1: 120 - 140.

Nee, Victor. 1989. "A Theory of Market Transition: From Redistribution to Markets in State Socialism. " *American Sociological Review*

5: 663 - 681.

Nee, Victor. 1991. "Social Inequalities in Reforming State Socialism: Between Redistribution and Markets in China." *American Sociological Review* 3: 267 - 282.

Newburger, E. C., and Curry, A. 1999. "Educational Attainment in the United States: Population Characteristics." *Current Population Reports* 8: 9 - 10.

Nieuwenhuis, Jaap, Pieter Hooimeijer and Wim Meeus. 2015. "Neighbourhood Effects on Educational Attainment of Adolescents, Buffered by Personality and Educational Commitment." *Social Science Research* 50: 100 - 109.

Odis Johnson, Jr. 2008. "Who Benefits From Concentrated Affluence? A Synthesis of Neighborhood Effects Considering Race, Gender, and Education Outcomes." *Journal of Public Management & Social Policy* 2: 85 - 112.

Owens, Ann. 2010. "Neighborhoods and Schools as Competing and Reinforcing Contexts for Educational Attainment." *Sociology of Education* 4: 287 - 311.

Owens, Ann. 2016. "Inequality in Children's Contexts: Income Segregation of Households with and without Children." *American Sociological Review* 3: 549 - 574.

Owens, Ann. 2018. "Income Segregation between School Districts and Inequality in Students' Achievement." *Sociology of Education* 1: 1 - 27.

Park, Robert E. 1915. "The City: Suggestions for the Investigations of Human Behavior in the Urban Environment." *American Journal of Sociology* 20: 577 - 612.

Park, Robert E. and Ernest Burgess. 1925. *The City: Suggestions for*

Investigation of Human Behavior in The Urban Environment. Chicago: University of Chicago Press.

Pattillo, Mary. 1999. *Black Picket Fences: Privilege and Peril among the Black Middle Class.* Chicago: University of Chicago Press.

Pattillo, Mary. 2003. "Extending the Boundaries and Definition of the Ghetto." *Ethnic & Racial Studies.* 6: 1046 – 1057.

Quetelet, Adolph. 1842. *A Treatise on Man and The Development of His Faculties.* Edinburgh: William and Robert Chambers.

Quillian, Lincoln. 2003. "How Long Are Exposures to Poor Neighborhoods? The Long-Term Dynamics of Entry and Exit from Poor Neighborhoods." *Population Research and Policy Review* 3: 221 – 249.

Raftery, Adrian E. and Michael Hout. 1993. "Maximally Maintained Inequality: Expansion, Reform, and Opportunity in Irish Education, 1921 – 75." *Sociology of Education* 1: 41 – 62.

Rawson R. W. 1839. "An Inquiry into the Statistics of Crime in England and Wales." *Journal of the Statistical Society of London* 2: 316 – 344.

Rosenblatt, Peter and Stefanie Deluca. 2012. "We Don't Live Outside, We Live in Here: Neighborhood and Residential Mobility Decisions Among Low-Income Families." *City & Community* 3: 254 – 284.

Sampson, Robert J., Jeffrey D. Morenoff and Thomas Gannon-Rowley. 2002. "Assessing 'Neighborhood Effects': Social Processes and New Directions in Research." *Annual Review of Sociology* 28: 443 – 478.

Sampson, Robert J., Patrick Sharkey and Stephen W. Raudenbush. 2008. "Durable Effects of Concentrated Disadvantage on Verbal Ability Among African-American Children." *Proceedings of the National*

Academy of Sciences 105: 845 – 852.

Sampson, Robert J. 2008. "Moving to Inequality: Neighborhood Effects and Experiments Meet Social Structure." *American Journal of Sociology* 1: 189 – 231.

Sampson, Robert J. 2012. *Great American City: Chicago and the Enduring Neighborhood Effect*. Chicago: University of Chicago Press.

Sampson, Robert J. 2013. "The Place of Context: A Theory and Strategy for Criminology's Hard Problems." *Criminology* 1: 1 – 31.

Sampson, Robert J. and Patrick Sharkey. 2008. "Neighborhood Selection and The Social Reproduction of Concentrated Racial Inequality." *Demography* 1: 1 – 29.

Sanbonmatsu, Lisa, Jeffrey Kling, Greg Duncan, and Jeanne Brooks-Gunn. 2006. "Neighborhoods and Academic Achievement: Results from the Moving to Opportunity Experiment." *Journal of Human Resources* 4: 649 – 691.

Sanbonmatsu, Lisa, Jens Ludwig, Lawrence Katz, Lisa A. Gennetian, Greg J. Duncan, Ronald C. Kessler, Emma Adam, Thomas W. McDade and Stacy T. Lindau. 2011. *Moving to Opportunity for Fair Housing Demonstration Program: Final Impacts Evaluation*. Washington, DC: U. S. Department of Housing and Urban Development.

Sarkissian, Wendy. 1976. "The Idea of Social Mix in Town Planning: An Historical Review." *Urban Studies* 3: 231 – 246.

Sastry Narayan and Anne R. Pebley. 2010. "Family and Neighborhood Sources of Socioeconomic Inequality in Children's Achievement." *Demography* 3: 777 – 800.

Sharkey, Patrick and Felix Elwert. 2011. "The Legacy of Disadvantage: Multigenerational Neighborhood Effects on Cognitive Ability." *American Journal of Sociology* 6: 1934 – 1981.

Sharkey, Patrick and Jacob W. Faber. 2014. "Where, When, Why, and for Whom Do Residential Contexts Matter? Moving Away from the Dichotomous Understanding of Neighborhood Effects." *Annual Review of Sociology* 40: 559 – 579.

Sharkey, Patrick, Amy Ellen Schwartz, Ingrid Gould Ellen and JohannaLacoe. 2013. "High Stakes in the Classroom, High Stakes on the Street: The Effects of Community Violence on Students'Standardized Test Performance." Working Paper. Institute for Education and Social Policy, New York University.

Sharkey, Patrick. 2010. "The Acute Effectof Local Homicides on Children's Cognitive Performance." *Proceedings of the National Academy of Sciences of the United States of America* 26: 11733 – 11738.

Shaw, Clifford R. 1929. *Delinquency Areas.* Chicago: University of Chicago Press.

Sobel Michael E. 1982. "Asymptotic Confidence Intervals for Indirect Effects in Structural Equation Models." *Sociological Methodology* 13: 290 – 312.

Sobel Michael E. 1986. "Some New Results on Indirect Effects and Their Standard Errors in Covariance Structure Models." *Sociological Methodology* 16: 159 – 186.

South Scott J., and Crowder Kyle D. 1998. "Leaving the Hood: Residential Mobility Between Black, White, and Integrated Neighborhoods." *American Sociological Review* 63: 17 – 26.

South, Scott J., Eric P. Baumer and Amy Lutz. 2003. "Interpreting Community Effects on Youth Educational Attainment." *Youth & Society* 1: 3 – 36.

South, Scott J., Kyle Crowder and Erick Chavez. 2005. "Migration and Spatial Assimilation Among U. S. Latinos: Classical Versus Segmented Trajectories." 3: 497 – 521.

South, Scott J., Ying Huang, Amy Spring and Kyle Crowder. 2016. "Neighborhood Attainment over the Adult Life Course." *American Sociological Review* 6: 1276 – 1304.

Stansfeld, S. A., B. Berglund and C. Clark. 2005. "Aircraft and Road Traffic Noise and Children's Cognition and Health: A Cross-National Study." *Lancet* 9475: 1942 – 1949.

Sykes, Brooke and Hans Kuyper. 2009. "Neighbourhood Effects on Youth Educational Achievement in the Netherlands: Can Effects be Identified and Do They Vary by Student Background Characteristics?" *Environment & Planning A* 10: 2417 – 2436.

Timberlake, Jeffrey M. 2007. "Racial and Ethnic Inequality in the Duration of Children's Exposure to Neighborhood Poverty and Affluence." *Social Problems* 3: 319 – 342.

Treiman, Donald J. 1970. "Industrialization and Social Stratification." In E. O. Laumann (ed.). *Social Stratification Research and Theory for the 1970s*. New York: Bobbs-Merrill Co.

Treiman, Donald J. 2013. "Trends in Educational Attainment in China." *Chinese Sociological Review* 3: 3 – 25.

Turley, Ruth N. LÓPez. 2002. "Is Relative Deprivation Beneficial? The Effects of Richer and Poorer Neighbors on Children's Outcomes." *Journal of Community Psychology* 6: 671 – 686.

Van Ham, Maarten, David Manley, Nick Bailey, Ludi Simpson and Duncan Maclennan. 2012. *Neighbourhood Effects Research: New Perspectives*. Springer.

Van Ham, Maarten, David Manley, Nick Bailey, Ludi Simpson and Duncan Maclennan. 2012. *Neighbourhood Effects Research: New Perspectives*. Springer.

参考文献

Walder, Andrew G. , Bobai Li and Donald J. Treiman. 2000. "Politics and Life Chances in a State Socialist Regime: Dual Career Paths into the Urban Chinese Elite, 1949 to 1996. " *American Sociological Review* 2: 191 – 209.

Weffer, Simón E. 2017. "Are The Truly Disadvantaged Truly Demobilized? Neighborhood Disadvantage and Protest in Chicago, 1970 – 1990. " *Critical Sociology* 2: 267 – 289.

Wheaton Blair and Philippa Clarke. 2003. "Space Meets Time: Integrating Temporal and Contextual Influences on Mental Health in Early Adulthood. " *American Sociological Review* 5: 680 – 706.

Whyte, William F. 1943. *Street Corner Society: The Social Structure of An Italian Slum.* Chicago: University of Chicago Press.

Will, Dobbie and Roland G. Fryer, Jr. 2011. "Are High-Quality Schools Enough to Increase Achievement Among the Poor? Evidence from the Harlem Children's Zone. " *American Economic Journal: Applied Economics* 3: 158 – 187.

Wilsom, William Julius. 1987. *The Truly Disadvantaged: The Inner City, the Underclass, and Public Policy.* Chicago: University of Chicago Press.

Wodtke, Geoffrey T. , David J. Harding and Felix Elwert. 2011. "Neighborhood Effects in Temporal Perspective The Impact of Long-Term Exposure to Concentrated Disadvantage on High School Graduation. " *American Sociological Review* 5: 713 – 736.

Wodtke, Geoffrey T. , David J. Harding and Felix Elwert. 2016. "Neighborhood Effect Heterogeneity by Family Income and Developmental Period. " *American journal of sociology* 4: 1168 – 1222.

Wodtke, Geoffrey T. 2013. "Duration and Timing of Exposure to Neighborhood Poverty and the Risk of Adolescent Parenthood. " *De-*

mography 5: 1765 – 1788.

Wodtke, Geoffrey T. and Matthew Parbst. 2017. "Neighborhoods, Schools, And Academic Achievement: A Formal Mediation Analysis of Contextual Effects on Reading and Mathematics Abilities." *Demography* 5: 1653 – 1676.

Zhou, Xueguang, Nancy Brandon Tuma and Phyllis Moen. 1997. "Institutional Change and Job-Shift Patterns in Urban China, 1949 to 1994." *American Sociological Review* 3: 339 – 365.

Zukin, Sharon. 2010. *Naked City: The Death and Life of Authentic Urban Place*. New York: Oxford.

图书在版编目(CIP)数据

孟母"择邻":中国城市儿童学业成就的邻里效应/蒋和超著. -- 北京:社会科学文献出版社,2020.11
(光华社会学文库)
ISBN 978-7-5201-7334-6

Ⅰ.①孟… Ⅱ.①蒋… Ⅲ.①社会环境-影响-基础教育-研究-中国 Ⅳ.①G629.2

中国版本图书馆 CIP 数据核字(2020)第 184985 号

光华社会学文库

孟母"择邻":中国城市儿童学业成就的邻里效应

著　　者 / 蒋和超

出 版 人 / 谢寿光
组稿编辑 / 谢蕊芬
责任编辑 / 张小菲

出　　版 / 社会科学文献出版社·群学出版分社 (010) 59366453
　　　　　　地址:北京市北三环中路甲29号院华龙大厦　邮编:100029
　　　　　　网址:www.ssap.com.cn

发　　行 / 市场营销中心 (010) 59367081　59367083

印　　装 / 三河市尚艺印装有限公司

规　　格 / 开　本:787mm×1092mm　1/16
　　　　　　印　张:16.5　字　数:211千字

版　　次 / 2020年11月第1版　2020年11月第1次印刷

书　　号 / ISBN 978-7-5201-7334-6

定　　价 / 89.00元

本书如有印装质量问题,请与读者服务中心 (010-59367028) 联系

△ 版权所有 翻印必究